高职生
创业基础

GAOZHISHENG
CHUANGYE
JICHU

陈　刚　主审

郑娜娜　侯宪春　主编

山东人民出版社·济南

国家一级出版社　全国百佳图书出版单位

图书在版编目（CIP）数据

高职生创业基础 / 郑娜娜，侯宪春主编． —— 济南：山东人民出版社，2019.8（2021.1重印）
ISBN 978-7-209-11999-3

Ⅰ．①高… Ⅱ．①郑… ②侯… Ⅲ．①大学生-创业-高等职业教育-教材 Ⅳ．①G717.38

中国版本图书馆CIP数据核字(2019)第173083号

高职生创业基础

郑娜娜　侯宪春　主编

主管单位　山东出版传媒股份有限公司
出版发行　山东人民出版社
出 版 人　胡长青
社　　址　济南市英雄山路165号
邮　　编　250002
电　　话　总编室（0531）82098914
　　　　　市场部（0531）82098027
网　　址　http://www.sd-book.com.cn
印　　装　日照报业印刷有限公司
经　　销　新华书店

规　　格　16开（184mm×260mm）
印　　张　15.5
字　　数　290千字
版　　次　2019年8月第1版
印　　次　2021年1月第2次
印　　数　4001—9000
ISBN 978-7-209-11999-3
定　　价　34.00元
　　　　　　如有印装质量问题，请与出版社总编室联系调换。

编 委 会

前　言 | PREFACE

在"大众创业、万众创新"的时代背景下，创新创业教育成为今天高校人才培养的一项重要内容。如何激发大学生的创新意识，培养和塑造大学生的创新精神和创业素质，成为高校教育工作者需要面对的课题。《高职生创业基础》旨在开发满足高职生需求的创业教育模式。编者希望将本书打造成融工具性、实务性、系统性、思想性、时代性于一体的高职生创业指南和工具书，帮助学生掌握创业的基础知识和基本理论，熟悉创业的基本流程和基本方法，了解创业的法律法规和相关政策，强化学生的创业意识，提高学生的社会责任感，激发学生的创新精神和创业能力，促进学生创业就业和全面发展。

本书的主要读者群体为在校高职生和刚刚毕业准备创业或正在创业的大学生。本书旨在为他们量身定制创业方案，同时对其他想创业的社会人员提供一定的参考。在内容上，本书主要解答大学生创业面临的以下困惑和问题：

1. 大学生适合创业吗？我们将告诉读者，创业的本质是什么，创业精神的实质是什么，创业对于高职生职业生涯规划的意义。

2. 大学生创业从何做起？本书重点阐述了创业机会的来源，高职生应如何寻找、评估适合自己的创业机会。

3. 许多高职生虽然有创业想法，但"巧妇难为无米之炊"，本书将为大学生分析如何整合创业资源及解决融资和创业团队建设的问题。

4. 如何实现科学管理，从而使企业可以有效运行、健康成长？本书重点介绍了创业者应掌握的法律法规、财务管理和风险防范知识。

5. 针对高职生对校园外部环境认识不足的特点，本书结合当前互联网大背景，为学生介绍了当前的创业环境、创业政策及互联网创业思维。

6. 针对高职生创业者的需要，本书还特地准备了与大学生创业大赛相关的知识和创业计划书编写所需要的知识。

本书与同类教材相比，具有以下特色：首先是理论的权威与系统性，本书的理论框架借鉴了国际劳工组织已经在各国广泛实施的"创办和改善你的企业"培训体系，同时又注重本土化；其次是方法的可学性与实战性，本书充分考虑到高职生的学习习惯，避免艰涩、枯燥的说教，内容深入浅出，使学生易于理解；再次是案例的时代性和贴切性，本书在编写过程中选取了部分国内外较新的典型创业案例，为学生提供贴近时代的创业理论及经验；最后是行动的阶梯性与操作性，本书按照创业的基本流程来设置框架结构，学生易于理解，并方便应用于自己的创业规划中。

受编者学识水平和实际经验所限，加之时间仓促等因素，书中难免有不妥之处，恳请专家、学者和读者批评指正。

本书编委会

2019 年 3 月

目 录 | CONTENTS

第一章　创业与人生

→ 学习目标

认知目标

· 了解创业的定义及其类型

· 了解创业精神的内涵与意义

· 正确认知创业对自身职业生涯的影响

技能目标

· 识别创业要素、创业环境的不同作用

· 搜集并了解大学生创业的相关政策

> 青年是国家和民族的希望，创新是社会进步的灵魂，创业是推动经济社会发展、改善民生的重要途径。青年学生富有想象力和创造力，是创新创业的有生力量。
>
> ——习近平

认知与实践

一、创业

随着信息技术和全球经济一体化的快速发展，创业已经成为社会发展的趋势。创业是经济发展的引擎，创业者是推动经济发展的英雄。"大众创业、万众创新"，时代召唤着我们。我们应当牢牢把握时代的机遇，用自己的勇气、胆识和智慧开创属于自己的一片天地，实现人生价值。

（一）创业

1. 创业的定义

创业，《辞海》解释为：创立基业。即开拓、创造业绩和成就。在创业活动中，创业通常有两层含义：一是指具体的实践行为，主要指创业者及其团队为孕育和创建新企业或新事业而采取行动的过程（图1-1）。二是指精神实践和创业品质。就创业实践而言，广义的创业是创业者对自己拥有的资源进行优化整合，从而创造出更大经济价值或社会价值的社会活动；狭义的创业主要是指依法登记设立企业从事生产、加工、销售、服务、分销或组合的商业活动。通常所说的大学生自主创业是指大学生在校期间或毕业后利用自己的知识、才能和技术，以自筹资金、技术入股、寻求合作等方式开办自己的企业，创造财富及就业机会的过程。因此，我们认为，创业是一个发现和捕获机会并由此创造出新颖的产品、服务或实现其潜在价值的企业创立和发展的全过程。

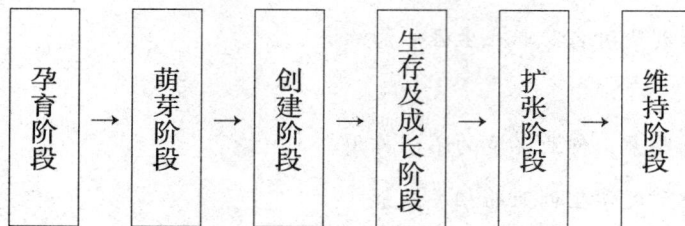

```
孕育阶段 → 萌芽阶段 → 创建阶段 → 生存及成长阶段 → 扩张阶段 → 维持阶段
```

图1-1 创业活动的过程

2. 创业的特点

（1）开拓性。创业是创造出某种有价值的新事物的活动，是在打破常规的基础上，生产出具有现实意义的东西，如给客户提供某种有价值的产品或服务。开拓性是创业的实质。

（2）自主性。创业是创业者的自主活动，是创业者依靠其自身的智慧、能力、资源和机会，通过付出自己的时间、精力和个人极大的努力，打拼出完全属于自己的事业。

（3）风险性。创业的过程就是承担风险的过程。创业是一种商业行为，无论是经济风险、社会风险还是心理风险，都是创业的组成部分，承担风险是创业者们具有的共同特征。

（4）功利性。创业是一个创造财富的过程。创业者创造出新颖的产品或服务，通过市场运作实现其潜在价值，最终获得金钱的回报、个人的满足。因此，创业活动是一个创造和积累财富的过程，同时也是个人自我价值实现的过程。

3. 创业的类型

创业是带有普遍意义的人类行为，不同的时代，不同的领域，不同的个人和团体，都存在着创业活动，这就使创业活动的表现形式多种多样。我们了解创业类型，是为了在创业决策中有理性的认识、分析和比较，选择最适合自己的创业方式和模式。

（1）根据创业动机，创业分为机会型创业与就业型创业。

机会型创业是指创业的出发点并非谋生，而是为了抓住市场机遇。它以市场机会为目标，能创造出新的需要或满足潜在的需求，因而会带动新的产业发展，而不是加剧市场竞争。目前，相对于国外而言，我国的机会型创业较少。

就业型创业指为了谋生而自觉地或被迫地走上创业之路。这类创业是在现有的市场上寻找创业机会，并没有创造新需求，大多属于尾随型和模仿型创业，因而往往"小富即安"，难以做大做强。

（2）根据创业者数量，创业分为独立创业与合伙创业。

独立创业是指创业者独立创办自己的企业。其特点在于产权属创业者个人独有，企业由创业者自由掌控，同时需要创业者独自承担风险。

合伙创业是指与他人共同创办企业，其优、劣势正好与独立创业相反。

（3）根据创业项目性质，创业分为传统技能型创业、高新技术型创业和知识服务型创业。

传统技能型创业是指使用传统技术、工艺的创业项目，它具有永恒的生命力。尤其是在酿酒、饮料、中药、工艺美术、服装与食品加工、修理等与人们日常生活紧密相关的行业中，独特的传统技能表现出了经久不衰的竞争力，许多现代技术无法与之竞争，国内外均是如此。

高新技术型创业是指知识密集度高，带有前沿性、研究开发性质的新技术、新产品创业项目。

知识服务型创业是指为人们提供知识、信息的创业项目。如律师事务所、会计师事务所、管理咨询公司、广告公司等。

（4）根据创业的发展阶段，创业分为初次创业、继续创业和持续创业。

初次创业是指事业初创时期的活动。继续创业是继初次创业后，为了实现原定目标而开展的继续创业活动。持续创业是在创业成功后，为巩固和扩大创业成果而不间断地进行的创业活动。

4. 创业要素

创业包含四个方面的要素（图1-2），即创业者、创业机会、创业组织和创业资源。

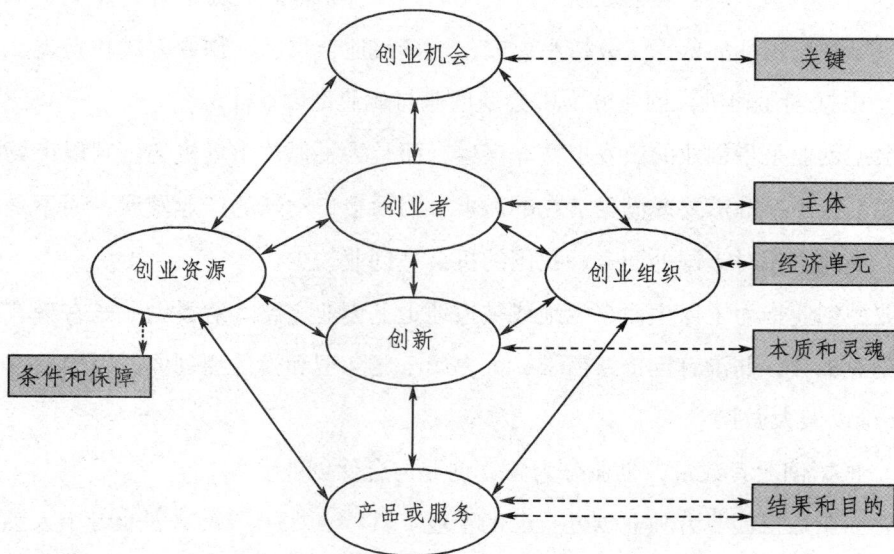

图1-2 创业要素及其关系

（1）创业者是指实施创业活动的个人或团队。创业者是创业的主体，是创业过程的核心。创业者在创业过程中起着关键的领导和推动作用，在企业的创建和运营、对商业机会的选择和把握、对企业资源的运作等方面都具有决定权。创业者在享有企业带来的财富和荣誉的同时，也要承担创业活动中的一切风险。

（2）创业机会是指创业者可以利用的商业机会或市场机会。市场机会一般具有潜在性和隐蔽性，所以如何识别创业机会是创业领域的关键问题之一。从创业过程的角度来说，创业机会是创业的起点，创业者往往从发现和识别商业机会开始创业。

（3）创业组织是一个完整的创业活动系统，包括企业内系统与企业外系统。企业内系统是以创业者为管理核心的员工网络；企业外系统是创业者构建的关系网络，包括客户、供应商、投资商等。创业活动是在组织中进行的，离开了创业组织，创业活动就无法开展，创业资源就无法整合，创业者的领导作用也就无从谈起。

（4）创业资源是创业者在企业组织中的各种投入，包括人、财、物等因素。创业资源不仅包括有形资产（如厂房、机器、设备等），也包括无形资产（如品牌、专利、企业声誉等）。所有这些资源都属于投资。创业过程就是创业者整合和利用这些资源，将其转化为市场需要的产品或服务，从而提高创业绩效的过程。能否以最少的资源投入获得最多的价值产出，使企业在市场上具有更大的竞争力并获得盈利，是衡量创业活动成败的主要指标。

总之，创业是具有创业精神的创业者、商业机会、创业组织与技术、资金、人力资本等要素相互作用，以创造产品或服务的动态过程。创业者是整个创业过程的关键要素，起着主导作用；创业机会是整个创业活动的起点；资源是创业活动的必备要素；组织是创业活动成败的重要影响因素。

（二）创业精神

1. 什么是创业精神？

创业精神又称为企业家精神，与机会识别捕捉、资源获取、创新、冒险、创造价值等概念密切相关。它是指贯穿于创业活动整个过程的创业者的创业个性、创业意志和创业作风、创业品质的综合。创业精神的核心就是创新，也就是创业者通过创新手段，更有效地利用资源，为市场创造出新的价值。创业精神一般可区分为个体的创业精神及组织的创业精神。所谓个体的创业精神，指的是以个人力量，在个人愿景引导下，从事创新活动进而创造一个新企业；而组织的创业精神则指在已存在的组织内部，以群体力量追求共同愿景，从事组织创新活动，进而创造组织的新面貌。创业精神是创业者在创业过程中的重要行为特征的高度概括，具体包括创新精神、冒险精神、合作精神和进取精神等四个方面。

（1）创新精神。创业过程中的新产品、新生产方式、新市场、新供货渠道等都是创新。创新精神是指创业者敢于综合运用已有的知识、信息、技能和方法，提出新方法、新观点，进行发明创新。创新精神是企业长盛不衰的法宝，是创业者应该具备的素质。

（2）冒险精神。在商业经营过程中有许多不可预知的风险是企业主无法规避的。因此，创业者必须要有风险意识和冒险精神。创业冒险不等同于赌博，创业冒险是以敏锐的市场洞察力和详细的市场调查为基础，并与风险管理意识和风险处置相伴的理性激进行为。在企业发展中，冒险精神主要体现在企业战略的制定与实施、企业生产能力的扩张、新技术的开发与运用、新市场的开辟、生产品种的增加和淘汰、产品价格的提高或降低等几个方面。

（3）合作精神。创业活动虽是个体的实践活动，但同时也是一种社会性活动，它离不开各种社会角色之间的默契配合。从创业活动来看，创业初期的资金、资源、人脉等条件需要借助合作伙伴的力量；对于创业发展关键策略的决策，创业者也必须借助团队的力量；积极应对、处置市场风险，也离不开创业伙伴的相互配合。因此，创业者既要善于打造好企业内部的员工团队，还要积极主动地与外部合作、互助。创业需要团队的力量，创业者要有合作精神。

（4）进取精神。进取精神是保证创业活动不断发展的内在动力。创业的征途布满荆棘，有着许多难以想象的困难。主动进取能够使创业者通过主动面对困难、主动寻找和把握机会、主动寻求资源和市场、主动创新等来实现自己的创业目标。被动适应、等待机会注定要被市场淘汰。创业者既要主动进取，还要实事求是、脚踏实地，在艰苦的环境中磨炼意志，不断总结经验教训，增长自己的才干，取得事业的成功。

2. 创业精神的作用

据统计，在我国大学生创业企业中，创业成功率不到5%。这一数字远远低于一般企业的成功率，同时也低于欧美国家大学生的创业成功率。究其原因，大学生创业最缺乏的不是创业知识，也不是创业能力，而是创业精神。

（1）创业精神决定个人职业生涯发展的态度。创业精神作为一种思想观念、个性心理特征和行为模式的综合体，必然会对创业者的职业生涯发展态度产生重要影响。有创业精神的人因为有更积极的人生态度，所以更有可能发现和把握机会，更有可能取得事业的成功。

（2）创业精神决定个人职业生涯发展的高度。创业精神是一个人综合素质的集中体现。具有创业精神的人，志存高远、心胸宽广，不但会在事业上取得更大的成绩，在个人品德和修为上，也会达到更高的境界。大学生应当有意识地培养自己的创业精神，让个人理想与社会发展的趋势同步，主动规划自己的职业生涯，创造自己的未来。

（3）创业精神决定个人职业生涯发展的速度。创业精神是一种主动精神和创造精神，这种精神能让人积极、主动、优质、高效地做好自己承担的每一份工作，从而在平凡的岗位上作出不平凡的业绩。实践证明，具有创业精神的人会将眼前的工作作为未来事业发展的起点，把握好生命中的每一个机会，做好自己从事的每一项工作。会接受更多的挑战，完成更多的任务，取得更大的业绩，因而会得到更快的发展。

| 拓展阅读 |

当我们谈创业时，究竟谈什么？
——新时代创业，要理想更要思想
潘石屹

这是一个关注创业的时代，无论是众筹、天使投资还是其他的形式，创业的人越来越多。这可能也和年轻一代的思想有关。他们更加具有创新精神，更加有自主性，不愿意受束缚，所以他们想出一个一个的点子，自己创业。

在"大众创业、万众创新"这个环境中，我们的经济形态就变成了一个平台，这个平台可能是淘宝，可能是微信，也可能是百度。围绕着这个平台，周围的每一个人都是小老板。我们需要更多的创业者，来把新的经济形态，通过创业、创新建设起来。

"大众创业、万众创新"绝不仅仅是一个口号，而是顺应时代变化的反映。而一个真正的创业者，他首先必须是一个创新者。单纯的复制和模仿是没有任何意义的。

我认为这个时代的创业需要具备以下几个条件。

第一，从创业的初衷来看，一定要有分享和服务的意识。要能够通过自己的创业直接或间接地为他人、为社会提供服务，而不要局限在为个体或少数人服务上。

作为一个商业公司，过去更多的是强调为客户提供服务。但社会发展到今天，仅为客户提供服务已经远远不够了。我们不能够只为付钱的人提供服务，而在花我们钱的人面前做大爷，做"甲方"；不能只是级别低的员工为级别高的员工服务，级别高的员工做大爷，发号施令。这些都是违背服务的基本精神的。我们的员工、我们的公司不仅要为客户提供服务，还要为我们的材料供应商、施工单位、设备供应商、设计单位等提供优质的服务，为此，我们专门研究设计了两套意见征求表格：一套是征求我们客户的意见，比如购买了我们的房子有什么样的要求，我们的客户服务部门、租务部门、市场部门可以随时给他们提供服务；另一套是我们作为"甲方"为我们的"乙方"设计的意见表格，让"乙方"也可以给我们提出意见。两方面的意见对我们同样重要，我们希望通过我们周围客户和所有厂家的反馈，不断提升公司每一个员工的服务意识和服务态度，这样才能让公司整体的素质提高。

第二，从方法上要深刻理解和运用互联网，减少中间环节，降低成本，提高效率，减少社会资源的浪费。旧秩序中的创业，更多是资本密集的、傻大黑粗的。新秩序的创业，会更轻盈，用最小的力量来撬动最大的资源。有人发现，飞机临起飞前还有空的座位，电影开演时票还没有卖出去，却在最后的一分钟用网络全解决了……一个新经济的时代到来了，"网络"改变了世界，改变了人们的吃穿住行，肯定也会改变我们城市的发展和我们身边的建筑。其实我们这个世界本身就是以"网络"的形式存在着，只是由于信息的不畅通，出现了不平衡和差异。为了能在信息不畅通的情况下运作，只能把社会分成许多等级，形成了金字塔结构。信息技术的发展，使一个更平等的网络社会显现出了它的原形。网络技术的出现消灭了传统经济中多余的中间环节，优化了各种资源，减少了在传统经济中人们习以为常的浪费。

第三，从模式上，创业和创新就是要做和以往完全不一样的事情。旧的秩序就像一件破旧的衣服，一幢破旧的大楼，如果我们今天所做的事情，是为了去修修补补做无用之功，那是没有前途和未来的。我想象的企业创新，首先要将视野投放到人类广阔的生活需求中去，还要以人类的精神进步为前提。创新最可怕的敌人是不能从根本上以精神的进步为前提，因为只有精神进步才能发现和创造美好，没有精神进步，创新就变成一句空话，所谓的创新产品也就是一些外表新奇却没有实际意义的花架子，这句空话，再被某些急功近利的人变成一句空洞的口号，那大家就会走到创新的反面。

第四，创业者面对复杂的局面和快速的变化要有敏锐的洞察力和判断力，同时还要有足够的勇气和智慧。在旧秩序中，创业时"关系"是举足轻重的，因为是可以继承的社会资源。但是对于今天的创业者而言，"关系"已经变得无足轻重了。此时，才能和智慧成为最宝贵的财富。

网络时代是没有权威和潮流的时代，最显著的特征就是不再有统一的模式，不再有明显的界限，无论工作还是生活，都追求绝对的自由和随心所欲的选择，创造力至上，没有程式化的个性化是最富有魅力的。新经济中创新成为必不可少的精神。传统经济中许多重复性的工作很快就被电脑所替代，如在传统经济中最有创造性的工作设计，在新经济中基本上被电脑设计（CAD）所代替。所以，在新经济中任何一个人和组织如果受传统经济的条条框框所限，没有创新意识，很快就会被淘汰。在这样的条件下，创业的方向很重要。每一个创业者都需要考虑自己创业的方向，要将自己的梦想和现实结合才更有意义。方向就是不断为社会去创造新的价值。企业为社会创造的价值就是它的产品。我们做任何一个产品，都是我们对这个世界的理解的反映。我常常跟大家说，你的客户跟你的关系就像锁跟钥匙的关系，一把钥匙开一把锁。跟我们的价值观、审美情趣比较相同的人，一看我们的产品就会受到吸引，就会成为我们的顾客。所以我对我们销售员的要求是只需把产品介绍清楚就可以了，不需要过多用力。人的审美和需求各有不同，你产品中的户型布局、材料特征、装修效果，实际上都包含着密码。如果客人身上的密码跟你的密码对应了，锁就开了，他就是我们的客户。他要不是你的客户，没有你的密码，任由销售员怎么跟他说，他也不会接受，就算买下了，入住以后也会跟你"闹别扭"。

这是一个互联网时代，万众创业的时代，剧烈变化的时代。我们今天处在最好的时代，也是最坏的时代；我们今天处在谎言漫天的时代，也是充满着真挚情感的时代。我们谈创业，也谈创新；我们谈机会，也谈智慧。在如此的巨变中，一家具体的公司显得微不足道，犹如大海上的一叶小舟，要顺势而为，但也不能偏离方向。

最后我想说，在创业的过程中，作为一个企业家，观察问题的角度不能太窄，不能局限于一个企业，聚焦的时候还要有历史的角度，要有社会的角度，要有更大的视野，这样解不开的难题可能就被解开了。

——摘自李响《响聊聊：创业》，北京联合出版公司 2016 年版，有改动

二、创业趋势分析

当我们准备创业时，首先需要考虑的是什么？是创业环境。创业环境是指进行创业活动所面对的一系列情境或条件。心理学家勒温提出了人的行为公式：$B = f(P, E)$。B代表行为，P代表个人，E代表环境，f代表三者之间的函数关系。从这个公式就可以看出，人类行为是人与其所处环境的函数。创业行为也同样受到创业环境的影响。良好的创业环境能够使创业者之间的竞争在一个有序的环境中进行，形成既有竞争又有合作的良好风气，从而有助于激发创业者的灵感，而且能够对创业者产生一种"筑巢引凤"的亲和力、吸引力。因此，大学生的创业行为是大学生自身情况与创业环境进行互动的综合效应。

（一）创业环境

1. 创业环境的定义

创业环境是指在创业活动中那些与创业活动相关联的各种因素的集合，具体包括宏观环境和微观环境。宏观环境又叫总体环境，是指那些给企业造成市场机会或环境威胁的主要社会力量，包括政治、经济、社会、技术、自然和法律等因素。微观环境是指企

业的顾客、竞争者、供应链、营销渠道和有关公众等对企业经营活动产生直接影响的各种因素。

2. 创业环境的分类

创业环境可以从多个角度进行分类。基本的分类有如下几种：

（1）按企业创业环境的构成要素，可以分为经济环境、政治法律环境、科技环境、商务环境、教育环境、社会文化环境及自然环境等几个方面。

（2）按创业企业形成环境的层次，可以分为创业宏观环境、中观环境和微观环境。宏观环境指一国或一个经济区域范围内的创业环境；中观环境是指某个地区或城市、乡镇的创业环境等；微观环境是指企业的文化氛围、团队合作精神、创新精神等。

（3）按企业创业环境的构成要素和构成性质，分为创业硬环境和软环境。硬环境是指企业创业环境中有形要素的总和，如基础设施、自然区位和经济区位；软环境是指无形环境要素的总和，如政治、经济、法律、文化等。硬环境是企业成长的物质基础，软环境因素在企业的成长过程中起着越来越重要的作用。

3. 创业环境的主要特征

（1）整体性。是指创业环境的各要素是相互联系、相互影响而存在的。创业环境整体性的特征要求创业者在研究创业环境时，不能割裂各要素之间的联系，仅仅研究个体要素的表现，而应该运用系统的原则和方法，从整体的角度来考虑和解决实际的问题。

（2）主导性。是指在创业环境的各要素中，总有一个或几个要素在某一阶段的发展中居于主导地位，即在创业环境这个整体中规定和支配着别的要素。因此，创业者对主导要素的了解和认知具有特别重要的意义。

（3）可变性。是指创业环境总是不断发展变化的。经济结构的调整、政治制度的变革、市场需求的改变、消费水平的提高等，都会极大地影响着创业环境，因而创业者需要用动态的观点来看待问题。

（4）差异性。是指创业环境是个空间概念，所在的区域不同，内容也不尽相同。区域政治、经济、人文等方面的差异，导致了创业环境的地区差异。

创业环境因素作为创业者的生存和发展条件，对于创业活动具有重要意义。

| 拓展训练 |

义乌小商品＋互联网电商＝创业"天堂"

义乌远离大都市，过去交通又不太发达，人民生活水平比较低下，然而却发展成为小商品国际大市场，真可谓是经济奇迹。1982 年 9 月 5 日，政府用水泥板搭起两排简易摊位，建成了义乌第一代市场——稠城镇的湖清门小百货市场。1984 年，义乌县委、县政府提出口号：兴商建县。当年 12 月 6 日，义乌第二代市场——新马路市场建成，并更名为义乌小商品市场。1986 年 9 月，位于城中路的第三代义乌小商品市场建成开业，内设 4096 个固定摊位和 1000 余个临时摊位。两年后，义乌撤县设市。城中路小商品市场在全国的知名度越来越高，各地客商蜂拥而来。1992 年 3 月，国家工商行政管理局宣布：义乌小商品市场以成交额 10.25 亿元的业绩，位居全国十大市场的榜首。同年 9 月 3 日，国家工商行政管理局批准义乌小商品市场更名为义乌中国小商品城。从此，"华夏第一市"美名远扬。2002 年，新建成的义乌国际商贸城一期市场开业，至今总共建成开业五期，成为我国当前国际化程度、现代化程度最高的小商品市场。国际商贸城、篁园市场与 2013 年开业的国际生产资料市场一起，被当地人认为是义乌小商品的第五代市场，截至 2017 年，总商位数达 75000 个，总营业面积超过 550 万平方米，年成交额达 1226 亿元。义乌已成了全国小商品市场的"龙头"，越来越多的创业者加入这个市场。义乌市场利用后发优势，从区域市场发展到"买全国、卖全国"，进而如今响亮提出"买全球、卖全球"。与义乌对接的国际小商品集散地有阿联酋迪拜的"中国产品交易中心"、南非的"中华门"、柬埔寨的"中国商城"、俄罗斯的"海宁楼"、巴西的"中华商城"等 10 多个商品集散地。目前，来自义乌的小商品已辐射全球 219 个国家和地区，出口额占浙江全省 1/8，跨境电商零售额占全省 1/2，全国 3/4 的外商投资企业在义乌注册。义乌过去集中在传统商贸领域，如今跨境电商是义乌市场一大特色。目前，义乌已经提出"打造全国网商集聚中心""打造全球网货营销中心""打造国际电子商务城市"口号，把电商作为市场转型升级的主引擎，促进电子商务与实体经济的融合发展。相关数据显示，2010 年以来，义乌电子商务产业不断发展，贸易额增长了 6 倍。义乌已连续多年位列"中国电商百佳县"榜首，获批国家电子商务示范城市、国家县域电子商务大数据应用统计试点城市、浙江（义乌）跨境电子商务创新发展示范区、浙江省小商品产业集群跨境电子商务发展试点。义乌实现了升级产业、升级服务、提升品质的产业转型道路，成为电商蓬勃发展的一片沃土，成为创业者的"天堂"。这令我们不得不研究它的自然环境、文化环境、社会环境、经济环境、制度环境、信用体系等是如何促进商品经济发展的。

请查找网络资源，小组讨论并形成各自的观点，着重分析说明：义乌小商品城吸引创业者来此投资创业的环境因素有哪些？这些因素对创业的影响具体表现在哪几个方面？

_____

_____

_____

_____

（二）我国创业环境分析

2018 年 1 月 27 日，清华大学二十国集团创业研究中心和启迪创新研究院联合发布《全球创业观察（GEM）2016/2017 中国报告》。该报告是清华大学二十国集团创业研究中心下的中国创业研究中心发布的第十四份年度中国创业观察报告，本次报告的主题为"中国创业的质量、环境和国际比较"。报告指出中国整体创业环境有以下重要特征：

1. 总体创业活跃度较高

创业活跃程度包括早期创业活动指数、创业型员工比例（内创业）和成熟企业拥有比例。早期创业活动指数是指 18—64 岁的年龄群体中，参与企业创建或运营企业少于 3.5 年的个体数量在每 100 位成年人口中所占的比例。创业型员工比例是指作为员工参与到创业活动中，例如开发和建立新的业务或分支机构的人员比例。我国创业活动最活跃的年龄段是 18—34 岁的青年阶段，占总体创业者比例的 44.39%。

我国创业者的产品创新性、创业成长性和国际化程度在提高。2009 年，20.19% 的创业者认为自己提供的产品或服务具有创新性，2016—2017 年度这一比例为 28.76%。2009 年，15.65% 的创业者认为企业具备高成长潜力，可以在五年内创造 10 个及以上就业岗位，2016—2017 年度这一比例为 22.74%。创业者的海外客户比例提升最为明显，2009 年仅有 1.4% 的创业者针对海外市场，而 2016—2017 年度 7.67% 的我国创业者拥有海外客户。从创业者的背景和创业活动的创新性、成长性及国际导向来看，我国创业活动的质量提高了。

2. 既有企业比例较高

我国经济具有内向型经济和国家主导型经济的特点，经济环境较为稳定，我国创业企业的存活率相对较高。成熟企业拥有比例是指在同样的年龄群体中，拥有并自主管理一家运营超过 42 个月企业的人口比例。2016—2017 年度，我国早期创业活动指数为 10.5，创业型员工比例为 1.2，成熟企业拥有比例为 7.5。

3. 创业生态环境在改善

我国创业环境综合指数由 2010 年的 2.87 上升到 2016—2017 年度的 3.10，说明我国创业环境的总体情况在不断改善。具体到创业环境条件，我国创业环境在金融支持、政府政策以及社会文化规范方面较 2010 年都有了明显提升，但在教育培训、商务环境和研发转移方面改善缓慢或停滞不前。

我国参与早期创业的人员中，具有大专及以上文化程度的比例为 47%，处于二十国集团经济体中间水平，低于发达经济体。例如，二十国集团经济体中加拿大、法国、美国的高学历创业者比例分别是 82%、81% 和 79%。我国创业者认为自己具备创业能力的比例较低，为 29.8%。二十国集团经济体中平均有 44.86% 的受访者认为自己具备创业能力。因此，我国创业者需要进一步提高创业能力。

（三）我国大学生创业环境

1. 大学生创业环境

大学生创业环境是指大学生创业活动的外部条件。它是各种客观因素的综合体。大学生创业环境可分为大环境和小环境。大环境是指社会、地区的支持条件；小环境是指学校和家长的相关因素，以及创业场所、创业的各种设备和工具条件等。大环境的营造必须要靠社会的大力支持才能得以实现；小环境的营造主要是靠学校和师生的共同努力。硬件环境包括政府资金支持、有形的基础设施建设等，如实践基地建设、实验室建设、网络通信建设等；软环境则包括金融、服务、商务环境等。

大学生创业活动与大学生创业环境紧密相连，创业环境的好坏直接影响着大学生的创业实践是否顺利。没有良好的创业环境就没有大学生积极的创业行动，也就没有大学生的成功创业。

2. 大学生创业环境评价分析

SWOT 分析法又称态势分析法，是一种能较客观而准确地分析和研究现实状况、分清利弊的方法。该方法将企业外部环境的机会（opportunity）与威胁（threat）以及内部条件的优势（strength）与劣势（weakness）分为纵横两个维度加以对照分析，既一目了然，又可以从内外环境条件的相互联系中作出更深入的分析评价。

SWOT 分析法要求正确地识别优势、劣势、机会和威胁因素，在开始寻找机会与威胁、优势与劣势时，要尽可能多地去挖掘，找得越多越好。当你进行 SWOT 分析时，可能已找出很多机会与威胁、优势与劣势，这时要从每项中找出最重要的 3—5 个因素进行综合分析，不能都罗列出来，那样就没有重点了，也无法作出有效的创业战略选择。在进行 SWOT 分析后，要发挥优势，抓住机会，明确发展方向，找出差距和不足，针对威胁因素采取相应措施，最终实现自己的目标。

我国大学生创业环境的 SWOT 分析结果如下：

（1）大学生创业的优势

①当代大学生自主创业意识较强，对创业有着浓厚的兴趣，渴望成功，充满生命活力，有创业的激情和梦想。

②大学生想通过创业展示自我的价值和才能，为社会和自己创造财富。

③当代大学生有较好的文化素养和创业潜能，他们往往在人际交往、协调沟通、想象空间、运动空间、团队合作、组织管理等方面表现出较高的才华和活力，在非智力因素和创业心理素质方面有较大的优势。

（2）大学生创业的劣势

①大学生创业的积极主动性不够。很多大学生都是在找不到合适工作的前提下，才会考虑创业。

②一些地方高校大学生对自己的创业能力缺乏客观的评价，在心理上对创业的难度估计不足，很多学生带有急功近利的思想，总是希望能通过创业快速发财，缺乏长期创业心理准备，对在创业过程中将要遇到的风险和困难预计不足。

③地方高校有不少大学生形成了个体学习的障碍，这成为创业行动的绊脚石。

④不少地方高校大学生对创业有心理障碍，主要表现在：怕苦怕累，怕竞争；不愿从基层干起，在做人做事等方面欠缺；害怕失败，怕出差错；怕丢脸，死要面子，总担心自己不行；缺乏敏感度，事事漠不关心；不善观察和思考。

（3）大学生创业的机会

①具备一定的创业环境和条件。国家的相关法律制度和政策逐步健全和完善，为大学生创业提供了法律制度保障。大量的基础服务机构和设施，如电力、通信、交通、金融、保险等条件也得到改善并逐步完备，为自主创业提供了较好的环境和条件。

②高校的支持。为解决大学生就业难的问题，各高校及就业指导部门也做了大量的工作。例如，开设大学生创业课程；邀请创业成功人士谈创业经历，让大学生掌握创业的基本政策和知识；开展大学生创业策划大赛、创业论坛等活动，培养大学生的创业兴趣，在实践中锻炼大学生的创业能力。

（4）大学生创业的威胁

①越来越大的创业竞争压力。大学生创业可能会面临同学、校友的竞争以及传统从业者的竞争，也会有来自其他国家和地区大学生的创业竞争。

②大学开设的创业教育课程少，也缺乏对大学生创业能力的训练，造成大学生自主创业缺乏相关的氛围和环境。

③经济形势的威胁。在当前全球经济下行风险加大的大环境下，社会创业政策保障不力、创业环境不理想也是一个不容忽视的因素。

④家庭不支持。很多家长希望自己的孩子有一份安稳的工作，而不是一进入社会就承担太大的风险。这种潜在的对创业不信任的社会心理对想创业的大学生来说无疑是一种巨大的压力。

大学生创业是社会发展的趋势。面对各种有利和不利的因素，大学生要根据自己的特点，抓住机遇发挥优势，找出具体的不足，制定创业方案规避风险并解决困难，从而实现自己的人生目标。

3. 大学生创业政策

大学生创业政策作为我国创业政策最重要的组成部分，从多方面发挥了促进大学生创业、培养人才、解决就业、加速国家创业经济转型的积极作用。自1998年起，我国开始推行大学生创业政策，至今已有二十余年，大致形成了一个包括创业教育政策、创业融资政策、创业环境政策以及商业支持政策等在内的多层次的政策体系。创业政策主要包括激励创业的政策、对创业活动和创业企业成长的规定、就业的规定、环境和安全的规定、企业组织形式的规定、税收的规定等内容。对于准备创业的大学生来说，只有了解这些政策，才能走好创业的第一步。为鼓励大学生创业，中央和地方各级政府出台了一系列大学生创业企业资助办法和房租补贴政策等，为大学生创业提供了全方位的支持。以山东省淄博市为例，当地政府为进一步推动"大众创业、万众创新"制定出台以下具体政策：

（1）启动资金扶持。鼓励普通高校在校生和毕业5年内高校毕业生，以及留学归国的青年留学人员来淄博市创业。对大学生来淄博市创业且入驻各类创业载体的（入驻各类创业载体，是大学生享受相关扶持政策的前提条件，下同），每年选择 200 个优秀大学生创业项目，给予每个创业项目 5 万元的创业资金扶持。

（2）房租补贴。实行办公场所补助政策。向创业者提供 3 年免费使用的创业场所和物业费、高速宽带入网费补贴。其中，顶尖、高端、高层次人才来淄博市创业的，由其企业注册地所在区、县政府分别提供不超过 300 平方米、200 平方米、100 平方米办公研发场所或参照当地办公用房租金平均水平给予租金和物业费、高速宽带入网费补贴。对大学生和专业技术技能人才创业的，对其入驻创业载体使用工位给予 3 年租金补贴，5 人以上团队提供最大 30 平方米的创业场所。实行住房补贴政策。

（3）融资支持。实行贷款担保、担保费补助、保费补贴扶持政策。对顶尖、高端、高层次人才和大学生创（领）办科技型小微企业的担保贷款，符合条件的，由市、区或县政府所属的政策性担保机构分别提供最高 1000 万元、800 万元、500 万元和 100 万元的担保支持。对顶尖、高端、高层次人才和大学生创（领）办科技型小微企业的担保贷款，担保费用不超过贷款额 2% 部分，由担保机构所属政府给予 50% 补助。对创业人员和小微企业向保险公司申请的小额贷款保证保险保费，按照保费总额的 30% 给予补贴。实行贷款贴息政策。将小额担保贷款调整为创业担保贷款。

（4）科技成果转化支持。实行科技创新补助政策。顶尖、高端、高层次人才和大学生创（领）办企业形成的科研成果，经认定，对技术领先、产业化潜力大、市场前景好的，市财政按照前期研究费用 20% 的比例给予资助，最高不超过 50 万元；对承担国家、省重大科技项目的，按照 1:1 的比例给予资金配套，最高不超过 200 万元，同一项目不重复匹配。鼓励大学生创业者、初创科技型中小微企业购买高校、科研院所技术成果开展创业活动，市财政按技术合同交易额的 10% 给予补助，最高不超过 50 万元。对大学生的产业化项目，市级每年选择 100 个优秀项目，每个优秀项目给予 10 万元奖励，其中科技型小微企业的产业化项目，给予每个项目 20 万元奖励。

（5）配套公共服务体系支持。实行众创空间等载体平台支持政策。按照政府购买服务，专业机构运营的模式，在全市布局建设一批集专业服务、创业辅导、创客孵化、技术和资本支持等功能于一体的新型孵化器和创业空间。市级每年根据孵化效果、产生的经济社会价值、入驻企业数量、吸纳就业人员等实际情况，选择 3—5 家具有较强示范带动作用的众创空间给予每处 50 万元的一次性奖励。对新认定为国家级、省级众创空间的，在省级补助的基础上，淄博市财政再分别给予 50 万元和 20 万元的扶持。

（6）实行创业培育服务政策。支持有能力的企业建立服务创业的开放式平台，聘请高端专业服务机构举办创业沙龙、创业大讲堂、创业训练营等创业指导培训活动，由所在区、县给予一定额度的活动费用补贴。

┃ 拓展训练 ┃

首先，为自己设定一个具体的创业项目，然后再运用网络资源、咨询等多种渠道搜集整理与大学生创业相关的政策，分析说明自己的创业项目可以享受哪些优惠政策。

1. 贷款扶持优惠政策：

_____

_____

_____

2. 房租补贴及具体数额：

_____

_____

_____

3. 大学生创业园财政建园资助：

_____

_____

_____

4. 企业工商注册及注册资本的优惠政策：

_____

_____

_____

5. 税收优惠政策：

_____

_____

_____

6. 社会服务优惠政策：

_____

_____

_____

三、创业与大学生职业生涯发展

（一）树立创业意识

1. 当前我国大学生就业形势

近十年来，我国普通高校毕业生数量以将近5%的年增长率持续攀升，造成了一个又一个的"最难就业季"。目前毕业生供需结构不平衡的矛盾日益突出，大学生面临的就业压力越来越大。

造成大学生就业难的原因是多方面的。第一，受到企业转型升级的影响。随着经济社会的转型升级，尤其是由传统制造业向技术智能化转化，企业希望招聘具有一定工作经验，能够熟练操作、独立工作的员工，导致没有工作经验的大学生就业难度持续加大。第二，受到传统就业观念的影响。部分大学毕业生认为，所谓的就业指在机关、事业单位、国有企业等工作，而在民营、私企就业只是"打工"，大学生是社会的精英，理所当然应该成为白领，有一份待遇丰厚的固定工作。求职方面存在的上述心理误区造成部分大学生"主动失业"。第三，供求双方匹配率低。高校某些专业设置的不科学、不合理，导致学校的人才培养与社会需求脱钩，造成结构性供求矛盾，出现"企业招不到合适的人才，人才找不到合适岗位"的尴尬局面。

2. 鼓励大学生创新创业，促进大学生就业

《国务院关于大力推进大众创业万众创新若干政策措施的意见》（国发〔2015〕32号）中提出："推进大众创业、万众创新，是发展的动力之源，也是富民之道、公平之计、强国之策，对于推动经济结构调整、打造发展新引擎、增强发展新动力、走创新驱动发展道路具有重要意义，是稳增长、扩就业、激发亿万群众智慧和创造力，促进社会纵向流动、公平正义的重大举措。"国家大力推进"大众创业、万众创新"，对大学生来说是一个新的契机，大学生应将被动的就业观念转变为主动的创业观念。通过自主创业拓宽就业渠道已成为社会发展的必然趋势。

（二）创业成就完美人生

1. 大学生创业的未来趋势

（1）大学生的创业发展将越来越好。大学生作为创业大军中的一个特殊群体，拥有比较高的文化水平，容易接受新鲜事物，各种羁绊也较少，所以创业能够"轻装上阵"。随着政府支持力度的进一步加大，大学生自主创业的信念必定越来越坚定，行动也将越来越理性，创业成功的概率会越来越大。

（2）大学生创业是社会发展的趋势。在就业越来越难的背景下，自主创业已经成为大学生新的选择，并逐步发展为一种趋势。创业不但是一种就业，而且还可以为他人创造就业岗位。第二届国际职业技术教育与培训大会明确指出：就世界范围而言，21世纪有50％的中专生和大学生要走自主创业之路。在不远的将来，大学生自主创业将形成气候。

（3）大学生自主创业迎合了产业发展转向"知识经济"的趋势。随着知识经济在中国的逐渐形成，社会对人才的需求也渐渐由过去的简单型转为复合型，由知识型转向技能型。高科技产业、第三产业和民营经济将是人才需求的增长点。但从全国经济发展的产业结构来看，包括研究与发展、教育、信息及高技术产业在内的知识产业在国民经济中的发展水平仍然很低。鼓励大学生自主创业，可以打破大学生人才"高消费"现象，使有可能从事知识、技术产业的从业人员比例大大增加，刺激知识产业发展攀升，从而使高层次人才资源发挥较高的使用价值。因此，大学生自主创业既是社会发展的需要，也将成为越来越多大学毕业生的选择，大学生自主创业者的队伍也必将越来越庞大。

2. 创业是实现自我价值的有效途径

当前的国家政策为大学生自主创业提供了有利的空间，比如允许创业活动纳入实践学分、允许休学创业、提供免费创业孵化器和指导、提供无息贷款和政策资金扶持等，这些政策使大学生创业风险大大降低。比如对于一些商科专业的同学来说，在大学期间进行创业活动，不但有助于更好地理解商业理论知识，将课本所学知识转化为实践需要的技能，还能通过创业拥有商业现实经历，即便创业失败，也为自己将来毕业后二次创业提供了经验财富。毕业后大学生的创业不仅解决了自己的就业问题，而且通过开办企业给社会和他人提供了就业机会和岗位。对当代大学生来说，自主创业是一条光明之路、希望之路。

（1）创业是人生价值的充分体现。衡量人生价值，不仅要看一个人在物质上的拥有和享受，更要看一个人对社会、对人民的贡献。我们今天的创业可以是为个人致富，但同时也要对国家、对社会有所贡献。因此，我们不仅要提倡为个人致富而创业的精神，更要提倡为振兴中华而创业的精神，提倡为他人谋福利的奉献精神。

（2）创业是完善自我的成才之路。创业是以事业的开拓为主线规划自己未来的实践活动。创业激励一个人勇于改革创新而不虚度年华；创业促使一个人对社会作出有益的贡献而不会碌碌无为。创业者凭借自己的奋斗，一步步地迈向成功，成为真正的栋梁之材。我们之所以称成功的创业者为人才，是因为一个成功的创业者也是经营之才、管理之才和最为宝贵的创造之才。一个年轻人逐步成长，直到担当起重任，靠的就是这种全能型、复合型的才干。这种才干是在创业实践中逐步完善自我的结晶。

（3）创业是发挥潜能的最佳选择。立志创业，必须敢闯敢为，有胆有识，这样才能变理想为现实。尤其在创业的起步阶段，或者在创业的过程中遇到挫折的时候，更要充满自信，克服自卑和畏缩心理。大学生有朝气，有活力，有抱负，有潜能，在创业的道路上，就应该充分施展自己的才华，发挥自己的潜能，运用自己的特长，去开创一番崭新的事业。

| 拓展训练 |

高职生毕业后应当如何选择自己的发展方向？

小王对自己的人生有清晰的规划，早早就确定了专升本的目标。为此他给自己做了严格的时间规划，每天拿出固定的时间来学习，准备考试。到了大三，同学们纷纷去面试，找兼职，实习，为就业做准备，小王不为所动，继续按自己的节奏准备专升本考试。对于当前的大学生创业热，小王更是嗤之以鼻，他嘴上不说，心里的想法是："连工作都找不到的大学生，还指望自己能创业？"小王认为，在大学踏踏实实学好功课，为将来就业做好技能和学历上的准备才是正途。

1. 请列举出自己身边高职生成功或失败的创业案例并与同学分享。

_____

_____

2. 你认为自己适合创业吗？具体理由分别有哪些？

_____

_____

3. 你会在大学阶段考虑参与创业活动吗？

_____

_____

思考与练习

1. 创业会给自己的职业生涯带来怎样的影响？

2. 大学生在读书期间可以从哪些方面着手为将来的创业做好准备？

➡ 相关资源

1. ［美］布鲁斯·R. 巴林格、［美］R. 杜安·爱尔兰著:《创业管理:成功创建新企业》，杨俊、薛红志等译，机械工业出版社2010年版。

2. 王杜春主编:《大学生创业基础》，化学工业出版社2013年版。

3. 李莉、陈建华主编:《创业管理实务》，电子工业出版社2014年版。

4. 刘帆主编:《大学生创业KAB精讲》，知识产权出版社2013年版。

第二章　创新与创业

→ 学习目标

认知目标

· 把握创新的基本含义，明确创新与创业的关系

· 充分认识创新在国家、社会和个人创业发展中的作用

技能目标

· 掌握创新的基本方法，培养创新意识和创新能力

· 通过创新能够识别创业机会

> 我们要记着，作了茧的蚕，是不会看到茧壳以外的世界的。
>
> ——李四光

→ 认知与实践

一、创新对于创业的重要性

（一）创新概述

从纵向看，创新是人类活动的本质要求。人类的文明史已有五千多年，在这五千多年中，人类经历了渔猎文明、农业文明和工业文明（信息文明是工业文明的深化），生态文明刚刚起步。可以说，文明成长的历史就是接续创新的历史。从横向看，创新是当今世界主要经济体的基本战略，是引领社会发展的第一动力。我们国家把创新发展置于"五大新发展理念"之首，以创新发展筹谋全局、厚植优势。

创新有不同的分类，从宏观上包括理论创新、制度创新、科技创新、文化创新、市场创新等方面。企业里常说的发展战略创新、工艺创新、产品（服务）创新、营销创

新等都可以归于上述某个方面。

那么，什么是创新？

从词源来看，"创新"包括创造和革新两层含义。"创"是创造，是从无到有；"新"是革新，是从有到新。从哲学的角度看，不是所有的"变化"都等于"新"，"新"一定是新生事物，是那种可能依然弱小、依然不成熟，但符合事物发展的逻辑、具有远大前途的事物。从词源和哲学两个角度理解"创新"，就可以比较准确地把握"创新"的基本内涵。

值得指出的是，最早从技术与经济相结合的角度探讨"创新"的代表人物是现代创新理论的奠基人约瑟夫·熊彼特。1912 年，熊彼特在《经济发展理论》一书中首次提出"创新"的概念。1939 年，他又在"商业周期"理论中比较全面地阐述了创新理论。按照熊彼特的观点，所谓创新就是建立一种新的生产函数，把从来没有过的关于生产要素和生产条件的新组合引入生产体系。他认为有关创新的这种"新的组合"包括以下内容：

（1）采用一种新的产品或一种产品的新特性。

（2）采用一种新的生产方法。

（3）开辟一个新的市场。

（4）找到或控制原材料的新的供应来源。

（5）实现一种工业的新的组织。

后来人们将他这一段话归纳为五个创新，依次对应产品创新、技术创新、市场创新、资源配置创新、组织创新，而这里的组织创新也可以看成是部分的制度创新。

熊彼特的创新理论主要有以下几个基本观点：

第一，创新是生产过程中内生的。

第二，创新是一种"革命性"的变化。

第三，创新同时意味着毁灭。如在完全竞争状态下的创新和毁灭往往发生在两个不同的经济实体之间。

第四，创新必须能够创造出新的价值。

第五，创新是经济发展的本质规定。他认为，可以把经济区分为"增长"与"发展"两种情况。所以，"我们所说的发展，可以定义为执行新的组合"。也就是说，创新是发展的本质规定。

第六，创新的主体是企业家。

作为一个经济学家，在熊彼特看来，"创新"概念属于经济范畴。它不仅指科学技术上的发明创造，而且指把已发明的科学技术引入企业中，形成一种新的生产力。熊彼特的"创新"理论自诞生后影响颇大，至今对我们仍具有重大的借鉴意义。随着时代的发展，我们把创新扩展到了理论创新、制度创新、技术创新、教育创新等方面。

（二）创新与创业

以上我们了解了创新对于人类的意义以及创新概念的内涵。众所周知，任何创新归根结底是以人为主体的创新。可以说，建设创新型国家的关键在人才，"大众创业、万众创新"的关键也是人才；对于新时代的大学生而言，创新能力也是职业核心能力的重要内容。

对于创业而言，创新是创业的基础，创业是创新的载体。创新推动创业，创业依靠创新。在知识经济时代，创新与创业的关系比以往任何时候都更紧密。甚至可以说，没有创新，就不会有成功的创业。创业者只有不断创新，才能开拓生存、发展的空间。

由于创新与创业的这种联系，甚至有人把不同于传统创业的当代创业现象定义为创新创业。这种定义的意义是：创新创业是完全基于创新的创业活动，它不同于单纯的创新或单纯的创业。因为创新强调创造和革新、开拓与原创，而单纯的创业是通过创业行动获取利润的行为。需要强调的是，创新创业将面临比传统创业更高的风险。正如管理学大师彼得·德鲁克所言：真正重大的创新，每成功 1 个，就有 99 个失败。

具体来说，创新对于创业的作用和意义表现在以下方面：

（1）商业模式或盈利模式创新。

（2）技术或工艺创新。

（3）产品或品牌创新。如在产品的组合、功能、外观等方面以及新产品研发等创新。

（4）资源利用或整合创新，即面对被人忽视的某种"存量"，你发现了新用途或整合为新资源。

（5）迭代创新。包括你的认知、产品、组织、营销等方面不断迭代的创业模式。

（6）组织或管理创新。如企业的人治变成了法治，销售变成了营销等。

（7）市场创新。包括新市场的开拓以及开拓方式等方面的创新。

（8）营销渠道创新。如区域性渠道通过创新成为一个地区性网络。

（9）企业新业态的创意创新。这种创新要注意处理好创意、创新与创业的关系。

（10）理念与企业文化创新。

（11）激励方式创新。它属于管理制度创新，但因为重要，在此单列。

（12）服务创新。

以上列举并不能涵盖创新与创业的所有情况，也不具有逻辑分类的性质，只是为了便于创业者参考和理解。

二、创新型人格塑造

（一）创新型人才的特质

1. 诺贝尔奖获得者带来的启示

有人对诺贝尔奖获得者进行了分析，发现他们有以下共同的特点：

（1）对所从事的研究有浓厚兴趣，并且固守这个领域，几乎没有跳槽。

（2）有很好的科学素养，受教育的机构和工作的机构以及周围的同事都是一流的。

（3）具有献身科学的精神。

（4）有创新性思维、丰富的想象力和先进的研究方法。

（5）有平静的生活、宽松的环境和闲适的心态。

（6）充满了对他人、社会和自然的爱心及责任感。

2. 创新型人才的基本素质

有人说创新型思维由发散思维和聚合思维构成，也有人说创造性倾向由自信心、好奇心、探索性、挑战性和意志力五个维度组成。大量的研究表明，创新型人才应具有以下基本素质。

（1）同时具有丰富的创新知识和批判思维能力。创新可能是对已有知识、应用的拓展，这就要求创新型人才的知识结构既要有广度又要有深度。他们既要有深厚而扎实的基础知识，了解相邻学科知识，又要精通自己的专业并掌握其最新成就和发展趋势，这种完备、充分的知识结构有助于增强他们的综合判断和创新能力。

批判性思维最早可追溯到古希腊思想家苏格拉底。"批判性思维"是英语 Critical Thinking 的直译，指的是那种能抓住要领、善于质疑辨析、基于严格推断、富于机智灵气、清晰敏捷的日常思维。批判性思维意味着基于标准的有辨识能力的判断。批判性思维没有学科边界，任何涉及智力或想象的论题都可从批判性思维的视角来审查。批判性思维既是一种思维技能，也是一种人文精神。

（2）顽强的意志和敏锐的洞察力。具有坚强的意志是指一个人具有很强的抗挫折能力，它是一个人对自己的意志目标具有坚定信心的表现，是不达到目标誓不罢休的决心。创新型人才的意志力是建立在理性批判的基础上的，因而他会不断地尝试新的解决方案，不会因眼前的困惑而却步，他坚信目标的正确性。应该说，一遇到困难就退缩的人是不可能成为创新型人才的，因为任何创新成果的获得都必然要经过种种挫折，必然要挑战传统习惯和势力，必须要有一往无前的勇气。同时，创新型人才要有敏锐的观察力。从本质上讲，创新是一种突破性的发现。这要求创新型人才必须具有敏锐的观察能力和一触即发的灵感与顿悟，不断地将观察到的事物与已掌握的知识联系起来，发现事物之间的必然联系。

（3）沟通协调能力。沟通协调能力意味着创新型人才不是一个自我封闭的、固执己见的人，而是一个善于适应环境并能够迅速调整自我状态的人。他善于与别人分享自己的观点，善于让他人了解自己的目的和意图，主动地倾听他人的建议和意见，从而能够获得周围环境的理解和支持。在某些时候，良好的沟通协调能力甚至是获得成功的关键。试想，任何一个创新计划最终付诸实施都必须依赖环境的支持，没有别人的理解、支持和配合，就不可能获得成功。正因如此，善于沟通协调也是创新型人才的基本特征。

（4）把握时机，付诸实践。善于把握时机意味着一个人善于把握事物发展变化的关键点，从而能够抓住获得成功的关键要素，变被动为主动，推动事物向有利于自己的目的和计划的方向变化，以促进成功的到来。这意味着创新型人才要敏于观察事物的发展变化，作出适当的抉择，以免贻误时机。同时，创新过程是遵循科学、依据事物的客观规律进行探索的过程，因此，创新型人才必须具有脚踏实地、勇于实践的工作态度，并不断以科学精神创新实践。

（二）影响创新的思维定式

所谓思维定式，是人们思考同类或相似问题时在心理上表现出的惯性轨道。也就是说过去的思维影响着当前的思维，形成了具有某种确定性的思维模式。

创新归根结底是以人为主体的创新，人的创新首先涉及的是思考问题的方向、方式和方法。在实践中，有以下思维定式可能会妨碍我们的创新。

（1）自我思维定式，指人们想问题、做事情以自我为中心，从自身利益与好恶出发，主观武断地得出判断和结论。

（2）直线思维定式，指不善于从侧面、反面或迂回地去思考问题。

（3）习惯思维定式，指过去的思维经验影响当前的思考。

（4）从众思维定式，指不善于独立思考，盲从众人的认知与行为。

（5）书本思维定式，指人们对书本知识和教条的不加批评的认同。

（6）权威思维定式，指人们对权威人士言行的一种不自觉的认同和盲从。比如在莱特兄弟发明飞机前，权威的说法是比空气重的物体不可能飞上天。

| 拓展阅读 |

1937 年竣工的金门大桥是世界著名的桥梁之一，是近代桥梁工程的一项奇迹，也被认为是旧金山的象征。金门大桥的北端连接北加利福尼亚，南端连接旧金山半岛，大桥雄峙于宽 1900 多米的金门海峡之上。但是意想不到的是，金门大桥建成之后，经常堵车。管理部门花费巨资征集解决方案。结果，中奖的方案简单得出乎意料。

一位年轻的加拿大人提出建议：不需再建第二座大桥，只需将现有 "4＋4" 的八车道模式，按不同时段调整为 "6＋2" 或 "2＋6" 模式。原因在于，车流量并非人们想象的那样均匀，高峰时往往是半幅路面高负荷拥堵，半幅路面空闲。当局采纳了此建议，节省了再建金门二桥上亿元的费用。

金门大桥堵塞问题的解决，在于成功运用了组合创新的思维方式——通过充分发掘和利用现有资源，进行科学合理重组，产生大于原有资源组合的高效益。有人曾对1990 年以来全世界 480 项重大科技成果进行统计分析，结果发现组合式成果占 65%。

组合创新，常常发挥 "四两拨千斤" 的奇效。第二次世界大战期间，英军组织了 "勃兰特杂技团" ——由理论科学家、天体物理学家、数学家、生理学家等组成的智囊团，通过人力资源配置取长补短，很快研制出新型雷达防空系统。通过要素的有效组合提高新装备效益的例子也不胜枚举。美国空军为了提高机场利用率，采取昼夜连续飞行、分班进场飞行等组合创新训练方法，开创了一个训练基地年飞行总时间达 10 万小时的纪录。

从以上案例我们知道，只要打破妨碍创新的思维障碍，创新并不难。

三、创新的一般方法

创新方法是指导人们进行创造发明的方法，美国称之为创造力工程，俄罗斯称之为创造力技术或发明技法，我国称之为创造技法或创新方法。以下介绍几种比较有影响的创造技法。

（一）头脑风暴法

1. 方法介绍

头脑风暴法（brain storming）又叫智力激励法，其发明者是现代创造学的创始人、美国学者亚历克斯·奥斯本。奥斯本于 1938 年首次提出头脑风暴法，头脑风暴原指精神病患者头脑中短时间出现的思维紊乱现象，病人会产生大量的胡思乱想。奥斯本借用这个概念来比喻思维高度活跃，打破常规的思维方式而产生大量创造性设想的状况。

头脑风暴法是"一组人员通过开会方式对某一特定问题出谋献策、群策群力解决问题"的方法。其特点是让与会者敞开思维，使各种设想在相互碰撞中激起脑海的创造性"风暴"。头脑风暴法可分为直接头脑风暴法和质疑头脑风暴法。前者是在专家群体决策基础上尽可能激发创造性，产生尽可能多的设想的方法；后者则是对提出的设想、方案逐一质疑，分析其现实可行性的方法。头脑风暴法是一种集体开发创造性思维的方法。

2. 实施步骤

（1）准备阶段。提出问题；组建小组；通知会议内容、时间、地点。

（2）热身活动。为使会议活跃，会前可做一些智力游戏，讲幽默小故事，做简单的发散思维练习等。

（3）正式开会，自由畅谈。

（4）会后收集整理设想、提案。

（5）未达目的，重复上述过程。

（6）评价选出最佳设想、方案。

| 拓展训练 |

如何解决垃圾问题？

垃圾问题已经成为日益影响人类社会发展的突出问题。只要你能够预先了解相关情况并反思生产、生活方式，这个话题就有太多的话可说。可在此基础上将班级分组，以组为单位运用头脑风暴法，联系自身实际和所见所闻，讨论将垃圾减量化、资源化和无害化的解决方案（最好能进一步思考并提炼商业模式），然后由每组的代表作主题发言，成员补充。

如果同学们觉得思考这个问题过于宏大，知识储备不足，关注度不够，课堂操作也有困难，可以选择一个比较微观的类似问题。比如既可以从信息化、智能化、商业化、便利化等维度畅想一下十年以后的公共垃圾桶是什么样子、具有什么功能、如何运营，也可以从这些维度进一步思考公共垃圾桶与家用垃圾桶会有什么区别。十年以后，还可以回忆并反思一下你所看到的现实与你此刻的设想有多大差距。

请将你畅想的要点写在下方横线上：

_____

_____

_____

_____

（二）检核表法

检核表即"检核一览表"或"检查明细表"。检核表法也叫"提问清单法"，是指在考虑某一个问题时，先制成一览表，对每项检核方向逐一进行检查，以避免有所遗漏。检核表法能够大量开发创新性设想，有效地为创新性思考提供合理的步骤。这种方法因为适用于各种类型和场合的创造活动而被称为"创新技法之母"。目前，创造学家已创造出许多种具有各自特色的检核表法，因为它应用广泛，容易学习，深受人们的欢迎。常用的检核表法有以下几种：

1. 奥斯本检核表法

1941 年，亚历克斯·奥斯本出版了世界上第一部创新学专著《创造性想象》，其中提出了奥斯本检核表法。检核表法有利于启迪思路、开拓思维想象的空间，提高创新的成功率。大部分人的思维总是沿着长期形成的思维惯性来看待事物，即使看出了事物的缺陷，也懒于进一步思考，因而难以有所创新。检核表法的设计特点之一是多向思维，用多条设想提示引导你去发散思考。奥斯本检核表法是引导主体在创造过程中对照九个方面的问题进行思考，就好像有九个人从九个角度帮助你思考。你可以把九个思考点都试一试，也可以从中挑选一两条集中精力深思。检核表法使人们突破了不愿提问或不善提问的心理障碍，在进行逐项检核时，强迫人们扩展思维，突破旧的思维框架，开拓创新的思路。

（1）奥斯本检核表法九个思考点的含义

①能否他用？现有的事物有无其他的用途？保持不变能否扩大用途？稍加改变有无

其他用途？

②能否借用？能否引入其他的创造性设想？能否模仿别的东西？能否从其他领域、产品、方案中引入新的元素、材料、造型、原理、工艺和思路等？

③能否改变？现有事物能否改变，如颜色、声音、味道、式样、花色、音响、品种、意义、制造方法等？改变后效果如何？

④能否扩大？现有事物可否扩大适用范围？能否增加使用功能？能否添加部件延长它的使用寿命？能否增加长度、厚度、强度、频率、速度、数量和价值等？

⑤能否缩小？现有事物能否体积变小、长度变短、重量变轻、厚度变薄以及拆分、简化或省略某些部分？

⑥能否替代？现有事物能否用其他材料、元件、结构、方法、符号、声音等代替？

⑦能否调整？现有事物能否变换排列顺序、位置、时间、速度、计划、型号？内部元件可否交换？

⑧能否颠倒？现有事物能否从里外、上下、左右、前后、横竖、主次、正负、因果等相反的角度颠倒过来使用？

⑨能否组合？能否进行原理组合、材料组合、部件组合、形状组合、功能组合、目的组合？

（2）奥斯本检核表法的实施步骤

第一步：根据创新对象明确需要解决的问题。

第二步：根据需要解决的问题，参照表中列出的问题，运用丰富想象力，强制性地一个个核对讨论，写出新设想。

第三步：对新设想进行筛选，将最有价值和创新性的设想筛选出来。

（3）实施奥斯本检核表法注意事项

①要联系实际一条一条地进行核检，不要有遗漏。

②要多检核几遍，或许会更准确地选择出所需创新、发明的方面。

③在检核每项内容时，要尽可能地发挥自己的想象力和联想力，产生更多的创造性设想。

④核检方式可根据需要，由一人检核或3—8人共同核检。集体检核可以互相激励，更有希望创新。

| 拓展阅读 |

奥斯本检核表范例——电扇的检核

序号	检核类别	创造性设想
1.	能否他用	湿气干燥装置/吸气除尘装置/风洞试验装置
2.	能否借用	仿古电扇/借用压电陶瓷制成的无翼电扇
3.	能否改变	方形电扇/立柱形电扇/其他外形奇异的电扇
4.	能否扩大	可吹出冷风的电扇/可吹出热风的电扇/驱蚊电扇
5.	能否缩小	微型吊扇/直流电微型电扇/太阳能微型电扇
6.	能否替代	玻璃纤维风叶的电扇/遥控电扇/定时电扇/声控或光控电扇
7.	能否调整	模拟自然风的电扇/保健电扇
8.	能否颠倒	利用转栅改变送风方向的电扇/全方位风向的电扇
9.	能否组合	带灯电扇/带负离子发生器的电扇/对转风叶的电扇

2. 奔驰检核表法

奔驰检核表法（SCAMPER）是由美国心理学家罗伯特·艾伯尔创造的检核表法。奔驰检核表法常用于产品改良，其由七个英文字母表示，代表七种改进的方向。

（1）奔驰检核表法思考点的含义

S——Substitute（代替），何物可被取代？

C——Combine（结合、合并），可与何物合并而成为一体？

A——Adapt（调整、适应），原物是否有需要调整的地方？

M——Modify、Magnify（修改、扩大），可否改变原物的某些特质，如意义、颜色、声音、形式等？

P——Put to other uses（别的用途），可有其他非传统的用途？

E——Eliminate（去除、消除），可否将原物变小、浓缩或省略某些部分，使其更完备、更精致？

R——Rearrange（重排），可否重组或重新安排原物的排序，或把相对的位置对调？

（2）奔驰检核表法实施步骤

第一步：制作表格。

第二步：设计问题。

第三步：思考可能的答案。

第四步：评估可行方案。

┃ 拓展训练 ┃

1. 为了方便记忆，奔驰检核表法可以总结成由七个汉字组成的一句口诀。请同学们写出这句口诀并在老师的提问下由不同的同学分别解释这七个字的含义。

_____

_____

_____

_____

2. 填写对现有笔记本电脑的检核表。

序号	检核类别	创造性设想
1	能否他用	（1） （2） （3）
2	能否借用	（1） （2） （3）
3	能否改变	（1） （2） （3）
4	能否扩大	（1） （2） （3）
5	能否缩小	（1） （2） （3）
6	能否替代	（1） （2） （3）

（续表）

序号	检核类别	创造性设想
7	能否调整	（1） （2） （3）
8	能否颠倒	（1） （2） （3）
9	能否组合	（1） （2） （3）

（三）列举法

搞发明创新，首先要认定目标、选择题目。经验证明，选题是否恰当，将直接关系到创造发明能否成功。列出事物各方面的特性，是一种常用的创新技法，有助于创新题目的选择和确定。列举法的基本过程是"分析—比较—集中"。

列举法的优势在于具体。一般来说，要着手创新的问题越小，就越容易获得成功。例如要革新一辆汽车，如果采用头脑风暴法，因为它涉及面广，所以很难准确把握。但如果将汽车分成汽缸、轮胎、车身、发动机等各个部分，相对就比较容易提出新的设想，找到革新的办法。

列举法中最基本的是缺点列举法和希望点列举法。列举可以促进全面考虑问题，防止遗漏，从而形成多种构想方案。不同的列举法各有千秋，但共同特点有两点。

第一，强制性分析。列举法本质上是一种分析方法。分析就是把整体分解为部分，把复杂的事物分解为简单要素并分别加以研究。与一般分析方法不同的是，列举法带有一种强制性，必须罗列分析所有的因素。而日常使用分析方法时，一般只抓住主要方面或特殊点，可以忽略一些次要因素。

第二，一览表式展开。每个列举法都带有比较性的一览表，从中可以发现问题、明确目标、解决矛盾。以下分别进行介绍。

1. 缺点列举法

可以说，任何一种产品都不可能十全十美。然而，由于人有惰性，便有了"初看是个疤，久看成了花"的现象。对于习惯了的事物，人们往往不容易甚至不愿意去发掘它的缺点。如果我们对产品用新的技术加以改革，就会创造出许多新的产品来。

缺点列举法就是通过"吹毛求疵"，有意去发现、发掘事物的缺陷，把它的缺点一一列举出来，然后针对缺点，有的放矢地设想改革方案，从而确定创新目标、获得创新发明的成果。

列举缺点并不是一件容易的事情，因为每一种事物的设计最初也是考虑到种种可能的缺点而设法避免的。因此要敢于质疑，善于质疑。只要我们时时处处留神，缺点是不难发现的。

在具体运用缺点列举法时，可以是个人思考，也可以集体研究，还可以通过调查研究等方式运用。要尽量列举事物的缺点，将缺点归类整理，要针对所列缺点逐条分析改进方案或缺点能否逆用、化弊为利。具体方法如下：

（1）会议法。具体做法是召开缺点列举会，一般由5—10人参加。由组织者针对某项事物选择一个主题，在会上发动与会者围绕这一主题尽量列举各种缺点，越多越好。另请一人将提出的缺点逐一编号，记在一张张小卡片上，然后从中挑选出主要的缺点，根据这些缺点制定出改进的方案。主题宜小不宜大，如果是大的课题，应设法将它分解成若干小的课题，分组解决，这样就不会遗漏缺点。会议法的应用非常广泛，它不仅有助于革新某种具体产品，解决硬件问题，而且还可以应用于体制改革、企业管理、文艺创作等软件问题的解决。

（2）用户调查法。用户调查法是通过信函、电话、网络或者其他访问的方式对用户进行调查，了解他们对相关产品的意见和建议，然后对各种信息进行综合整理。

（3）对照比较法。事物的缺点往往在比较中得到显现，有比较才会有区别。俗话说，"不比不知道，一比吓一跳"，"不怕不识货，就怕货比货"。将同类产品集中在一起，从比较中找缺点。用这种方法开发新产品往往起点高、措施准，容易一举成功。

（4）缺点逆用法。缺点逆用法是针对事物中已经发现的缺点"借坡下驴"，不是去"克服缺点"，而是反过来考虑将缺点变为可利用的东西，做到化弊为利。比如利用生活垃圾制造沼气，在工业垃圾中提炼稀有金属；有些化纤织物有静电吸附力，这些材质的衣服容易脏，而利用这一缺点，可以把化纤织物制成掸帚、吸尘器等。

缺点列举法范例一：雨伞的缺点

对雨伞的每一个缺点加以改进，就是一种新产品。比如，雨伞颜色大都是黑色，放在一起不易区别，容易拿错，可以改为多种图案和颜色。雨伞太长，不易携带收藏，可以改为折叠式。雨伞挡雨的同时挡住了视线，容易撞到别人，可以改伞布为透明材料。

拿东西撑伞不方便，可以做成自动伞或帽伞。上车收伞时，雨水会滴落，可以在伞顶上装个"储水器"。雨夜打伞行路，机动车司机可能不容易看到行人，会发生危险，可以在伞柄上装上信号灯。

缺点列举法范例二：雨衣的缺点

胶布雨衣夏天闷热不透风；塑料雨衣冬季变硬变脆容易坏；穿雨衣骑自行车上下车不方便；风雨大时，脸部淋雨使人睁不开眼，影响安全；雨衣下摆贴身，雨水顺此流下容易弄湿裤腿和鞋；胶布色彩太单调，无装饰感等。针对这些缺点可提出许多改进方案。如采用新材料使塑料雨衣不脆不硬；在雨帽上加一副防雨眼镜或眼罩；增加色彩，分别设计男、女、老、少不同式样的雨衣；设计能防止湿裤腿及穿着方便的雨衣等。

2. 希望点列举法

希望点列举法是一种积极、主动型的创造发明方法。事实上许多新产品都是根据人们的"希望"研发出来的。例如，人们希望茶杯在冬天能保温，在夏天能隔热，就发明了保温杯；人们希望有一种能在暗处书写的笔，就发明了内装电池、既可照明又可书写的"光笔"；人们希望有一种不用纽扣的衣服，就发明了尼龙搭扣衣服；人们希望冬暖夏凉，就发明了空调；人们希望快速计算，就发明了计算机等。

希望一般来自两个方面：一是事物本身存在不足；二是人们的需求发生变化。与缺点列举法类似，希望点列举法的实施方法也灵活多样，常用的有：

（1）书面搜集法。按事先确定的目标设计一种卡片，发动用户或本单位职工，请他们提供"希望点"。

（2）会议法。实施希望点列举法的常用做法是召开希望点列举会议，每次可有5—10人参加。为了激发与会者产生更多的"希望点"，可将每个人提出的"希望点"写在卡片上供与会者传阅，这样可以产生连锁反应。会后再将提出的各种"希望点"进行整理，从中选出可能实现的若干项并制定具体的革新方案。

（3）访谈法。直接走访用户，倾听各类希望性的建议与设想。

不论采用书面搜集法、会议法还是访谈法，对于用这些方法得到的各种"希望点"，都要进行认真的评价分析，然后找到可行方案。

希望点列举法范例：开发一种新型雨伞

如果不下雨了，就可以把伞扔掉，那才方便。我希望有这样一把伞，和朋友共用时能大些，自己用时能变小些。如果能有像空气那样的东西裹着身体，就可以不淋湿，淋湿了马上就干也不错。有什么东西，可以在头顶上把雨水都吸收了。最好有一种像隧道一样的东西向前延伸着，这样就淋不到雨。

如此种种，把大家的"希望点"集中起来，也许可以设计出一种新雨伞。

▏拓展训练▕

对现有笔记本电脑缺点的列举：

1. _____
2. _____
3. _____
4. _____
5. _____
6. _____

对未来笔记本电脑希望点的列举：

1. _____
2. _____
3. _____
4. _____
5. _____
6. _____

以上介绍了几种常用的创造技法。除了这些方法外，还有联想法、类比法、综合法等。同学们可以在掌握这些常用创造技法的基础上，举一反三，融会贯通，继而了解其他创造技法。总的来说，创新、创造有"常法"，但无"定法"。方法本身也在与时俱进、不断创新。

▏拓展训练▕

我所希望的手机

综合运用头脑风暴法和列举法等，对未来的手机进行创造性设想：

_____

_____

_____

➔ 思考与练习

1. 想一想，在实际生活中，你有哪些影响创新的思维定式？

2. 你如何理解"创新、创造有'常法'，但无'定法'。方法本身也在与时俱进、不断创新"这句话？

➔ 相关资源

李家华主编：《创业基础》，北京师范大学出版社 2013 年版。

第三章   创业者与创业团队

→ 学习目标

认知目标

- 理解创业者应具备的基本能力与素质
- 认识创业团队的重要性
- 了解创业团队的关键要素及优劣势分析

技能目标

- 掌握组建创业团队的程序及策略
- 掌握并运用创业团队的管理技巧

> 企业发展就是要发展一批狼。狼有三大特性：一是敏锐的嗅觉；二是不屈不挠、奋不顾身的进攻精神；三是群体奋斗的意识。
>
> ——任正非

→ 认知与实践

在创业过程中，创业者始终是最核心的因素。创业者善于识别和抓住机会，并将这些机会转化成有市场价值的理念。大量研究表明，成功的创业者拥有与他人不同的心理特质，这些不同主要表现在成就动机、控制点和风险倾向方面。由于机会的模糊、市场的不确定性、资本市场的风险以及外在环境的变迁等因素，创业需要依靠创业者的创造力、决策力、领导力与沟通力来发掘问题。

创业团队对创业成功至关重要。被誉为"创业教育之父"的杰弗里·蒂蒙斯在其创造的蒂蒙斯模型中，将创业团队、资源和机会一起视为创业的三大核心要素，任一要素的弱化都会破坏三者之间的平衡。其中，创业团队在这种从不平衡到平衡的状态变化中发挥着重要的作用。

一、创业者应具备的基本能力与素质

（一）创业者应具备的关键心理特质

创业者特质指创业者稳定的、习惯化的反应方式和行为风格，它贯穿于创业者的整个心理发展过程，是创业者独特性的整体写照。

特质论者认为，创业者拥有与他人不同的特质，这些不同主要表现在成就需求、控制点、风险倾向和自我效能感方面。甚至有学者认为，如果某人具有创业者特质，他总能够找到自己的方法去创业，不管环境情况如何。

1. 较高的成就需求

成就需求是指个人想要尽快、尽可能地把事情做好的一种欲望或倾向。与非创业者相比较，创业者具有较高的成就需求。成就需求由想要获得专家肯定、想要赚钱、想要靠自己成功、想要受人尊重、想要争胜、想要优秀六个要素组成。

一般来说，成就需求包括：个体完成困难工作的欲望；操控或组织事物、人物或思想的欲望；尽快且独立地做好的欲望；克服障碍且达到高标准的欲望；超越自己的欲望；超越且胜过别人的欲望；通过学习增进自我尊重的欲望。

2. 内控型人格

很多学者的研究表明，创业者比非创业者倾向于有更高的内部控制力。具备内控型人格的人是只相信自己对结果有重大影响的人。内控型的人认为许多事情是因为自己而促成结果，自己的付出和努力可以改变许多事情，即便是在无法改变的情况下也可以通过其他方式来达到目的。

相反，外控型的人常常将许多事情归结为外部的原因，认为人的快乐和痛苦是无法自主的，一切都在他人或是命运的主宰下。外控型的人认为决定性的力量不在自身，而在外部，所以他们对自身价值的判断和自己行动的选择很大程度上依赖于别人的看法。

形成内、外控型人格的原因主要有：文化差异、社会经济水平差异以及父母养育方式的差异。

3. 较高的风险承担倾向

创业过程中存在的风险是非常高的，创业者抱着对未来的美好预期展开行动，必须面对来自市场、消费者、供应商、融资渠道、环境等方面的各种不可知和不确定性。只有那些愿意承担风险的个体和企业才有可能生存和成功。因此，创业者比一般非创业者具有更高的风险承担倾向。

所谓风险承担倾向，是指个体接受或规避风险的倾向性，是最早被识别出来的创业者的个性特征。但需要说明的是，将风险承担倾向当成创业者个人特质的观点受到了一些批评。因为尽管有很多研究证实创业者具有高风险行为倾向，但也有另一些研究表明，创业者在承担风险倾向方面与其他群体并没有什么区别。这些分歧可能是不同研究对风险倾向的定义和使用的测量工具不同造成的，也可能是不同研究对象在风险承担能力方面的差异造成的。

综合而言，创业是一种高风险行为。创业者往往在资源高度约束的情况下开展创业活动，不管是否愿意，他们毫无疑问要承担一定的甚至很大的风险。

4. 高自我效能感

自我效能感表示一个人对自己的自信程度。具有高自我效能感的人在面对压力时更加自信，能以积极的方式应对压力。自我效能感对个体潜能的发挥具有决定作用，它是人的主体因素的核心，并渗透、弥漫于人类机能活动的各个方面，其强度高低决定着个体人生事业的成败乃至在日常生活中的幸福与否。因此，很多研究者将此概念引入创业领域，并提出了创业自我效能感的概念。

创业自我效能感是指一个人能够成功地扮演创业者角色和完成创业者任务的信念的强度。影响自我效能感形成的因素主要有：个人自身行为的成败经验、替代经验、言语劝导、情绪反应和环境条件（图 3 - 1）。

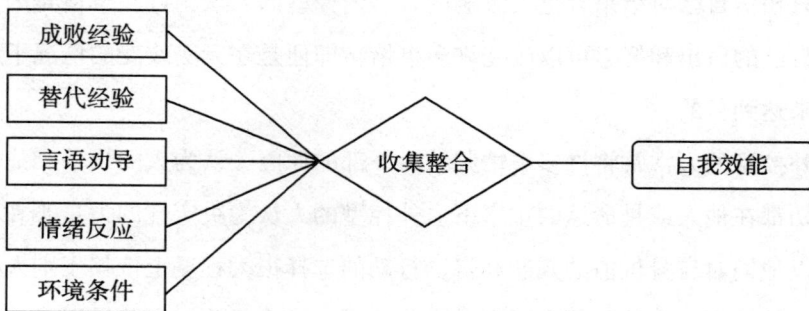

图 3 - 1　影响自我效能感形成的因素

第一，成败经验对自我效能感的影响最大。一般来说，成功经验会提高效能期望，反复的失败会降低效能期望。第二，个体的许多效能期望来源于观察他人的替代经验，尤其在被观察者的情况与观察者具有一致性时更为明显。第三，旁人的言语劝导也是自我效能感形成的影响因素，其价值大小取决于其是否符合实际，缺乏事实基础的言语劝说对自我效能感的影响不大，在直接经验或替代性经验基础上进行劝说效果会更好。第四，高水平的情绪反应使成绩降低而影响自我效能。当个体在面临某项活动任务时，强烈的身心反应、情绪激动通常会妨碍行为的表现而降低自我效能感。第五，不同的环境条件给人们提供的信息是大不一样的。当一个人进入陌生而又易引起焦虑的情境中时，其自我效能感水平与强度就会降低。

| 拓展训练 |

自我能力评估

通过填写自我能力评估表，分析自己更适合成为创业者还是跟随者。

评估指标	二级指标	内容
我是谁（独特的竞争优势）	我拥有什么样的特质	
	我拥有什么样的能力	
	我的兴趣爱好是什么	
	我对创业这件事的态度是怎样的	
我知道什么（经验中的学习）	我的专业背景是什么	
	我具有哪些专业领域的知识和技能	
	我从事过哪些工作	
	我具有怎样的工作和生活经验	
我认识谁（六度分离理论）	家人	
	朋友、同学	
	领导、同事	
	用户、合作伙伴	
	偶然认识的陌生人	

结论：

_____

_____

（二）创业者应具备的关键能力

成功的创业者不仅需要具备优秀的人格品质，还必须掌握应对和处理创业现实问题的基本技能。由于机会的模糊、市场的不确定性、资本市场的风险以及外在环境的变迁等因素经常影响到创业活动，整个创业过程充满了风险。因此创业必须依靠创业者的领导力、创造力、决策力与沟通能力来发掘问题，掌握关键要素，弹性调整机会、资源、团队三个层面的搭配组合，使得新事业能够顺利进行。

1. 创造力

创造力是指产生新思想以及发现和创造新事物的能力。创造力高的人对于客观事物中存在的明显失常、矛盾和不平衡现象易产生强烈兴趣，对事物的感受性特别强，能抓住易为常人漠视的问题，意志坚强，比较自信，自我意识强烈，能认识和评价自己与别人的行为和特点。

| 拓展阅读 |

培养创造力的方法

1. 发现联系

许多发明和创新都源于发明者发现了事物、过程、材料、技术和人之间新的关系。若想提高创造力，就可以尝试寻找身边的人和事之间不同寻常的关系。对这些关系的洞察可以产生新的创意、产品和服务。例如，把果汁加到饮料中就成了果汁饮料；把内燃机技术和车轮结合在一起就发明了汽车。

选择手表作为创造的对象，再列举一些与手表无关的事物，如话筒、计算机、动物、鲜花等，现在把它们结合起来：

手表与话筒的结合——报时的手表，会听话的手表，会说话的手表，可以打电话的手表。

手表与计算机的结合——带有计算器的手表，智能手表。

手表与动物的结合——不同动物形状的手表，十二生肖礼品手表，带有热爱动物提示和标识的手表。

手表与鲜花的结合——色彩鲜艳的手表，花形手表，可变色的手表。

2. 触发创意

每天会有很多触动你的东西，都可用来激发你的思维：抽象画、鼓舞人心的故事、不完整的想法、小技巧等。把这些能触动你的东西放在经常看到的地方，例如冰箱上、电话旁等。你永远不会知道什么时候它们会消除你的心理阻碍并与你思考的问题联系起来。

3. 梦想法

梦想法即因创业者经常地冥思苦想而出现"灵感"，来发现问题及其解决的办法。但这种灵感往往是稍纵即逝的，因此，对每个灵感都应立即记录下来，并作进一步的调查研究。对"梦来之笔"，不必考虑所有负面因素或对资源的要求。换句话说，产生的想法、创意应该进一步开发而不必考虑任何约束条件，直到创意被开发成切实可行的形式。

2. 决策力

决策力是创业者根据主客观条件，正确地确定创业的发展方向、目标、战略以及具体选择实施方案的能力。创业者的决策能力通常包括分析和判断能力。从错综复杂的现象中发现问题、分析问题、正确解决问题，这就是创业者良好的分析能力。所谓判断能力，就是能从客观事物的发展变化中找出因果关系，并善于从中把握事物的发展方向。分析是判断的前提，判断是分析的目的。

｜ 拓展阅读 ｜

提高决策力的5个关键

1. 明确定义问题

定义问题是为了设定决策范围、弄清决策细节。将目前的问题切割成若干个更小的问题，更容易看清楚问题的原貌。值得注意的是，不同类型的问题有不同的处理方式。属于程序性的问题，如关于行政方面的问题，通常都有既定的规定或是政策作为依据，不需要花费太多的时间与精力。如果属于突发状况，就必须加以重视，在完成所有决策的步骤后再作选择。因为突发状况往往代表了未来的趋势或者新商机的来临。

2. 确定希望的结果

创业者不可能同时达成所有的目标，因而在确定目标时要列出优先顺序，并有所取舍。例如，在决定新产品的营销策略之前，必须先想清楚希望达成什么样的目标，是提升公司的市场份额还是增加盈利，或者是打响公司的知名度。一般而言，不同目标之间很难兼顾，需要取舍。

3. 搜集有意义的信息

在开始搜集资料之前，必须先评估自己拥有的资料信息中还缺少哪些资料。需要根据信息与决策目标之间的关联性以及相对重要性，判断哪些信息是需要的，哪些可以忽略。信息并非越多越好，有时过多的信息只会造成困扰，并不会提高决策的成功率。

4. 考虑各种可能的解决方案

这个阶段的重点在于征集尽量多的解决方案，头脑风暴法可以在这个阶段派上用场。团队成员集思广益，提出各种想法，尤其要鼓励提出奇特的点子，不要考虑后续可行性的问题。在想法提出来之后，针对每种想法再详细讨论，使其更为完整，并试着将不同的想法整合成更好、更完整的方案，最后筛选出若干可选方案。

5. 仔细评价可选方案

在这个步骤，创业者必须清楚每一种方案的优缺点、可能造成的结果以及与事先设定的预期目标之间的契合程度，并将先前搜集的客观数据作为评价依据，评估采取该项选择方案所对应的资源约束。

3. 领导力

领导力的本质就是影响力，是把握组织的使命并影响下属围绕这个使命奋斗的一种能力。它是一种较高层次的综合能力，包括团队组建与管理能力、战略定位能力、企业文化设计与培育能力、应付突发事件的能力等。创业者需要扮演企业细致的"内管家"、活跃的"外交家"、战略的"设计师"、执行的"工程师"、发散思维的"开拓者"、内敛倾向的"保守派"等角色，将技术研发、市场开拓和财务管理等方面的人才凝聚在一起，将不同个性的人凝聚在一起，形成协同优势。

4. 沟通力

创业者的沟通力表现为能够妥善地处理与公众（政府部门、新闻媒体、客户等）之间的关系，以及能够协调下属部门成员之间关系的能力。创业者应该妥当地处理与外界的关系，尤其要争取工商、税务等政府部门的支持，同时要善于团结一切可以团结的人，团结一切可以团结的力量，求同存异、共同协调地发展，做到不失原则、灵活有度，善于巧妙地将原则性和灵活性结合起来。总之，创业者只有搞好内外团结，处理好人际关系，才能创造一个有利于自己创业的和谐环境，为成功创业打好基础。

此外，作为创业者应具备的关键能力还包括经营管理能力、专业技术能力。经营管理能力是指对人员、资金的管理能力。它包括对企业人员的选择、使用、组合和优化人力资源的管理能力，还包括对企业资金的聚集、核算、分配、使用和流动资金的管理能力。经营管理能力是一种较高层次的综合能力，是运筹性能力。专业技术能力是创业者掌握和运用专业知识进行专业生产的能力，具有很强的实践性。创业者要重视创业过程中专业技术方面的经验积累和职业技能的训练，不断提高自己的专业技术能力。

市场经济本质上是法治经济。随着市场经济的逐步成熟与完善，法律规范已经渗透到了经济领域生产、交换、分配、消费的各个环节和层面。因此，创业者必须熟悉和了解市场、社会和企业等内外部环境的法律法规及其运行机制，规范企业的行为，维护企业的合法权益。

俗话说，"没有金刚钻，就不揽瓷器活"。作为一名创业者，自身的基本素质是非常重要的。很多大学生在创业初期没有规划好自己的创业之路，加上自身各方面的创业能力素质不够突出、不够全面，所以导致了现在大学生创业成功率不高的局面。因此，我们要在各个方面提升自己的能力，注重培养自己的创业素质，而且要重视其整体结构的优化，在创业实践过程中不断提高自我的创业素质。

二、创业团队的关键因素及优劣势分析

创业团队是高潜力创业企业的关键要素。投资者很容易被史蒂夫·乔布斯等有创造力的公司创业带头人所吸引，而且这些投资者愿为拥有优秀业绩记录、万众一心的管理团队下赌注。著名美国风险投资管理专家约翰·多尔曾说过：在当今世界，不缺少技术、创业者、资金和风险资本，真正缺少的是优秀的管理团队。与拥有一流创意的二流创业团队相比，投资者往往更喜欢拥有二流创意的一流创业团队。在绝大多数案例中，一个企业如果没有一支由两个以上关键贡献者组成的团队，是很难成长的。

可以从两个层面理解创业团队。狭义的创业团队是指有着共同目的、共享创业收益、共担创业风险的一群经营新成立的营利性组织的人，他们提供一种新的产品或服务，为社会提供新增价值。广义的创业团队不仅包括狭义的创业团队，还包括与创业过程有关的各利益相关者（比如风险投资者、供应商、专家咨询团体等），他们在新创企业的成长过程中起着至关重要的作用，同时也为社会提供了一定的新增价值。

（一）创业团队的关键因素

有学者认为，创业团队需具备五个关键因素，这些要素对应的英语词汇首字母均为

P，因此被称为创业团队的5P模型。

1. 目标（purpose）

创业团队应该有一个既定的共同目标为团队成员导航，如果没有目标，这个团队就没有存在的价值。目标在创业企业的管理中以创业企业的愿景、战略的形式体现，缺乏共同的目标会导致团队缺乏凝聚力和持续发展力。

2. 人（people）

创业团队的构成是人，在新创企业中，人力资源是所有创业资源中最活跃、最重要的资源。创业的共同目标是通过人员实现的，不同的人通过分工来共同完成创业团队的目标，所以人员的选择是创业团队建设中非常重要的一个部分，创业者应该充分考虑团队成员的能力、性格等方面的因素。

3. 定位（place）

定位指的是创业团队中的具体成员在创业活动中扮演什么角色，也就是创业团队的角色分工问题。定位问题关系到每一个成员是否对自身的优、劣势有清醒的认识。创业活动的成功推进，不仅需要整个企业能够寻找到合适的商机，同时也需要整个创业团队能够各司其职，并且形成良好的合力。

4."权力"（power）

为了实现创业团队成员的良好合作，赋予每个成员一定的"权力"是必要的。赋予团队成员适当"权力"，主要是基于：①团队成员对于控制力的追求往往是他们参与创业的一个重要动因。②创业活动的动态复杂性决定了必须依赖每个团队成员拥有一定的"权力"来实现目标。

5. 计划（plan）

计划是创业团队未来的发展规划，也是目标和定位的具体体现。只有在计划的帮助之下，创业团队才能有效制定短期目标和长期目标，能够提出目标的有效实施方案以及实施过程的控制和调整措施。这里所讨论的计划可能尚未达到商业计划书那种复杂程度，但是，从团队组建和发展过程来看，计划的指导作用自始至终都是存在的。

一个高效的创业团队，创业伙伴能够聚同化异，各个成员按照"适才适所"的原则定好位，有效授权，做到"人尽其才、才尽其用"，这样才能实现创业的共同目标。

（二）创业团队的优势

相对于个人而言，创业团队在多个方面更能体现出优势。

1. 资源优势

创业团队中每个成员具有不同的知识结构、成长背景、经验积累、经济社会资源等，这些资源集合在一起要比单个创业者的资源丰富得多，从而可以更有效地解决企业面临的许多问题，增加创业成功的可能性。创业团队也可以解决个人创业在时间、精力上的不足问题，避免创业企业过分地依赖于某个人而导致失败。

2. 决策优势

创业团队成员之间合理分工、各负其责，能更有效地把握具体问题，加快决策的速度和效率，发挥好"三个臭皮匠，顶一个诸葛亮"的力量，增加决策的科学性。通过任务分担，管理者能够腾出更多时间来思考企业战略等问题，为企业重大决策提供时间保证，也可以避免因一个高管人员的变动而给企业带来致命的影响，保证创业团队决策的连续性。

3. 创新优势

美国经济学家熊彼特在其著作《经济发展理论》中提出的创新理论包括下列五种具体情况：开发新产品，或者改良原有产品；采用新的生产方法；发现新的市场；发现新的原料或半成品；创建新的产业组织。不管是哪一种创新，团队均可把多种资源、技能和知识糅合在一起，从而增加成功的可能性。团队内每一位成员具有不同的思维方式、信息获取渠道和机会评价标准，这也使创业团队比个人更有可能发现创新点，为企业赢得更多商机。

4. 绩效优势

创业团队形成的合力，使其工作绩效大于所有个体成员独立工作时的绩效之和。团体成员通过团结合作、优势互补可以鼓舞士气、增强凝聚力，其产生的群体智慧和能量将远远大于个体。曾有学者通过研究得出这样的结论：工作群体绩效主要依赖于成员的个体贡献，而团体绩效则基于每一个团体成员的不同角色和能力而尽力产生的乘数效应。许多研究和实践都证明了团队工作方式能够有效提高企业绩效。

因此，组建一个创业团队，一方面能够降低个人的创业风险，另一方面也能够通过优势互补、有效管理形成团队合力，在市场竞争中取胜。

（三）创业团队的劣势

当然，与个人创业相比，团队创业也有其劣势。主要表现在：集体决策时需要共同商讨、统一意见等，可能导致增加时间成本，拖延决策速度，反而有时候不如一个人决策快；人多就会有利益冲突，当创业团队成员之间不能很好地协调彼此的关系，达成有效共识时，就有可能导致分裂，这将给创业带来意料之外的危机。

| 拓展训练 |

携程"四君子"和他们的创业神话

1999 年春节后的一天，季琦与梁建章、沈南鹏等上海交通大学校友聚会，几个年轻人就互联网、互联网经济、美国的网络公司、纳斯达克和 IPO（首次公开募股）等话题热烈地讨论了一夜。他们最后的结论是：一起在中国做一个向大众提供旅游服务的电子商务网站。

1999 年 5 月，季琦与梁建章、沈南鹏、范敏共同创建了携程旅行网。四个人按照各自的专长具体分工：梁建章任首席执行官，沈南鹏任首席财务官，季琦任总裁，范敏任执行副总裁。这四个交大校友一开始就以契约精神明确各自的股份，根据各自经历大体定下了人事架构。看起来这是个"绝配"组合：做民企出身的季琦有激情、锐意开拓；来自华尔街的沈南鹏擅长融资；搞 IT 咨询的梁建章偏理性，善于把握系统，眼光长远；国企出身的范敏则善于经营，方方面面的关系都平衡得好。

创业之初，季琦一直承担着重任，直到第二轮 450 万美元融资到位前，另外三位都还没真正"下海"。他的确是早期创业主角的最佳人选。半年后，携程找到了"订酒店、订机票"的盈利模式。通过订飞机票、订房和订购旅游线路这三个主导产品实现了盈利，其中订房收入占了大头，占总收入的 80% 以上。从 2000 年起，季琦开始有计划地吸纳全国订房业中的优秀队伍，业务量呈现出成倍放大的趋势。

2003 年 12 月 9 日，携程在纳斯达克上市。

请思考：

1. 你如何看待"携程四君子"所取得的创业成就？

_____

_____

_____

2. 携程"四君子"作为创业者是如何做到创业成功的？

_____

_____

_____

三、创业团队的管理策略

（一）组建创业团队的程序

组建创业团队是一个相当复杂的过程，不同类型的创业项目所需的团队不同，创建步骤也不完全相同。概括来讲，大致的组建程序如下：

1. 明确创业目标与愿景

总目标确定之后，为了推动团队最终实现创业目标，再将总目标加以分解，设定若干可行的、阶段性的子目标。

2. 制订创业计划

一份完整的创业计划，必然包括创业核心团队的计划和人力资源计划。创业计划可以进一步明确创业团队的具体需求，比如人员的构成、素质和能力要求、数量要求等。创业团队的组建需要契合创业计划的要求，以匹配创业项目的运作。

3. 招募合适的人员

招募合适的人员是创业团队组建中最关键的一步。关于创业团队成员的招募，主要应考虑两个方面：一是考虑互补性，一般而言，创业团队至少需要管理、技术和营销三方面的人才，只有这三方面的人才形成良好的沟通协作关系后，创业团队才可能实现稳定高效；二是考虑适度规模，适度的团队规模是保证团队高效运转的重要条件，团队成员太少则无法发挥团队的功能和优势，而过多又可能会产生交流的障碍，团队很可能会分裂成许多较小的团队，进而大大削弱团队的凝聚力。

4. 团队的职权划分

创业团队的职权划分就是根据执行创业计划的需要，具体确定每个团队成员所要担负的职责以及所享有的相应权限。

5. 构建制度体系

创业团队制度体系体现了创业团队对成员的控制和激励能力，主要包括团队的各种约束制度和激励制度。

6. 团队的调整融合

随着团队的运作，团队组建时在人员匹配、制度设计、职权划分等方面的不合理之处会逐渐暴露出来，这时就需要对团队进行调整融合，这是一个动态持续的过程。

| 拓展训练 |

团队画布设计

1. 班级自由组合，以创业团队组建原则为指导组建团队，每个团队人数不多于 8 人。

2. 为团队选举 CEO（首席执行官），按照团队角色分工。

3. 确定团队名字及口号，描述团队愿景；每个团队用一张 A4 纸展示出团队 LOGO（徽标）、团队名称、团队口号。

4. 由 CEO 上台展示并讲解团队组建的过程。

（二）组建创业团队的策略

创业团队组建之初，可能彼此都有高度的承诺与无悔的付出，但随着时间流逝，事业成长，团队成员的各种矛盾、认知差距、利益冲突等问题就会浮出水面。因此，组建创业团队时要遵循以下策略：

1. **树立团队中唯一权威主管**

企业需要权威的主管，同样，创业团队要成功也必须有强势领导人。但大家一同创业，谁应该是主导者？谁来做最后决定？当发生严重利益冲突或彼此意见不一致时，由谁来仲裁？在创业企业中，团队的创始人是至关重要的，他必须有创业者的胸怀和品质，有素养和能力来组建团队和发挥团队的作用，并在企业的发展过程中随时做好团队成员间的协调工作，使团队的整体水平不断提高，以适应企业发展的需要。

2. **促进团队成员间的相互信任**

互信是形成团队的基础，但互信往往要经过长期合作才能形成。事实上，利己当属大部分人的本性，能义无反顾地将团队利益置于个人利益之上者，恐怕还是少数。因此，盲目地信任团队成员，可能是非常不明智的决定。但矛盾的是，不能互相信任就难以形成团队；盲目互信，却又要冒很大的风险。可见，建立团队成员间互信时，既要培养和发展团队中人与人之间的信任，又要建立正常的监督机制，以免产生用错人的风险。

3. **妥善处理不同的意见和矛盾**

创业团队成员经常会过于执着于创业构想，极力维护自己的主张，但又逃避自己的缺点。这种固执己见、逃避弱点、争权夺利的缺点，往往会使团队难以找到问题的最佳解决方案。有的创业团队成员会非常在意自己的地位与利益，将自己凌驾于团队之上，感性凌驾于理性之上。尤其是初期就参加创业的成员，很难接纳比自己更为优秀的新成员加入团队。因此，必须有善于倾听意见并善于概括总结出正确意见的领导者来解决这些矛盾。创业者在组织团队和领导团队时，应体现出高超的领导能力和协调能力。

4. 合理分配股权

创业团队成员股权分配也是一个敏感、困难但又十分重要的问题。尤其当几个人一起创业时，经常会采取平均分配股权的方式，但这种平均主义会带来许多后果。事实上，成员间因为能力与动机的差异，贡献程度必然不一，如果采取平均主义来平分股权，必然会造成大锅饭心理，影响一些成员真心投入的程度。如果贡献与获利不成比例，团队整体力量就更加难以发挥。另一种情况是把股权高度集中在几个人手里，导致不能发挥团队成员的积极性，更不能发挥员工的积极性，这种股权结构也是有问题的。所以股权分配本身就是在创建团队时必须首先解决的问题。在企业发展过程中，还需要及时调整股权结构，使新进入企业的主要技术骨干和高级管理人员也能合理得到股权。

5. 妥善处理团队成员间利益

除了能否把股权分给对企业发展有贡献的新伙伴外，能否及时转让股权使企业加快发展，也是个重要的问题。是死守企业创始人对企业的控制权，还是为了企业发展放弃控制权？是注重于绝对控制，还是可以考虑相对控制？这些问题都涉及创业者和创业团队的利益，必须妥善处理。事实上，创业的目的不应该是掌控新企业，因此，自己所拥有股权的比重高低并非关键，关键的是要懂得利用股权交易来增加企业的价值。拥有一个平庸企业的100%股权，还不如拥有一家成功企业的20%股权，因为后者的价值往往是前者的数十倍。

| 拓展训练 |

迷失丛林游戏

活动形式：先个人，后小组

活动类型：团队建设

活动时间：30分钟

活动道具："迷失丛林"工作表及专家意见表

活动目的：通过具体活动来说明，团队智慧高于个人智慧的平均组合，只要学会运用团队工作方法，就可以达到更好的效果。

游戏步骤：

（1）教师把"迷失丛林"工作表发给每一位学生，之后讲下面一段故事：假设你是一名飞行员，你驾驶的飞机在飞越非洲丛林时失事，这时你必须跳伞。与你一起落在非洲丛林中的有 14 种物品，这时你们必须为生存作出一些决定。

（2）每人把这 14 种物品按重要性排序，把答案写在第一栏。

（3）在大家完成之后，每 5 人一组，分组讨论，再把这 14 种物品重新按重要性排序，把小组答案写在工作表的第二栏，讨论时间为 20 分钟。

（4）在小组完成之后，教师把专家意见表发给每个小组，小组成员把专家意见抄写到第三栏。

（5）用第三栏序号减第一栏序号，取绝对值得出第四栏数值，用第三栏序号减第二栏序号得出第五栏数值，把第四栏数值累加起来得出个人得分，把第五栏数值累计起来得出小组得分。

（6）教师把每个小组的分数情况记录在白板上，用于分析小组个人得分、团队得分、平均分。

迷失丛林游戏统计表

物品清单		一	二	三	四	五
		个人排序	团队排序	专家排序	个人与专家比较（绝对值）	小组与专家比较（绝对值）
A	药箱					
B	手提收音机					
C	打火机					
D	3 支高尔夫球杆					
E	7 个大的绿色垃圾袋					
F	指南针					
G	蜡烛					
H	手枪					
I	1 瓶驱虫剂					
J	大砍刀					
K	蛇咬药箱					
L	1 盆轻便实物					
M	1 张防水毛毯					
N	1 个热水瓶（空）					
绝对值总计						

（三）创业团队的管理技巧

创业团队对于创业成功具有重要的意义，但并非所有的团队都能获得成功，因此，创业团队的管理非常重要。由于创业团队本身的动态性特征，团队管理贯穿于创业团队整个生命周期的工作当中。团队管理是一门艺术，要针对具体的情况来灵活进行，但是也有一些普遍性的原则可以利用。

1. 选择

创建团队的第一步就是选择团队成员。这里要解决两个关键问题：该聘用什么样的人？怎样聘用？第一个问题根据企业的具体需求来决定，要考查人员的智力、经验和人际交往能力，不仅要考查其表现出来的能力，还要考查其潜在的能力。具体考查策略可以是通过正式招聘程序来进行专业评估，也可以是通过非正式渠道进行了解。第二个问题可以通过多种渠道来解决，如招聘、猎头公司推荐等。招聘程序尽量做到严格、正规，有完整的招聘流程，最终目的是找到与业务需求相匹配的合适人选。

2. 沟通

沟通是有效管理团队的重要内容之一。没有沟通，团队就无法运转。其一，沟通使信息保持畅通，实现信息共享，避免因为信息缺失而出现错误的决策与行为。其二，沟通可以化解矛盾，增强团队成员彼此之间的信任。在长期合作共事的过程中，成员之间难免会有矛盾，缺少沟通可能导致相互猜疑、相互埋怨，矛盾会随着时间的推移越来越大，最后可能导致团队的分裂。其三，沟通可以有效解决认知性冲突，提高团队决策的质量，促进决策方案的执行。在企业经营管理过程中，团队成员对有关问题会形成不一致的意见、观点和看法，这种论事不论人的分歧被称为认知性冲突。优秀的团队并不回避不同的意见，而是进行充分的沟通和交流，鼓励创造性的思维，提高团队决策质量。这也有助于推动团队成员对决策方案的理解和执行，提高组织绩效。

3. 联络感情

联络团队感情可以保持团队士气和热情，控制情感性冲突，从而提高团队绩效。没有人喜欢在冷漠、生硬、敌对的团队中工作。一要尊重每个人，相互了解并体谅他人的难处。二要抽时间共处，这可以通过组织团队活动来实现。通过组织活动来联络团队感情一定要注意适度，太多的联络活动可能会让人们疲于应付，也让团队不堪重负。组织联络活动还要讲究策略，尽可能地让更多的人积极参与，获得大家的满意和认可，这样才能起到提高团队绩效的作用。三是要有丰厚的回报，包括物质的和精神的回报。

4. 个人发展

构建一支优秀、稳定的团队，关键之一是给个人提供广阔的发展空间。因此，在团队管理方面，最重要的一项职责就是保证团队每一名成员得到发展。这样才能使成员对工作满意，激发工作热情，创造更多的价值。个人的发展不仅仅依靠经验的积累，还要借助目标设定、绩效评估以及反馈程序等来实现。这三个程序的有效实施，可以激发员工潜力，使员工清醒地认识到自己的优点和不足，从而改善提高自己，获得更大的发展空间。

5. 激励

激励是团队管理中极为重要的内容，直接关系到创业企业的存亡。对创业团队进行有效激励，可以通过授权、工作设计、薪酬机制等诸多手段来实现。薪酬是实现有效激励的重要手段，毕竟收益是创业成功的重要表征。在设计薪酬制度时，应考虑差异原则、绩效原则、灵活原则，最终目的是通过合理的报酬让团队成员产生一种公平感，激发和促进创业团队的积极性，实现对创业团队的有效激励。

| 拓展训练 |

一、谁应该拿更多的股权

以下是一位创业者的来信：

我叫 A，我的创业伙伴是 B。我手头资金有限，只能出资 15 万元，B 出资 30 万元。

我准备辞掉手头的工作全职创业，负责公司的销售。我手头有客户资源，已经拿到约 800 万元的合同订单。我会从公司领取 8 万元年薪。

B 目前在一家国企上班，在创业前两年不想加入创业企业，也不拿工资，但会提供技术支持。另外，B 已经说服他的朋友 G，同意为我们公司投资 200 万元。B 说，他还可以为公司拉到后续融资。

B 自己手头还经营着一家教育培训公司。他不想把这块业务装进创业企业。

我们面临的问题是，我们应该如何分配股权？B 想当大股东，占股 50% 以上。

我的想法是，公司作价 1000 万元。投资人 200 万元占 20%，我和 B 各占 40%。

请思考：对于上述初创企业的股权分配，你有什么建议？

_____

_____

_____

二、内控型人格测试

从下列 29 组选项中，选择最能够反映你个人观点的选项。

1. A. 儿童陷于苦恼是因为父母动辄处罚他们。

   B. 父母对儿童管教太松，使得大部分儿童常惹来麻烦。

2. A. 人生有许多不愉快的事，部分归因于运气欠佳。

   B. 人们的不幸是他们所造成的错误而引起的。

3. A. 我们之所以会有战争，主要原因是人们对政治缺乏充分的兴趣。

   B. 不管人们如何竭尽心力去设法防止战争，战争总是难免的。

4. A. 在这个世界上，人们终究能获得他们所应得到的尊重。

   B. 很不幸，不论个人如何努力，个人的价值时常不被认定。

5. A. 认为老师对待学生不公平，这种想法是荒谬的。

   B. 大多数学生不明白他们的成绩受意外因素影响有多大。

6. A. 一个人没有很好的运气，就不能成为一位有力的领袖。

   B. 有能力而不能成为领导者的人，是因为他们没有抓住机会。

7. A. 不管你怎样用尽苦心，某些人也不会喜欢你。

   B. 不能得到别人喜欢的人，是因为不知道如何与别人相处。

8. A. 遗传是决定个人人格的主要因素。

   B. 个人的生活经验才是决定个人人格的因素。

9. A. 我时常发觉命运支配着一切，该来的总会来。

   B. 对我来说，相信命运总不如自己决定行动的正确方向来得好些。

10. A. 假如学生有充分准备，便无所谓有不公平的考试。

    B. 考试题目常与课程无关，用功也没用。

11. A. 成功乃是努力的结果，运气对它很少有用甚至毫无作用。

    B. 得到一份好的工作，主要靠有好机会。

12. A. 一般公民对政府的决策是有影响力的。

    B. 这个世界为少数有能力的人士操纵，普通大众无能为力。

13. A. 当我拟订计划时，我就确信能够实现。

    B. 拟订太过长远的计划未必是明智之举，因为未来的事情要看运气的好坏而定。

14. A. 有一些人的确一无是处。

    B. 每个人都有一些优点。

15. A. 在许多情况下，个人的成功绝少与运气有关。

    B. 许多时候我们能够用掷硬币的方法来决定我们应该做些什么。

16. A. 能够成为领袖的人，经常是那种很幸运且先得了适当机会的人。

    B. 做事成功，要靠能力，与运气不会有太大关系。

17. A. 就世事而论，我们大多数人成为强权的牺牲者，我们对强权不能了解，也无法控制。

    B. 人们主动参与政治与社会事务，便能控制世界大事。

18. A. 大多数人都不了解他们的生活被意外事件所操纵的程度。

    B. 严格说来，根本就没有所谓的"运气"这回事。

19. A. 每个人都应该敢于承认自己的过错。

    B. 一个人最好是掩饰自己的过错。

20. A. 要知道一个人是否真正喜欢你，是件困难的事。

    B. 你有多少朋友，完全看你是怎样对待他人的。

21. A. 发生在人们身上的事情，总是好坏参半的。

    B. 大多数的不幸是因为能力不够、无知或懒惰。

22. A. 只要我们有足够的努力，便能消除政治上的腐败。

    B. 人们要控制政府官员的所作所为是相当困难的事。

23. A. 有时候我实在不了解老师是凭什么给分数的。

    B. 我下多少功夫，便能得到多少分数。

24. A. 贤明的领袖希望人民自己决定应该做些什么。

    B. 贤明的领袖会清楚地告诉人民他们应该做些什么。

25. A. 我常常觉得对很多事情无能为力。

    B. 我不相信机会或者运气对我一生是重要的。

26. A. 人们感到孤独，因为他们不会使自己变得友善些。

    B. 想办法取悦别人并没有多大用处，别人若喜欢你，自然就会喜欢你。

27. A. 学校太重视体育活动了。

    B. 团队运动是培养品格的好方法。

28. A. 发生在我身上的事情都是我自作自受的。

B. 对于自己生活的方向，我有时觉得没有足够的把握加以适当的控制。

29. A. 通常我不太关心各种社会现象背后的真正原因。

B. 每个人都是社会中的一分子，应该承担对社会的责任。

参考答案：

1.（A）B 2. A（B） 3.（A）B 4.（A）B 5.（A）B 6. A（B）

7. A（B） 8. A（B） 9. A（B） 10.（A）B 11.（A）B 12.（A）B

13.（A）B 14. A（B） 15.（A）B 16. A（B） 17. A（B） 18. A（B）

19.（A）B 20. A（B） 21. A（B） 22.（A）B 23. A（B） 24.（A）B

25. A（B） 26.（A）B 27. A（B） 28.（A）B 29. A（B）

计分及解释：

（1）上列题目打括号者为内控题项，其余为外控题项。

（2）每题1分，按照自己的选项，分别将括号内与括号外分数相加，得到内控总分、外控总分。

（3）分数解释

A. 内控型：内控分数高，外控分数低，且相差大于10分者，表示倾向于作内在归因，认为人定胜天，相信自己的努力能克服环境，但也因自我要求高而容易自责或焦虑。

B. 外控型：外控分数高，内控分数低，且相差大于10分者，表示倾向于作外在归因，认为客观的外在情境主宰事物的发展，比较乐观、听天由命，但也经常放弃努力，丧失自主能力。

C. 平衡型：内控分数与外控分数相差小于10分者，表示有时作内在归因，有时作外在归因，没有特别明显的倾向。

➜ 思考与练习

1. 假如你要创业，你将如何选择合作伙伴？

2. 如果你是一个创业者，你将如何建立创业团队的管理制度，以保证有效沟通？

3. 你认为一个团队需不需要定期的人事变动或者岗位轮换？

4. 假如你开始创业，你将怎样进行人才选拔？是通过猎头公司"挖"人，还是在熟悉的人里寻找？

→ **相关资源**

1. ［美］布鲁斯·R. 巴林格、［美］R. 杜安·爱尔兰著：《创业管理：成功创建新企业》，杨俊、薛红志等译，机械工业出版社 2010 年版。

2. ［英］约翰·W. 马林斯著：《创业测试》，石建峰译，中国人民大学出版社 2004 年版。

3. 李肖鸣、孙逸、宋柏红主编：《大学生创业基础》，清华大学出版社 2016 年版。

第四章 创业机会

→ 学习目标

认知目标

· 认识到积极的心态是发现和把握机会的前提

· 培养积极的人生观，努力提升自我人生价值

技能目标

· 掌握创业机会的基本来源，培养自身识别机会的思维能力

· 掌握创业机会的评价方法

> 创业是创业者不拘泥于当前资源条件的限制，追寻机会，整合资源、开发机会并创造价值的过程。
>
> ——［美］霍华德·H. 斯蒂芬森

→ 认知与实践

一、创业机会的发掘

创业过程始于创业者对创业机会的发掘和把握。寻找、发现和利用机会是任何一个成功创业者的特征之一，它也是成功创办和管理企业的基础。创业者不仅要产生想法、识别机会，还要筛选、评估它们，从而把握、利用最有价值的机会。

（一）创业想法和创业机会

创业想法是创业的开端，一个好的创业想法就像一颗优秀的种子，是创业成功的前提条件。有的创业者认为自己有很好的想法和点子，因此对创业充满信心。有想法、有点子固然重要，但并不是每个大胆的想法和新异的点子都能转化为创业机会。所以我们

必须区分什么是创业想法，什么是创业机会，两者之间的区别与联系又是什么。

创业想法是对一个人或者组织识别机会或在环境中发现需求的回应，是一种未经评价和分析检验的生意性意念（点子）。其是否有商业价值存在不确定性。而创业机会是能够满足消费者的需求并能使投资者收回投资成本的有吸引力的商业想法或主张。

简单讲，创业机会就是可以创造价值的机会。可以将其简单地定义为一个有吸引力的、使投资者能够收回投资成本的想法或主张。这样的机会表现为消费者的需求开发了可以给顾客提供更多价值的产品或服务。可见，创业机会常指市场上尚未满足的需求，它可以是现有产品（或服务）找到了新的或潜在的消费群体，也可以是创造开发新的产品（或服务）来满足人们变化的需求。

创业机会源于创业想法，但市场机会必须是实实在在的，能够真正为企业带来价值。一个好的创业想法未必是一个好的创业机会，但一个好的创业机会必定来源于好的创业想法。

可见，创业机会的质量是决定创业成败的关键。而且，机会总是"珍贵"和"难以琢磨"的。就像马克·吐温说过的：我极少能看到机会，往往在我看到机会的时候，它已经不再是机会了。

| 拓展训练 |

产生你的创业想法

请利用下表所列的物体，提出尽可能多的创业想法并填入表中。

物体	创业想法	补充说明
苹果		
旧报纸		
饮料瓶		
一次性餐盒		
汽车轮胎		

在上述创业想法中，你认为最可能成功的一个想法是：

_____

（二）创业机会的特征

创业领域没有好坏之分，没有对与不对，只有适合与不适合。每个人都有各自不同的优势和特长，只有认真分析自己的特点，才能找到适合自己做的事业。因此，选择一个自己擅长、喜爱并且有发展前途的事业，是成功创业的决定性因素。

创业机会选择要遵循的准则是：正确选择行业，善于识别机会，做自己感兴趣的事，发掘自身的特色。

一个好的创业机会必须是可实行和实现的，并且要符合以下标准：

（1）存在真实的需求。即那些具有购买力和购买欲望的消费者有未被满足的需求。

（2）能够收回投资。即承担风险和努力工作可以带来回报和收益。

（3）具有竞争力。即消费者认为购买你的产品或服务比购买其他同类的产品或服务能获得更多的价值。

（4）能够实现目标。即能满足那些冒险的人和组织的愿望。

（5）具有有效的资源和技能。即在创业者所具备的资源、能力和法律等条件范围内。

（三）创业机会的来源

社会经济的发展和科学技术的进步，会不断激发人们的想象和需求，为创业者持续提供新的创业机会。有句话说得好：没有饱和的市场，只有饱和的思想。一般来讲，创业机会来源于以下几方面：

1. 问题型机会

问题型机会指的是因现实中存在的未被解决的问题而产生的一类机会。问题就是消费者苦恼的事情或者抱怨的事情。因为苦恼或是抱怨，人们迫切希望解决问题，如果能够发现并有效提供解决的办法，这就变成了一个创业机会。在思考怎样创办企业时，有一个很有用的方法，就是去体会人们在满足自己的需要或解决各自的问题时所遇到的难处。你可以从以下方面展开思路：

（1）你自己在生活中遇到过的问题——想一想你在当地买东西和需要服务时曾碰到过什么问题。

（2）工作中的问题——在你为一家机构工作时你也许注意到，由于某种服务跟不上或材料不足而影响你完成工作任务。

（3）其他人遇到过的问题——通过倾听其他人的抱怨了解他们的需求和问题。

（4）你所在的社区缺少什么——在你生活的地区进行调研，看看人们缺少哪些服务。

人们遇到的问题和未被满足的需要为新的商机提供了线索。优秀的创业者，善于从他人的问题中发现商机：如果人们无法获得所需要的产品或服务，这对创业者来说，显然是一个填补空白的商业机会；如果现有的企业提供的服务很差，对于新企业来说这是一个提供更佳服务的竞争机会；如果价格上涨很快，以至于人们连日常用品的价格都难以承受，那么就存在机遇，可以去寻找更便宜的货源，或不那么贵的替代品，或成本更低、效率更高的分销系统。

历史上有很多企业就是因为成功解决了市场上存在的问题而创建发展起来的（表4-1）。

表4-1 　　　　　　　　　成功解决市场问题而发展起来的企业

创业者	年份	问题	解决方案	企业名称
罗布·格拉泽	1995	无法在互联网上播放音频和视频	开发在网上播放音频和视频的软件	瑞尔数码
杨致远、大卫·费罗	1994	没有办法寻找或组织喜欢的网站	创建网络导航以发现和收藏喜欢的网站	雅虎网站
斯科特·库克	1982	传统的支付账单、知晓个人财务状况的过程令人失望	开发使用过程更简易的软件程序	财捷公司
安尼塔·罗迪克	1976	购买大瓶商品前，难以找到小包装面霜或洗液去尝试	创办企业提供小包装的洗浴和护肤产品	美体小铺
弗雷德·史密斯	1973	他的公司（主要销售喷气机）不能及时得到交付的备用零件	创建新企业以帮助其他企业及时获得交付的包裹	联邦快递

| 拓展训练 |

训练你的思维，学会识别机会，这样你就可能成为一个成功的创业者！

列出三个令你烦恼的问题，然后为每个问题提出解决方案。

问题	解决方案

2. 趋势型机会

趋势型机会指的是在变化中看到未来的发展方向并预测到将来的潜力和机会。创业的机会大都产生于不断变化的市场环境，环境变化了，市场需求、市场结构必然发生变化。著名的管理学大师彼得·德鲁克将创业者定义为那些能"寻找变化，并积极反应，把它当作机会充分利用起来的人"。变化是商业机会的重要缘起，没有变化就没有创业机会。这种变化主要来自产业结构的变动、消费结构升级、城市化加速、人们思想观念的变化、政府政策的变化、人口结构的变化、居民收入水平提高、全球化趋势等诸方面。（表4-2）

表4-2　　　　　　　　　　环境趋势变化带来的商业机会

	环境趋势变化	引发的新业务产品和服务机会	创立的企业
经济趋势	青少年拥有更多现金和可支配收入	设计服装、CD盘、DVD播放机、游戏机、笔记本电脑	盖普公司、世嘉公司、奔迈公司、MTV公司
	对股票市场的兴趣增加	网上经纪服务、股票调查服务、投资者杂志	富尔公司、《红牌鱼》杂志
社会趋势	双薪家庭日益占主流，留下更少的时间做饭	餐馆、可微波炉加热的晚餐食品外送服务	麦当劳、肯德基、橄榄园餐馆
	新的医学信息警告说肥胖具有危害的结果，使人们对健身的兴趣增加	健身中心、室内锻炼器材、减肥中心、健康饮食商店	斯太尔专家健身器材公司、健安喜营养中心、全食超市
	便捷的交通和可支配收入增加，使人口流动性增加	蜂窝电话、膝上电话、笔记本电脑、电话卡	诺基亚、奔迈、恒基伟业
技术趋势	互联网的发展	电子商务、改良的供应链管理、改良的信息通信	雅虎、亚马逊、美国在线
	生物科技进步	与生物科技相关的医药产品、食品、兽药、信息服务	安进公司、生物在线
政治和制度趋势	环境保护部门和职业安全与健康管理部门不断提高标准	咨询公司、监视法规遵守的软件、有助于确保法规遵守的产品	RMS系统公司、普瑞玛技术公司

▏拓展训练 ▏

1. 现如今，居民收入水平提高，私人轿车的拥有量将不断增加，这会派生出什么样的机会呢？

_____

_____

_____

2. 截至 2016 年底，中国 60 岁及以上老年人口超过 2.3 亿，占总人口的 16.7%；65 岁及以上老年人口超过 1.5 亿，占总人口的 10.8%。预计到 2050 年，中国老年人口将达到 4.8 亿，约占届时亚洲老年人口的五分之二、全球老年人口的四分之一，比现在美国、英国、德国三个国家人口总和还要多。人口结构的变化趋势将会带来哪些机遇？

_____

_____

_____

3. 闲置资源产生的商业机会

资源的闲置就是浪费，但是如果能够找到废弃资源的另类用途，就有可能变废为宝，实现闲置（或者废弃）资源的另类价值，这也是很好的创业项目。

闲置资源大致可以分为三大类：

闲置资产——把个人或服务商短期不用的资产有偿提供给有需要的人或组织，就是闲置资产的商业化操作。这个"资产"包括资金（如投资、理财）、不动产（住宅、厂房等）及硬件设备（车辆、器械、工具）等。这样的闲置资产引入 O2O（线上线下结合）模式，就出现了如众筹、短租及私家车载客服务等业务。

闲置技能——个人将自己的特长、技能在不耽误主业或不影响正常工作时间的前提下，有偿提供给有需求的个人或组织。比如学生家教、私人培训、一对一个性化服务等。

闲置时间——通常一个人会因为工作或生活，其个人时间被分割成若干块，有些时间是纯粹的损耗。基于这些纯损耗时间，可以挖掘一些供用户发挥价值或供用户打发无聊时间的业务点。

| 拓展阅读 |

共享经济

在滴滴、摩拜等如火如荼逐鹿天下的当今社会，共享经济早已润物无声地飞入寻常百姓家。何为共享经济？共享经济，一般是指以获得一定报酬为主要目的，基于陌生人且存在物品使用权暂时转移的一种新的经济模式。其本质是整合线下的闲散物品、劳动力、教育医疗资源。也有人说共享经济是人们公平享有社会资源，各自以不同的方式付出和受益，共同获得经济红利。此种共享更多的是通过互联网来实现的。

共享经济这个术语 1978 年由美国得克萨斯州立大学社会学教授马科斯·费尔逊和伊利诺伊大学社会学教授琼·斯潘思提出。共享经济现象却是在最近几年流行的，其主要特点是，包括一个由第三方创建、以信息技术为基础的市场平台。这个第三方可以是商业机构、组织或者政府。个体借助这些平台，交换闲置物品，分享自己的知识、经验，或者为企业、某个创新项目筹集资金。共享经济牵扯到三大主体，即商品或服务的需求方、供给方和共享经济平台。共享经济平台作为连接供需双方的纽带，通过 LBS（基于位置的服务）应用、动态算法与定价、双方互评体系等一系列机制的建立，使得供给方与需求方通过平台进行交易。

共享经济的五个要素分别是：闲置资源、使用权、连接、信息、流动性。共享经济运行的关键在于如何实现最优匹配，实现零边际成本，解决技术和制度问题。

共享经济将成为社会服务行业最重要的一股力量，在住宿、交通、教育及旅游等领域，优秀的共享经济公司不断涌现。从宠物寄养共享、车位共享到专家共享、社区服务共享，从导游共享到 WiFi 共享，新模式层出不穷，在供给端整合线下资源，在需求端不断为用户提供更优质的体验。

共享经济正不断推陈出新，以百变之姿渗透进我们的日常生活。

除以上几种创业机会来源外，创造发明和竞争也可以给我们带来机会。创造发明提供了新产品、新服务，能更好地满足顾客需求，同时也带来了创业机会。比如随着电脑的诞生，电脑维修、软件开发、电脑操作培训、图文制作、信息服务、网上开店等创业机会随之而来，即使你不发明新的东西，也能成为销售和推广新产品的人，从而给自己带来商机。所谓竞争，指的是凭自己掌握的资源和技术，能弥补市场现有产品的缺陷和不足，这也将成为你的创业机会。

阿迪奇维利等人根据创业机会的来源和发展程度，对创业机会进行了分类。他们首先构建了一个创业机会矩阵，该矩阵有两个维度：横轴以探寻到的价值（即机会的潜在市场价值）为坐标，这一维度代表着创业机会的潜在价值是否已经较为明确；纵轴以创业者的创造价值能力为坐标，这里的创造价值能力包括通常的人力资本、财务能力以及各种必要的有形资产等，代表着创业者是否能够有效开发并利用这一创业机会。然后，以矩阵的四个象限分别表示四种类型的创业机会。（图4-1）

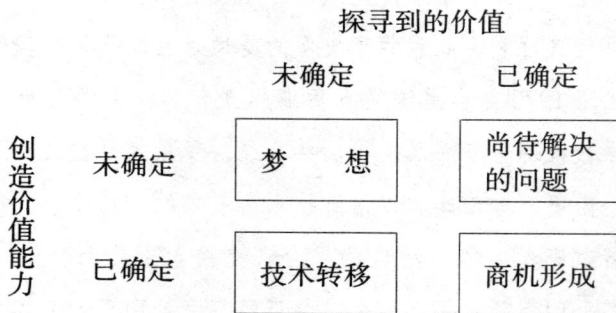

探寻到的价值

创造价值能力	未确定	已确定
未确定	梦想	尚待解决的问题
已确定	技术转移	商机形成

图4-1　阿迪奇维利的创业机会矩阵

左上角的第一象限中，机会的价值并不确定，创业者是否拥有实现这一价值的能力也不确定，这种机会可称为"梦想"；右上角的第二象限中，机会的价值已经较为明确，但如何实现这种价值的能力尚未确定，这种机会是一种"尚待解决的问题"；左下角的第三象限中，机会的价值尚未明确，这一机会，实际上是一种"技术转移"（为手头的技术寻找一个合适的应用点）；右下角的第四象限中，机会的价值和创造价值的能力都已确定，这一机会可称为"商机形成"。显然，这四种类型的机会中，"商机形成"成功的可能性最高，其次是"技术转移"的创业机会。

（四）大学生创业机会分析

国内的学者和创业者普遍认为中国的创业机会非常多。实际上，中国丰富的创业机会是由深刻的社会经济结构因素支撑的。中国人口多，众多产业还处在初级发展阶段或者在寻求转型发展，人们多方面的需求远未得到满足，而且需求越来越呈现出多样化。这些为有志向的创业者提供了无限可能。

对于想创业的大学生来说，最好是依托自身的优势，逐渐提高创业活动的层次。大学生创业者了解年轻人市场，有较强的信息搜集能力和丰富的创意等，这些特点都能帮助大学生创业者找到适合自己的创业机会。这里总结出大学生创业几种典型的机会方向：

1. 满足大学生学习和生活需求的产品和服务

大学生创业者对于学生市场的需求是最为了解的，这是多数大学生开始创业的时候首先考虑到的方向。创业者可以通过回顾自己在大学生活中遇到的问题或不满意的地方，也可以通过访谈在校大学生，了解大学生的各种迫切需求，然后从中挑选出最适合自身资源的创业机会。

2. 特色零售店或服务项目

零售和服务行业的进入门槛不高，对资金、技术和团队的要求较低，服务的对象又非常广泛，随着消费需求的持续变化，这一领域的商业机会层出不穷。这一行业适合于多数大学生进行创业，因为零售和服务行业最需要的就是商业模式和服务的创新，而年轻的大学生在这方面是比较擅长的。创业者把自己的独特创意融入其中，就有可能开创出新的零售模式或特色服务项目。

｜拓展阅读｜

快递时代，"蜗牛慢递"赚了钱

沈阳蜗牛慢递由年轻的曹先生经营。曹先生告诉记者，这个公司刚创办不久，生意逐渐向好，这门很有新意的业务正在被人们所认同。蜗牛慢递提示人们：您今天在这里写下的不是一张普通的明信片，它是一封写给未来的信，您的爱意、记忆、祝福、祈愿都蕴含在方寸之间的明信片里，在表达感情的同时也许会产生意想不到的效果。来到这里的人们会被告知：在未来您希望的某个特别日子（如生日、纪念日、节日等），您的信件将由我们的投递员送往指定之处。

据介绍，很多年轻人来这里是专门购买明信片的，在明信片上写上自己的祝福，当天就寄出。这样的慢递服务费用也并不算高，"慢递费一年内是9元，每增加一年，多收1元保管费"。

曹先生拿出那些指定时间的信件告诉记者，开业至今，他已经收到了200多封指定未来时间寄出的信，他在每封信的后面都标注上需要寄出的时间，并将这些信息上网保存。"信件内容我看不到，但我觉得每收到一封信都是一个责任，我会竭尽全力将这些信件准时寄出，同时我和顾客讲明白了，如果在几年后我的店不再开了，我仍然会信守承诺。"曹先生说。

3. 网上开店或网络服务

现在的大学生对于互联网非常熟悉，互联网上的创业机会也异常丰富。网上开店的秘诀在于透彻理解网上购物行为，合理规划产品的品类，高水平地展示产品，积极管理客户评价，以此来提高网店的利润。

4. 处于同质商品阶段的小产品的品牌化经营

成熟行业给大学生的创业机会比较少，毕竟行业格局已经形成，只有一些零散型的产业才有创业的机会，例如那些处于商品化阶段的日常用品或农产品。这些小产品行业内的竞争层次很低，同质化的产品相同的价格很难做大企业和打造品牌，企业的利润也很微薄。创业者需要转换经营思路，进行品牌化运作，将产品的档次提升，甚至加入一些创意元素。

| 拓展阅读 |

梦想下的蛋——德青源模式的价值探索

中国市场在某种程度上讲，是一个追求速度、追求占位的市场，因为它与发达国家相比还有许多常人看不到的空白。谁能以最快的速度抢先在行业占据某种第一，谁就会获得比循序渐进多得多的东西，在农业产业化领域尤其如此。

北京德青源健康养殖生态园做鸡蛋品牌，短短几年，企业规模就从50万发展到5个亿，这种占领"鸡窝"生出金蛋的成功案例，对处在后农业产业化中的企业具有很强的启迪意义。

德青源的创始人钟凯民在欧美国家工作时发现，美国和欧盟对食品的要求标准十分严格，鸡蛋都有自己的品牌，有生产日期，按严格的标准生产。而在中国，鸡蛋没有生产日期，没有品牌，也没有生产标准。对这种"三无"产品，主管部门和消费者却心安理得，好像鸡蛋无论怎样生产出来都可以在市场出售和食用。建立鸡蛋生产的标准，生产高品质的鸡蛋，实行优质优价，走品牌之路，改变中国蛋品行业落后的现状，提高消费者的饮食健康水平，就成为钟凯民的最大心愿。2000年，钟凯民拿出了自家的积蓄，和其他五位志同道合者共同出资50万元，踏上了创业之路。

2000年7月23日，德青源第一枚鸡蛋在试验鸡场诞生了！这枚精心培育的鸡蛋富含所有鸡蛋应该具有的营养，而不含任何有害于人体健康的药残和添加剂，这让所有关心德青源的人们欣喜万分。

5. 开发具有技术含量的新产品

大学生创业者可以开发出新产品，以创新技术作为创业的关键资源，组建企业来生产和销售创新产品（或提供技术服务）。新产品的开发是很难靠某个人就能成功的，它需要一个团队来协作开发。创业者如果自身无法开发新产品，那么就要寻找可以合作创业的新产品开发者，这需要创业者与研发人员的能力互补。这种创业可以获得政府相关机构的大力支持，尤其是与政府产业扶持政策相关的战略性新兴产业和其他重点产业更是有可能成为政府关注与扶持的典型创业项目。

6. 国外最新成功模式的移植

发达国家的经济与技术走在我国的前面，他们所曾经历过的商业机会也很可能在今天的中国出现。这需要用历史的眼光来看待经济和技术的发展，找出不同经济阶段的典型商业形态，借鉴发达国家把握这些机会的商业成功经验。携程网创始人之一的季琦说过：中国式的创新更多是继承式的创新，在借鉴欧美发达国家商业模式的前提下，结合中国具体情况，进行改造式创新和应用。因为人类的物质、精神需求和享受，总是从低级到高级，从简单到复杂。欧美的服务业已经先于我们发展，已经经过了客户的需求选择，中国的服务业也大体上会遵循它们的发展轨迹。因此，在服务行业，继承欧美的成熟商业模型特别有价值，研究他们成长的轨迹和成败的原因，对于我们这些后来者也非常有益。

在创业机会的选择方面大学生有自身的优势，同时也有很明显的劣势。例如大学生获取有价值创业机会的渠道是有限的，他们毕竟长期待在学校里没有从事过贴近市场的前沿工作，缺乏对识别和利用机会有价值的市场"一线"信息。大学生的生活经历比较单一、社会阅历不丰富导致所拥有的社交网络也有限。大学生年轻气盛，渴望得到创业收益，不惧怕为此可能遭受的损失，他们自认为年轻是他们最大的资本，不担心损失时间、精力等资源，所以他们不愿意错过任何机会。实际上确实有相当数量的大学生在浪费时间、精力和资源去追求实际不存在的机会。

大学生理性创业要把握以下几个原则：

首先，当自己对行业的理解和从业经验不足时，不要进入投资额太大的项目，小的投资项目一样能成就大事业，而小投资项目的好处是风险小，就算失败了还有东山再起的机会，要稳中求发展。

其次，学会分析项目的可行性。没有一个项目是完美的，都有缺陷。问题在于它的缺陷到底有多大，消费者能不能接受，一个好产品的缺陷往往是消费者能够接受的。那些带有小小缺陷的产品，与消费者本身的利益没有太大冲突。

再次，避免进入有大企业大资金进入的行业。新手创业者往往都是经验不足，抗风险能力弱，资金方面没有优势。"蚂蚁和大象"式的竞争，"蚂蚁"成功的概率毕竟不大。从小做起，不要有"眼高手低"的毛病。

另外，别急着赚钱，认真做事。创业者往往看到的是项目能赚多少钱，在短时间内创造多少财富。其实这样的愿望是好的，可赚钱并不容易。一个没有任何经验的人，要想在短时间内赚大钱可能性不大，更别指望运气。实实在在地做点儿事，就算不赚钱，也能积累一些资源和知识技能，可以更好地为将来的发展做准备。

最后，有勇气有胆量，同时也要会理性思考。创业需要勇气，而仅凭勇气和胆略是不够的，必须会理性地思考问题。当创业遇到困难的时候，也许正确的应对方法只有一个，在这个时候理性的思考就会显得非常重要。

二、创业机会的识别和评估

（一）创业机会的识别

1. 创业者的独特之处

理论界与实践界都一直试图回答，为什么是有些人而不是另外的人看到机会，那些看到了机会的创业者有什么独特之处？普遍而言，善于发现机会的人具备下面的一些特征：

（1）先前经验。在特定产业中的先前经验有助于创业者识别出商业机会，这被称为"走廊原理"。这个原理提供的见解是，某个人一旦投身于某产业创业，这个人将比那些从产业外观察的人更容易看到产业内的新机会。有调查发现，百分之七十左右的创业机会其实是在复制或修改以前的想法或创意，而不是全新创业机会的发现。

（2）认知因素。机会识别可能是一项先天技能或一种认知过程。拥有在某个领域更多专业知识的人，会比其他人对该领域内的机会更具警觉性与敏锐性。警觉很大程度上是一种习得性的技能。

（3）社会关系网络。社会关系网络能带来承载商业机会的有价值信息。个人社会关系网络的深度和广度影响着机会识别。研究发现，社会关系网络是个体识别商业机会的主要来源。在社会关系网络中，按照关系的亲疏远近，各种关系大致被划分为强关系与弱关系。强关系以频繁相互作用为特色，形成于亲戚、密友和配偶之间；弱关系以不频繁相互作用为特色，形成于同事、同学和一般朋友之间。研究显示，创业者通过弱关系比通过强关系更可能获得新的商业创意。因为强关系主要形成于具有相似意识的个人之间，从而倾向于强化个人已有的见识与观念。而在弱关系中，个人之间的意识往往存在着较大的差异，因此某个人可能会对其他人说一些能激发其全新创意的事情。

（4）创造性。创造性是产生新奇或有用创意的过程，从某种程度上讲机会识别是一个创造过程，是不断反复的创造性思维过程。在听到更多轶闻趣事的基础上，你会很容易看到创造性包含在许多产品服务和业务的形成过程中。

｜拓展阅读｜

训练自己识别机会的最好方式是不断用新的经验去开拓自己的思维。无论自己做什么，时刻留心机会。一些好的、有趣的、可以扩展思维的方法包括：

（1）旅游。

（2）接触陌生人。

（3）学习语言。

（4）读你以前不曾读过的书。

（5）参加讲座音乐会。

（6）尝试新的爱好。

（7）看新闻，读报纸和杂志。

（8）与朋友和老师讨论新闻事件。

（9）实习（能给你增加实际经验的兼职或全职工作）。

创业机会识别是创业者与外部环境（机会来源）互动的过程，在这个过程中创业者利用各种渠道和各种方式掌握并获取有关环境变化的信息，从而发现在现实世界中产品、服务、原材料和组织方式等方面存在的差距或缺陷，找出改进或创造目的—手段关系的可能性，最终识别出可能带来新产品、新服务、新原料和新组织方式的创新机会。在这一过程中，机会的潜在预期价值得到反复的权衡，创业者对创业机会的战略定位也越来越明确。

2. 创业机会的识别过程

创业机会的识别过程分为三个阶段：机会搜寻阶段、机会识别阶段、机会评价阶段。

（1）机会搜寻阶段。这一阶段创业者对整个经济系统中可能存在的创意展开搜索，如果创业者意识到某一创意可能是潜在的商业机会，具有潜在的发展价值，就将进入机会识别的下一阶段。创业者在这一阶段需要从各种途径尽可能搜寻更多的创业点子与想法。

（2）机会识别阶段。这里的机会是指从创意中筛选出的合适的机会。这一过程包括两个步骤：第一步是通过对整体的市场环境的考察以及一般的行业分析来判断该机会是否在广泛意义上属于有利的商业机会，该阶段称为机会的标准化识别阶段；第二步是考察对于特定的创业者和投资者来说这一机会是否与创业者的资源和能力相吻合，是否与投资者的兴趣点和价值期望相一致，也就是个性化的机会识别阶段。

（3）机会评价阶段。实际上这里的机会评价相对比较正式，考察的内容主要是各项财务指标的预测分析、创业团队和资源的酝酿等，通过机会的评价，创业者决定是否正式组建企业和吸引投资。通常机会识别和机会评价是同时进行的，创业者在对创业机会进行识别时也有意无意地进行评价活动。在机会识别的初始阶段，创业者可以非正式地调查市场的需求、所需的资源，直到判断这个机会是否值得考虑或进一步深入开发；在机会开发的后期，这种评价变得较为规范，并且主要集中于考察这些资源的特定组合是否能够创造出足够的商业价值。

3. 识别创业机会的方法

掌握捕捉市场机会的途径和有效的方法，对于识别机会大有帮助。识别创业机会的方法多种多样，我们在此主要归纳了较为常用的四种方法。

（1）调查。调查是通过一定的科学方法，对市场进行了解和把握。在调查活动中收集、整理、分析市场信息，掌握市场发展变化的规律和趋势，为识别机会提供可靠的数据和资料，从而找到好的商机。为了保证调查的有效性，一般要保证调查样本足够大，同时注意样本的选取，避免系统性偏差。

例如在游戏行业中，在游戏设计之前公司就要进行客户的体验式调查，了解客户的需求。开发人员长时间与目标客户待在一起，了解他们的兴趣点和各方面要素，进而开发出消费者非买不可的产品。

（2）系统分析发现机会。实际上，绝大多数的机会都可以通过系统分析发现。人们可以从企业的宏观环境（政治、法律、技术、人口等）和微观环境（顾客、竞争对手、供应商等）的变化中发现机会。借助市场调研，从环境变化中发现机会，是机会发现的一般规律。

（3）问题分析和顾客建议发现问题。问题分析，从一开始就要找出个人或组织的需求以及面临的问题，这些需求和问题既可能是显性的，也可能是隐性的。一个有效且有回报的解决方法，对创业者来说是识别机会的基础，因此问题分析需要全面了解顾客的需求以及可能用来满足这些需求的手段。一个新的机会可能会有顾客识别出来，因为他们知道自己究竟需要什么，然后顾客就会为创业者提供机会。顾客的建议多种多样，他们会提出一些诸如"如果那样的话不是会很棒吗"这样的非正式建议。

（4）创造获得机会。这种方法在新技术行业中最为常见，它可能是为了要满足的市场需求，从而积极探索相应的新技术和新知识，也可能始于一项新技术发明，进而积极探索新技术的商业价值。通过创造获得机会比其他任何方式的难度都大，风险也更高，而如果能够成功，回报也更大。这种情况下产生的创新在人类所具有的有重大影响的创新中，居于压倒性的主导地位。

（二）创业机会的评估准则

创业机会评估，其实就是要回答目标市场是否存在、有多大规模，以及作为主体的企业或创业者是否适合这个市场的问题。对创业机会是否做了筛选和评估工作，将决定创业者赚钱还是亏本、成功还是失败。而且，即使做了评估，创业也不一定会成功，因为这还和其他很多因素有关。但不可否认，创业机会的评估的确在降低风险和减少失败方面起到了很重要的作用。评估创业机会包括很多方面：

第一，行业和市场。一个关键的问题就是创业想法是否有市场，这个市场是否是由有购买力及愿意并能够购买你的产品或服务的消费者组成。因此，满足消费者的需求还要考虑合适的价格、地点和时间。另外要考虑的一个重要的问题是市场的大小（消费者对你的产品和服务的需求量）和这个行业的增长速度。理想的情况是一个巨大并快速增长的市场，在这样的情况下，哪怕只是占有一个小的市场份额也会有很大的销售量。

第二，"机会窗"的大小。机会经常被称为一个窗口。也就是说，它是真实存在的，但它不是永远都敞开的。随着时间的推移，市场以不同的速度在增长，市场变得更大，确定市场的难度就更大。因此，时机的选择很重要。接下来的问题就是决定窗户打开的时间长度，能否在窗户关闭之前把握和抓住机会。

第三，创业者的个人目标和能力。对于任何投资创业的人，是否愿意承担风险是一个重要的问题。个人的动机是成功创业者的本质特征。因此，除非一个人真的想要创办一个企业，否则他（她）是不愿意承担风险的。一个相关的问题就是潜在的创业者是否具备创业必需的能力（包括知识技能和特质）。如果不具备，他们是否能够学习并提高这些能力。许多小企业的管理者都是基于他们的能力才创办企业的。将上述问题结合在一起，就变成一个基本的问题——企业所必需的条件和创业者的要求、期望是否一致或相符。这不仅对于创业成功十分重要，也关系到创业者的幸福和快乐。

第四，团队管理。在许多风险投资尤其是涉及大量资金，具有高风险、成熟的市场、激烈的竞争等特点的投资中，管理团队是衡量投资吸引力的重要标尺。该管理团队在相同或相关行业和市场中技能的高低和经验的丰富程度通常决定了企业的成败。这就解释了风险投资者非常强调管理因素的原因，他们经常会说，与其投资一个产品或服务优异但管理不善的企业，不如投资一个产品或服务一般但管理好的企业。

第五，竞争。一个能吸引人的机会必须具备某些竞争优势。例如，与市场中同类产品相比成本更低或质量更好。另外，进入市场的壁垒问题——需要大量的资金投入、保护（例如专利权）、合同优势，这是决定投资或不投资的重要因素。换句话说，如果一个企业不能避免潜在竞争者进入市场或者企业本身有很多进入市场的壁垒，那么这个机会几乎就没有吸引力了。

第六，资金、技术和其他必需的资源。是否掌握可用的资金、技术和其他必需的资源将决定是否可以利用某个机会。一般的规则是，如果某个想法、产品或服务在某个地区有一定的市场，条件越难被满足，企业也就越吸引人。

第七，环境。企业的外部环境对于机会的吸引力有着深远的影响。我们谈及的环境，不仅仅指的是自然环境，而且还包括政治、经济、地理、法律等社会环境。

第八，可行性研究和商业计划。讨论和调查上述因素的过程就是经常提到的可行性研究。在创业过程当中，投资者和贷款人都要求考虑以上问题，并以商业计划书的形式展现出来。

| 拓展训练 |

以小组为单位设计一份简单的调查问卷。该调查问卷将用于访问一个创业者。这些问题需要集中在：创业者如何产生他们的创业想法；创业者如何识别和把握机会；创业者如何筛选评估机会；创业者如何把想法实现。

调查问卷不要超过两页。在访问创业者之后，分析他们的回答并提交一个简短的报告，向全班展示。

市场评估准则和效益评估准则通常是评估创业机会时要遵循的基本准则。

1. 市场评估准则

（1）评估市场定位。评估创业机会的时候，可通过考察市场定位是否明确、顾客需求分析是否清晰、顾客接触通道是否流畅、产品是否持续衍生等来判断创业机会可能创造的市场价值。创业带给顾客的价值越高，创业成功的概率也会越大。

（2）评估市场结构。针对创业机会的市场结构进行六项分析，包括进入障碍、供货商、顾客、经销商的谈判力量、替代性竞争产品的威胁以及市场内部竞争的激烈程度。由市场结构分析可以得知新企业未来在市场中的地位，以及可能遭遇竞争对手反击的程度。

（3）评估市场规模。市场规模大小与成长速度，也是影响新企业成败的重要因素。一般而言，市场规模大者，进入障碍相对较低。另外，一个正在成长中的市场通常也会是一个充满商机的市场，所谓水涨船高，只要进入时机正确，必然会有获利的空间。

（4）评估市场渗透力。对于一个具有巨大市场潜力的创业机会，市场渗透力（市场机会实现的过程）评估将会是一项非常重要的工作。聪明的创业者知道选择在市场需求正要大幅成长之际进入市场，做好准备，等着接单。

（5）评估市场占有率。创业机会预期可取得的市场占有率目标，可以显示这家新创企业未来的市场竞争力。例如，成为市场的领导者，需要拥有20%以上的市场占有率。如果低于15%的市场占有率，则说明这家新企业的市场竞争力不高。

（6）评估产品的成本结构。产品的成本结构也可以反映新企业的前景是否光明。例如，从物料与人工成本所占比重、变动成本与固定成本的比重之高低，以及经济规模产量大小等方面，可以判断企业创造附加价值的高低以及未来可能的获利空间。

2. 效益评估准则

（1）评估合理的税后净利。一般而言，具有吸引力的创业机会，至少需要能够创15%的税后净利，如果创业预期的税后净利在5%以下，那么就不是一个好的创业机会。

（2）评估达到损益平衡所需的时间。合理的损益平衡时间应该是在两年以内，但如果三年还达不到，恐怕就不是一个值得投入的创业机会。不过有的创业机会确实需要经过比较长的耕耘时间，通过这些前期投入，创造进入障碍，保证后期的持续获利。在这种情况下，可以将前期投入视为一种投资，这样才能容忍较长的损益平衡时间。

（3）评估投资回报率。考虑到创业可能面临的各项风险，合理的投资回报率应该在25%以上，一般而言，只有15%以下的投资回报率是不值得考虑的创业机会。

（4）评估资本需求。资金需求量较低的创业机会，一般会受到投资者欢迎。许多个案显示，资本额过高其实并不利于创业成功，有时还会带来稀释投资回报率的负面效果。通常，知识越密集的创业机会，对资金的需求量越低，投资回报反而会越高。因此，在创业开始的时候不要募集太多资金，最好通过盈余积累的方式来创造资金。

（5）评估毛利率。毛利率高的创业机会相对风险较低，也比较容易取得损益平衡。反之，毛利率低的创业机会风险则较高，遇到决策失误或市场产生较大变化的时候，企业很容易遭受损失。一般而言，理想的毛利率是40%。当毛利率低于20%的时候，这个创业机会就不值得再予以考虑。

（6）评估策略性价值。能否创造新企业在市场上的策略性价值，也是一项重要的评价指标。一般而言，策略性价值与产业网络规模、利益机制、竞争程度密切相关，而创业机会对于产业价值链所能创造的价值效果，也与它所采取的经营策略与经营模式密切相关。

（7）评估资本市场活力。当新企业处于一个具有高度活力的资本市场时，它的获利回收机会相对也比较多。不过资本市场的变化幅度极大，在市场高点时投入，资金成本较低，筹资相对容易。但在资本市场低点时，投资新企业开发的诱因则较少，好的创业机会也相对较少。

（8）评估退出机制与策略。所有投资的目的都在于回收，因此退出机制与策略就成为一项评估创业机会的重要指标。由于退出的难度普遍要高于进入，所以一个具有吸引力的创业机会应该要为所有投资者考虑退出机制及退出的策略规划。

| 拓展训练 |

请思考一下下面创业机会识别表中的创业想法是否能转化为创业机会并说明理由。

创业机会识别表

序号	创业想法	转化为创业机会（是/否）	理由
1	创办一所专门接收智障儿童的幼儿园		
2	大学单招复习资料，二手专卖店		
3	白领DIY裁缝店		
4	田园风光摄影农场		
5	宠物日托园		
6	养老中心		
7	卡通迷酒吧		
8	绿色蔬菜DIY休闲种植园		

（提示：从市场规模、竞争对手、门槛限制、产品缺陷、风险控制、成本结构、资金需求、产品利润、盈利时间等方面来考虑）

（三）创业机会的评估方法

由于创业本身就是一项具有高风险特征的活动，没有一个创业机会是完美的，因此是否决定投入创业仍然是一个比较主观的决策。创业者需要在利用创业机会之前借助一定的方法对其进行科学的分析与评估，以便降低创业风险提高创业成功概率。创业机会的评估方法包括定性分析方法和定量分析方法两种。

1. 创业机会的定性评估

创业机会的定性评估主要包括行业与市场状况、资本与获利能力、竞争优势、管理团队、是否存在致命缺陷、创业者的个人标准、理想与现实的战略性差距等方面。

麦肯锡咨询公司创立的 SWOT 分析法是对创业企业进行市场进入机会评估的重要方法之一。该方法通过确认企业所面临的优势（Strength）与劣势（Weakness）、机会（Opportunity）与威胁（Threats），来确定企业的战略定位，以最大限度地利用内部优势和机会，使企业劣势与威胁降到最低。优、劣势分析主要着眼于企业自身的实力及其与竞争对手的比较，而机会和威胁分析将注意力放在外部环境的变化及对企业的可能影响上。在分析时，应把所有的内部因素（即优、劣势）集中在一起，然后用外部力量（即机会与威胁）来对这些因素进行评估。SWOT 分析法常常被用于制定集团发展战略和分析竞争对手情况，在战略分析中，它是最常用的方法之一。进行 SWOT 分析主要有以下两个方面的内容：

（1）机会与威胁分析（OT）。威胁（T）指的是不利的发展趋势所形成的挑战；机会（O）就是对企业行为富有吸引力的领域，在这一领域中，该企业将拥有竞争优势。

潜在的发展机会可能是：客户群的扩大趋势或产品细分市场；技能技术向新产品新业务转移，为更大客户群服务；前向或后向整合；市场进入壁垒降低；获得并购竞争对手的能力；市场需求增长强劲，可快速扩张；出现向其他地理区域扩张，扩大市场份额的机会。

公司的外部威胁可能是：出现将进入市场的强大的新竞争对手；替代品抢占公司销售额；主要产品市场增长率下降；汇率和外贸政策的不利变动；人口特征、社会消费方式的不利变动；客户或供应商的谈判能力提高；市场需求减少；容易受到经济萧条和业务周期的冲击。

（2）优势与劣势分析（SW）。识别有吸引力的机会是一回事，拥有在机会中成功所必需的竞争能力是另一回事。每个企业都要定期检查自己的优势与劣势。

竞争优势（S）是指一个企业超越其竞争对手的能力，或者指企业所特有的能提高自身竞争力的东西。竞争优势有以下几个方面：

技术技能优势：独特的生产技术，低成本生产方法，领先的革新能力，雄厚的技术实力，完善的质量控制体系，丰富的营销经验，上乘的客户服务，卓越的大规模采购技能。

有形资产优势：先进的生产流水线，现代化车间和设备，丰富的自然资源储存，优越的地理位置，充足的资金，完备的资料信息。

无形资产优势：优秀的品牌形象，良好的商业信用，积极进取的公司文化。

人力资源优势：关键领域拥有专长的职员，积极上进的职员，很强的组织学习能力，丰富的经验。

组织体系优势：高质量的控制体系，完善的信息管理系统，忠诚的客户群，强大的融资能力。

竞争能力优势：产品开发周期短，强大的经销商网络，与供应商良好的伙伴关系，对市场环境变化的灵敏反应，市场份额的领导地位。

竞争劣势（W）是指某种企业缺少或做得不好的东西，或指某种会使企业处于劣势的条件。可能导致内部弱势的因素有：缺乏具有竞争意义的技能技术；缺乏有竞争力的有形资产、无形资产、人力资源、组织资产；关键领域里的竞争能力正在丧失。

SWOT分析采用定性方法，通过罗列S、W、O、T的各种表现，构造SWOT结构矩阵，即使没有精确的数据支持和更专业化的分析工具，也可以得出有说服力的结论。

| 拓展训练 |

小王毕业后应聘到一家大型的餐饮企业工作，在近五年的工作中，由于良好的服务意识和不错的管理能力多次获得"服务之星"等荣誉称号，并且从服务员成长为主管。他本人还在业余时间自修营养师课程。

最近，小王获得一个机会，接手一家小餐馆。这家小餐馆地处办公楼群附近，租金适中。但据说明年该地区将划为中央商务区，一些大型跨国公司将要入驻，附近办公楼的租金已经开始上涨。

这家小餐馆装修简单，环境一般，主要经营家常菜，虽然没有什么特色，但中午时间还是有不少附近办公楼的公司职员来这里用餐。顾客一般都是先点菜、等菜，再边吃边聊，用餐时间都很长。不少过往行人看到没有座位就会去附近的其他餐馆用餐。该地区附近没有连锁品牌快餐店，但有一家高档粤菜馆和几家川味小餐馆。

请用 SWOT 分析法分析，如果你是小王，你认为接手这家小餐馆来做中式快餐的想法可行吗？

优势：_____

_____

_____

劣势：_____

_____

_____

机会：_____

_____

_____

威胁：_____

_____

_____

你对小王在决策和经营上有哪些意见和建议呢？

_____

_____

_____

2. 创业机会的定量评估

定量分析方法主要包括标准打分矩阵、贝蒂的选择因素法、蒂蒙斯创业机会评估模型、马林斯的机会评估模型等方法。

（1）标准打分矩阵。标准打分矩阵法是选择对创业机会的成功有重要影响的因素，并由专家小组对每一个因素进行最好（3分）、好（2分）、一般（1分）三个等级打分，最后求出对于每个因素在各个创业机会下的加权平均分，从而可以对不同的创业机会进行比较。表4-3中列出了其中10项主要的评价因素，在实际使用时可以根据具体情况选择其中的全部或部分因素进行评估。

表 4 - 3 标准打分矩阵

标准	专家打分			
	最好（3分）	好（2分）	一般（1分）	加权平均分
易操作性				
质量和易维护性				
市场接受性				
增加资本的能力				
投资回报				
专利权状况				
市场大小				
制造的简单性				
口碑传播潜力				
成长潜力				

（2）贝蒂的选择因素法。贝蒂的选择因素法是通过对 11 个选择因素的设定来对创业机会进行判断，如表 4 - 4 所示，如果某个创业机会只符合其中的 6 个或更少，那么这个创业机会的成功概率较小；相反，如果这个创业机会符合其中的 7 个或者更多，那么这个创业机会将大有希望。

表 4 - 4 贝蒂的选择因素法判断表

选择因素	是/否
对于这个创业机会，现阶段是否只有你一个人发现了	
初始的产品生产成本是否可以承受	
初始的市场开发成本是否可以承受	
产品是否具有高利润回报的潜力	
是否可以预期产品投放市场和达到盈亏平衡点的时间	
潜在的市场是否巨大	
产品是否是高速成长的产品家族中的第一个成员	
是否拥有一些现场的初始用户	
是否可以预期产品的开发成本和开发周期	
是否处于一个成长中的行业	
金融界是否能理解你的产品和顾客对它的需求	
总分	

3. 蒂蒙斯创业机会评价模型。蒂蒙斯创业机会评价框架，涉及行业和市场、经济价值、收获条件、竞争优势、管理团队、致命缺陷问题、个人标准、理想与现实的战略差异等8个方面的指标。（表4-5）创业者可以利用这个体系模型对行业和市场问题、竞争优势、财务指标、管理团队和致命缺陷等作出判断，来评价一个创业项目或创业企业的投资价值和机会。

表4-5　　　　　　　　　　　　　　**蒂蒙斯机会评价表**

行业与市场	1. 市场容易识别，可以带来持续收入
	2. 顾客可以接受产品或服务，愿意为此付费
	3. 产品的附加价值高
	4. 产品对市场的影响力高
	5. 将要开发的产品生命长久
	6. 项目所在的行业是新兴行业，竞争不完善
	7. 市场规模大，销售潜力在 1000 万—10 亿元
	8. 市场成长率为 30%—50% 甚至更高
	9. 现有厂商的生产能力几乎饱和
	10. 在五年内能占据市场的领导地位，市场占有率超过 20%
	11. 拥有低成本的供货商，具有成本优势
经济价值	1. 达到盈亏平衡点所需要的时间在 1.5—2 年或 1.5 年以下
	2. 盈亏平衡点不会逐渐提高
	3. 投资回报率在 25% 以上
	4. 项目对资金的需求不是很大，能够获得融资
	5. 销售额的年增长率高于 15%
	6. 有良好的现金流量，能占到销售额的 20%—30%
	7. 能获得持久的毛利，毛利率超过 40%
	8. 能获得持久的税后利润，税后利润率超过 10%
	9. 资产集中程度低
	10. 运营资金不多，需求量是逐渐增加的
	11. 研究开发工作对资金的要求不高
收获条件	1. 项目带来的附加价值具有较高的战略意义
	2. 存在现有或可预料的退出方式
	3. 资本市场环境有利，可以实现资本的流动

（续表）

竞争优势	1. 固定成本和可变成本低 2. 对成本、价格和销售的控制较高 3. 已经获得或可以获得对专利所有权的保护 4. 竞争对手尚未觉醒，竞争较弱 5. 拥有专利或具有某种独占性 6. 拥有发展良好的网络关系，容易获得合同 7. 拥有杰出的关键人员和管理团队
管理团队	1. 创业者团队是一个优秀管理者的组合 2. 行业和技术经验达到了本行业内的最高水平 3. 管理团队的正直廉洁程度能达到最高水平 4. 管理团队知道自己缺乏哪方面的知识
致命缺陷	不存在任何致命缺陷
创业家的个人标准	1. 个人目标与创业活动相符合 2. 创业家可以做到在有限的风险下实现成功 3. 创业家能接受薪水减少等损失 4. 创业家渴望创业这种生活方式，而不只是为了赚大钱 5. 创业家可以承受适当的风险 6. 创业家在压力下状态依然良好
理想与现实的战略性差异	1. 理想与现实情况相吻合 2. 管理团队已经是最好的 3. 在客户服务管理方面有很好的服务理念 4. 所创办的事业顺应时代潮流 5. 所采取的技术具有突破性，不存在许多替代品或竞争对手 6. 具备灵活的适应能力，能快速地进行取舍 7. 始终在寻找新的机会 8. 定价与市场领先者几乎持平 9. 能够获得销售渠道，或已经拥有现成的网络 10. 允许失败

（4）马林斯的机会评估模型。英国的约翰·W. 马林斯在其所著的《创业测试》一书中，以市场、行业及构成企业家团队的一个或几个关键人物这三个要素为中心，从宏观和微观两个维度构建了创业机会评估的七领域模型（图4-2）。这七个领域是测评任何创业机会的核心要素。

市场领域　　　行业领域

市场吸引力　　行业吸引力

宏观

使命、个人
志向和冒险
倾向

团队

执行关键
成功因素
的能力

与价值链内外
的关系网络

微观

目标市场利益和吸引力　　　可持续优势

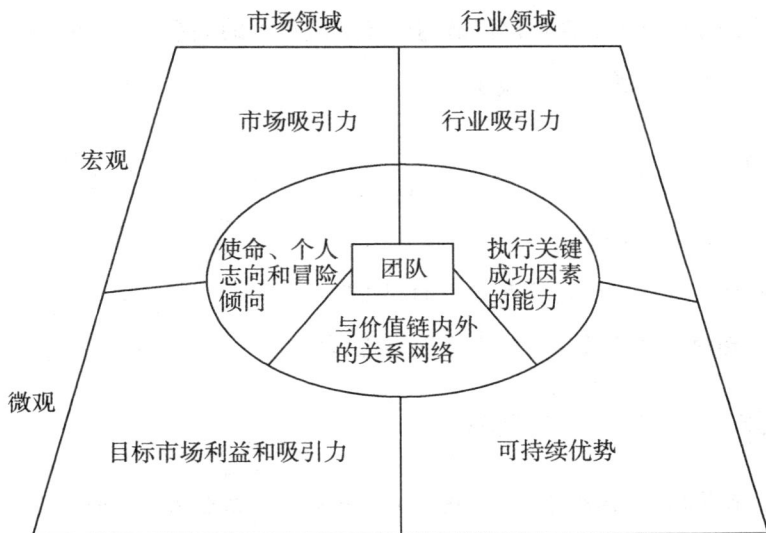

图 4－2　马林斯的七领域机会评估模型

①市场和行业。市场是由购买者而非产品组成的。市场由一群当前的和潜在的消费者组成，而这些消费者愿意并且有能力购买产品（或服务）来满足他们的需求。因此市场不是由产品组成，而是由购买者（消费者）或组织的需要组成。一个行业由出售者组成，提供各种产品，这些产品有相似性而且互为替代品。为什么说市场和行业之间的差别这么重要呢？因为一个想服务于市场的人对于市场吸引力的判断和想进入某一行业的人对该行业的判断是不一样的。这往往令人感到惊讶，因为测评市场吸引力的问题与测评行业吸引力的问题是不一样的。

马林斯认为评价市场的吸引力，必须兼顾宏观和微观（目标市场）两个层面。宏观层面主要考虑市场规模、增长速度以及产品（或服务）趋势等。微观层面的市场测评从以下几个方面考虑：有没有一个目标细分市场能让新创业者进入，是否能以合理的价格向消费者提供有吸引力的产品（或服务）；这些产品（或服务）与现有的相比，是否具有差异化；这些细分市场有多大，发展有多快；进入这个细分市场后，是否有助于进入所期望的其他细分市场。

创业者大多喜欢进入大部分企业都能获得良好效益的行业，而不愿意在那些很多公司为了生存而拼命挣扎的行业打拼。

②团队能力。风险投资家决定投资的首要考虑是团队能力。测评团队不仅仅局限于判断性格和阅读团队成员简历，更重要的工作是考察以下领域：创业机会是否与团队的使命、个人志向和冒险倾向匹配；团队能否在特定的机会有最佳的表现，即在关键成功

因素上的执行能力；团队是否在价值链内外建立起良好的关系网络，可以很快地注意到机会或者在条件允许的情况下改变方向。

➔ 思考与练习

1. 如何选择创业机会？

2. 创业领域的选择应考虑哪几方面的因素？

3. 创业机会的效益评估从哪几个方面来进行？

➔ 相关资源

1. ［美］布鲁斯·R. 巴林格、［美］R. 杜安·爱尔兰著：《创业管理：成功创建新企业》，杨俊、薛红志等译，机械工业出版社 2010 年版。

2. ［英］约翰·W. 马林斯著：《创业测试》，石建峰译，中国人民大学出版社 2004 年版。

第五章　评估市场

→ 学习目标

认知目标

· 了解选择目标市场的程序

· 熟知市场营销的基本理论

· 了解销售预测的重要性

技能目标

· 掌握市场定位与市场细分基本手段

· 掌握市场营销组合的基本技巧和方法

· 掌握设计市场调研问卷的注意事项

· 掌握销售预测的方法

> 我不奢求每一个用户都能喜欢我的产品，我只需我最在乎的那群用户去喜欢就行了。
>
> ——雷军

→ 认知与实践

如果说创业机会选择讲的是创业的战略，那么，市场环境的调查和竞争对手的评估则是战术上的问题了。在已做好创业机会选择和创业计划书的情况下，创业者已经确定了创业类型，并且已做好了创业的前期准备。接下来需要考虑的是在创业过程中如何选择市场营销策略，采取有针对性的营销活动。

对于一个企业来说，如果有足够多的消费者愿意购买其产品或服务，使其获得利润，那么它就很可能会成功。换句话说，企业要想成功，其产品或服务必须有足够的市场。很多创业者经营失败的根源，大都可以归结为产品和市场选择的失误。创业者的创业激情往往会使他们忽视一条最基本的生意规则，即：企业的基本目标是满足消费者的需求。开办企业时一定要清楚产品或服务是否有市场。市场研究可以让经营者明确其产品或服务可能占到的市场份额。这一点非常重要。因为开办企业时所做的有关场地、设备及原材料、员工人数等方面的决策都依赖于对目标市场的估计。

一、评估市场

创业者在选择创业行业时，已经对所处行业的全国甚至全球的发展趋势、市场规模等进行了深入的了解，这些都是一个企业所处的大环境。此外，还要根据企业创业初期的销售目标和范围对企业所在的省份、城市甚至街区的市场环境进行细微的分析。对于首次创业者来说，选择一个正处于上升阶段的产品或服务类型，无疑是明智的，但如果因为对小环境的了解不足，造成了创业中的不恰当选择，也有可能会导致创业失败。

什么是市场？企业的市场是指某个地理区域内需要企业的产品或服务、愿意购买且具有购买能力的人群。每个企业都销售某种产品或服务，企业的潜在消费者可以描述为：需要企业产品或服务的人；买得起这些产品或服务的人；愿意购买这些产品或服务的人。

人口数量、购买力、购买欲望三个要素相互关联。人口多但收入低，购买力差，则不能构成容量很大的市场；人口少，购买力虽然高，也不能成为很大的市场；只有人口多，顾客购买欲望强且购买力又高，才能成为一个有潜力的市场；如果产品不适合市场需求，不能引起人们的购买欲望，购买力再高也仍然不能成为现实的市场。

竞争因素也必须考虑。如果有竞争者也在这个市场中，那么必须考虑该市场是否足以支撑起另外一家企业。同时，还要考虑你所提供的产品或服务应该如何与竞争者的产品或服务区别开来。

（一）了解你的顾客

在对顾客进行调查时，应该明确这里的顾客包括原有的顾客和潜在的顾客。调查一般包括两个方面：

1. 顾客需求调查

顾客购买产品或服务是为了满足不同的需求。例如，他们购买自行车是因为他们需要交通工具；他们购买漂亮衣服是为了使自己的外表更美观得体；他们购买电视机是为了获得信息和娱乐；他们购买防盗门是为了安全；等等。如果你解决了顾客的问题，满足了他们的需要，你的企业就有可能成功。反之，没有了顾客，你的企业就会倒闭。

收集顾客的信息也就是做顾客方面的市场调查，这对任何创业计划来说都是很重要的。为了帮助自己更好地了解顾客的情况，可以提出下列问题：

（1）你的企业准备满足哪些顾客的需要？

（2）顾客想要什么产品或服务？每个产品或服务哪方面最重要，规格、颜色、质量还是价格？

（3）顾客愿意为每个产品或每项服务付多少钱？

（4）顾客在哪里？他们一般在什么地方和什么时间消费？

（5）他们多长时间购一次物，每年、每月还是每天？

（6）他们购买的数量是多少？

（7）顾客数量在增加吗？能保持稳定吗？

（8）为什么顾客购买某种特定的产品或服务？

（9）他们是否在寻找有特色的产品或服务？

通过做顾客调查，你可以得到上述这些问题的可靠答案，它们能帮助你判断你的创业想法是否可行。

| 拓展阅读 |

本田雅阁车如何成功进入美国市场

日本本田汽车公司要在美国推出一款雅阁牌新车。在设计新车前，该公司派出工程技术人员专程到洛杉矶地区考察高速公路的情况，实地丈量路长、路宽，采集高速公路的沥青样本，拍摄进出口道路的设计。回到日本后，他们专门修了一条近15公里长的高速公路，该高速公路包括路标等所有设施都与美国公路上的一模一样。设计行李箱时，大家意见出现分歧，于是该公司派人到美国停车场观察了一个下午，看人们如何取行李。这样一来，意见马上统一起来。结果本田公司的雅阁牌汽车在美国备受欢迎，并且被称为是全世界都能接受的好车。

2. 顾客的分类调查

重点了解顾客的数量、特点及分布，明确目标顾客，掌握他们的详细资料。如果顾客是单位的话，应了解这些单位的基本状况，如进货渠道、采购管理模式，联系电话、办公地址，业务负责人的具体情况和授权范围，对某个产品或服务项目的需求程度，购买习惯和特征。如果顾客是消费者个人，应了解消费群体种类，即目标顾客的大致年龄范围、性别、消费特点、用钱标准，对某种产品或服务项目的需求程度、购买动机、购买心理、使用习惯。掌握这些信息，可以为企业有针对性地开展业务做准备。

| 拓展训练 |

请设想一种市面上尚未出现却是你非常愿意购买的产品或服务，并说明原因。

_____

_____

_____

你能想到什么产品，现在只是一小部分客户能够享用，而将来会是家家户户都能够享受到的？这一产品能够满足的家庭需求是什么？

_____

_____

_____

市场的"5W"是一个研究框架，创业者运用这个框架，可以收集有关潜在市场的信息，以便更好地把握和预测消费者的购买行为。5W 包括 Who（谁）、What（什么）、When（何时）、Where（何地）、Why（为什么）。每一个"W"都是市场研究的一个问题，都有一些基本的要素。（表 5 - 1）

表 5 - 1　　　　　　　　　　　　　市场的"5W"

问题	涉及的方面	要素
1. 谁是我们的顾客？（Who）	人口统计学	人口：数量、增长率、变动、年龄（平均年龄、变动趋势）、婚姻状况（数量、趋势）
2. 他们需要什么？（What）	产品或服务	正式的市场调查、非正式的观察
3. 他们何时购买？（When）	时间	商业周期、产品循环、消费者循环
4. 他们在哪里购买？（Where）	地点	市场、员工、运输、合适的地点、社区利益
5. 他们为什么购买？（Why）	有效的需求	购买力、购买习惯和趋势

（二）了解你的竞争对手

对一个新创企业来说，要进行市场调查，只了解自己顾客的情况还不够，还需要了解竞争对手的情况。因为你多半得与提供相同或类似产品或服务的企业竞争。这些企业将是你的竞争对手。虽然竞争是不可避免的，但过多的竞争会产生不必要的风险。如果竞争过于激烈，最好还是选择一种不同的企业形式。

要像了解你的消费者一样了解你的竞争对手。企业的回报来自竞争中的胜利。要想在竞争中获胜，最好的办法是了解谁是你的竞争对手，并且要了解他们是如何运作的。很多创业者都是到了后来才知道竞争对手的有关情况，但为时已晚。创业者要了解竞争对手，就要对现在的和潜在的竞争对手的各项关联指标进行分析，为此应该采取以下步骤。

第一步：确定谁是你的竞争对手。

（1）直接竞争者：列出各个竞争者的名称、地址和业务类型。

（2）间接竞争者：列出这些公司的名称、地址和类型。虽然他们提供的产品或服务的名称与你的不同，但是他们可以替代你的产品或服务。

理论上，任何人都可能成为你的竞争者，但是事实上，只有掌握相关资源、与目标市场有一定联系的企业才是最重要的潜在竞争对手。

第二步：分析近年来成立和倒闭的企业。

（1）列出近两年来新成立的企业。

（2）列出近两年来倒闭的企业。

（3）分析近两年来失败企业可能的失败原因。哪些因素可以解释那些新创企业的成功？哪些因素出现在失败的企业里？

第三步：分析现存的企业。

（1）估计每个竞争对手的销售情况和营业额。

（2）针对价格、产品或服务的质量、便捷性、广告、促销和销售等方面，对竞争对手进行分析。诸如：他们的定价是多少？产品质量如何？广告费用是多少？他们提供了什么额外服务吗？销售条款宽松吗？他们的生产设备和生产方式先进吗？员工受过良好培训吗？员工报酬很高吗？

（3）分析销售情况较好的企业的业绩，确定企业销售额与其经营方法之间是否具有相关性。也就是说，要看看这些企业在定价、销售策略和生产方式上是否相似。对这些企业的运作方式进行全面、彻底的分析，可以得出非常有价值的信息。

第四步：比较自己与竞争者的运作计划。

（1）指出你的产品或服务在价格、性能、质量、耐用性等方面与竞争者相比所具有的优势。

（2）说明为什么你的运作方式会比竞争对手的更成功。

（3）如果你计划以与其他企业相似的方式经营你的企业，那么，你应该能够解释：为什么市场规模足够支撑你和你的竞争者从中获利，或者虽然市场不足以支撑所有的竞争者，但是与竞争者相比，你的企业是更有效率的。

（4）如果你计划以完全不同于竞争者的方式经营你的企业，那么，你应该能够解释：为什么没有其他企业运用这种方式？是其他企业不知道这种机会，还是他们知道一些你至今尚不了解的情况？

| 拓展阅读 |

IBM 的竞争对手监视

在竞争情报方面较有代表性的公司是 IBM 公司（国际商业机器公司）。IBM 公司开展竞争情报工作有相当长的历史。20 世纪 90 年代初，IBM 公司就曾多次召开竞争情报方面的会议，并邀请著名学院的专业老师对竞争情报人员进行培训，帮助他们提高业务技能。1993 年，IBM 公司新的首席执行官郭士纳先生上任，面对公司 1991—1993 年损失 140 亿美元的严峻局势，他审时度势，提出"立即加强对竞争对手的研究"，"建立一个协调统一的竞争情报运行机制"，"将可操作的竞争情报运用于公司战略、市场计划及销售策略中"。与此同时，他启动一项试点性的计划，建立一个遍及全公司的竞争情报网络，由竞争情报专家管理其全部运作。

调整后的竞争情报系统运作机制是：第一，建立一个协作机构负责管理竞争情报整体规划。第二，确定 12 个主要的竞争对手，对每一个竞争对手，公司都指派一位高级管理人员作为专门负责该对手的"专家"。以这些专家作为负责人，分别组建"虚拟"的竞争情报组，负责评价竞争对手的行动和策略，以确保整个公司制定的针对竞争对手的战略的正确性，从而确定在市场中应采取的行动。该组成员包括指派的负责人、代表各业务部门的统计负责人、由竞争情报专业人士组成的小型中心以及制造、开发、营销和销售等职能部门的代表。随着这一试点计划的不断改进，竞争情报已逐步融入 IBM 公司的企业文化。

（三）市场调查

企业成功与否，关键在于是否有足够的消费者愿意购买你提供的产品或服务。同时，产品或服务的价格也应该有足够的利润空间，以便能使你的生意得以存续，并获得进一步的发展。因此，在你把资源投入企业之前，就应该先测算一下是否存在一个足够大的未被满足的市场。市场调查是创业相当重要的一环，在市场调查的质量和方法以及对市场调查的深浅程度的把握方面，不同的创业者有不同的做法。

1. 市场调查的步骤

市场调查涉及下列几个步骤：

（1）确定市场调查的目标，并明确需要获取哪些信息。

（2）确定市场调查的细节问题，诸如：信息的来源，进行调查的时间和成本，收集信息的方法，逐步形成一个具体的行动计划。

（3）选择调查样本，决定所要采取的联系方法或访谈方式。

（4）准备调查问卷和访谈计划。

（5）收集并分析数据。

（6）完成调查报告。

2. 市场调查的信息来源

对于一个创业新手来说，做市场调查时面对的主要问题是：不知道信息到底在哪里，也不知道如何才能获得这些信息。

信息来源可以分为两大类：第一类信息来源即为第一手资料，指从直接参与相关活动的人员处获得的资料，比如在一个有关家电方面的调查中，从家电制造商或批发商那里得到的资料；第二类信息来源即为第二手资料，指的是已经存在、在调查研究中可以使用的数据，这些数据可能不是为某种具体目的而收集的，这部分资料可以从各种贸易商（或制造商）协会或各种出版物中收集。

3. 市场调查方法

（1）按照调查范围不同，市场调查方法可分为市场普查、抽样调查和典型调查三种。

市场普查，即对市场进行一次性全面调查。这种调查量大、面广、费用高、周期长、难度大，但调查结果全面、真实、可靠。一般创业者不需搞这种大规模的市场普查。

抽样调查，据此推断整体的状况。例如经销一种小学生用品，完全可选择一两个学校的一两个班级进行，从而推断小学生群体对该种产品的市场需求状况。

典型调查，即从调查对象的总体中挑选一些典型个体进行调查分析，据此推算出总体的一般情况。如对竞争对手的调查，可以从众多的竞争对手中选出一两个典型代表深入研究了解，剖析其内在运行机制、经营管理优越点、价格水平以及经营方式，而不必对所有的竞争对手都进行调查，这样难度大，时间长。

（2）按调查方式不同，市场调查方法可分为访问法、观察法、试销或试营法、问卷法。

①访问法。即事先拟定调查项目，通过面谈、信访、电话等方式向被调查者提出询问，以获取所需要的调查资料。这种调查简单易行，有时也不正规，在与人聊天闲谈时就可以把调查内容穿插进去，在他人不知不觉中进行市场调查。

访问法可以分为结构式访问、无结构式访问和集体访问。

结构式访问是采用事先设计好的、有一定结构的问卷进行的访问。无结构式访问没有统一问卷，是由调查人员与被访问者自由交谈的访问。它可以根据调查的内容进行广泛的交流。如针对商品的价格进行交谈，了解被调查者对价格的看法。集体访问是通过集体座谈的方式听取被访问者的想法，收集信息资料。可以分为专家集体访问和消费者集体访问。

②观察法。即调查人员亲临顾客购物现场或服务项目现场，直接观察和记录顾客的类别，购买动机和特点，消费方式和习惯，商家的价格与服务水平，经营策略和手段等，这样取得的一手资料更真实可靠。

③试销或试营法。即对拿不准的业务，可以通过试营业或产品试销，来了解顾客的反应和市场需求情况。

④问卷法。是通过设计调查问卷，让被调查者填写调查表的方式获得相应的信息。在调查中将调查的资料设计成问卷后，让接受调查的对象将自己的意见或答案填入问卷中。在一般进行的实地调查中，以问卷采用最广。在设计市场调查问卷时应注意以下事项：

第一，问卷应当简洁明了，避免因冗长、啰唆而被受访者拒绝。

第二，避免提及隐私性、敏感性问题，在必须问的情况下，可安排在最后问（如工资、住址、联系方式等）。

第三，先问能够引起兴趣的、容易回答的问题，后问较为难答的问题，先一般后特殊。

第四，多问选择题，注意备选答案要全面。

第五，对于价格，要在描述清楚产品特点之后再问，建议使用问答题，如：您愿意花多少钱购买这个产品？

第六，避免使用会产生歧义的问题。

第七，避免提出倾向性、诱导性的问题。

第八，问题不要重叠。

第九，避免直接使用专业术语，必须使用时需加以解释。

第十，调查感受形商品（如食品、饮料、香水等）时，尽可能提供样品试用。

第十一，可以适当赠送小礼品。

第十二，提前进行小范围测试，检验受访者对问卷的接受程度和理解程度。

| 拓展训练 |

一家青少年培训机构计划推出"智力开发夏令营"服务，因此设计了以下问卷，针对有孩子的中年人开展调研。你认为下面的问卷存在哪些问题？

1. 您的收入大约是多少？

2. 你有几个孩子？ A. 一个儿子　 B. 一个女儿

3. 您是否支持孩子参加智力开发夏令营？

4. 您的孩子以前在夏令营里表现好吗？

5. 去年有多少个夏令营组织向您做过推销？

6. 为了孩子的未来，您是不会拒绝让他（她）得到良好成长的机会吧？

_____

_____

_____

4. 市场调查的途径

对于大多数首次创业者来说，从实用的角度出发，市场调查可以从以下方面进行：

（1）亲自考察市场。例如，想要买下一个餐厅，可以到现场考察客流量、餐馆的商业气氛。

（2）查阅行业资料。如统计年鉴、商业名录和专业报纸杂志。

（3）与行业专家或者企业家交谈或向他们请教。

（4）参观行业展览会、新产品发布会，参加行业协会活动。

（5）与有关顾客交谈。

（6）听取亲朋好友对做生意和选择行业的看法。

5. 市场调查的技巧

为了使创业者的市场调查活动更有效率、更具系统性，这里介绍一些实用的小技巧：

（1）偏见是从各类人群中获取信息的一个消极因素。

（2）调查期间要有耐心，要有持之以恒的精神。

（3）不要向他人传递信息。

（4）调查访问完一个人后立即记录下相关信息，避免边访谈边记录，访谈时也不要参看自己带的资料。

（5）有序提问、融洽关系和敬业精神是成功实施市场调查的关键因素。

（6）接近竞争者的最好办法是扮作潜在顾客，要表现出对对方产品的兴趣。

调查工作完成后应该写一份详细的市场调查报告。市场调查报告有助于评估产品的可行性，也是用于说服有关融资机构的重要文件。

二、制订市场营销计划

在掌握了顾客和竞争者的情况之后，便可以着手准备市场营销计划了。

所谓市场营销，就是企业以顾客需要为出发点，综合运用各种战略与策略，把商品和服务整体地销售给顾客，尽可能满足顾客需求，并最终实现自身目标的经营活动。在现代市场营销观念指导下，企业致力于为顾客服务和让顾客满意。为此需要从多方面开展工作，并非人们所想象的"只要价格低，则万事大吉"。事实上，消费者在选择卖主时，价格只是其考虑因素之一，消费者真正看重的是"顾客让渡价值"。

（一）了解营销的经典理论

营销管理的实质是需求管理，即对需求的水平、时机和性质进行有效的管理。市场营销活动的核心在于制定并实施有效的市场营销组合策略。创业者首先要明白营销的基本原理，着重掌握 4P、4C、4R 理论，这是营销学发展史上三大经典营销策略组合理论。

1. 4P 理论

即产品（Product）、价格（Price）、渠道（Place）、促销（Promotion）四要素，由

密西根大学教授杰罗姆·麦卡锡于 1960 年提出。其中的产品包含核心产品、实体产品和延伸产品。产品是指你计划向顾客销售的东西。广义的产品可以是有形的实体，也可以是无形的服务、技术、知识或智慧等。在确定了产品之后，你要为其定价，价格是你用产品要换回的钱数。产品的定价依据是企业的品牌战略，注重品牌的含金量，根据不同的市场定位制定不同的价格策略。渠道是产品从生产方到消费方终端所经历的销售路径，渠道策略主要研究如何使商品顺利到达消费者手中的途径和方式等方面的策略。传统意义上的促销是人员推广、广告、公关活动和销售促进。这些方式在营销过程中有着非常广泛的应用。（图 5 - 1）

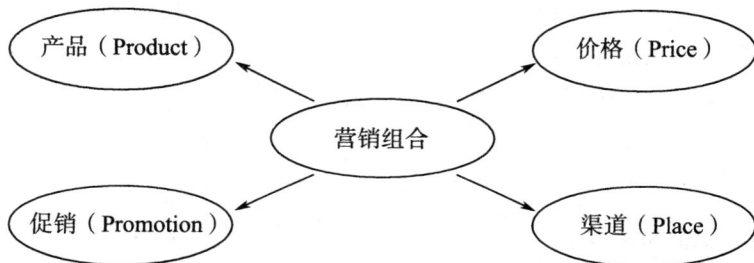

图 5 - 1　营销组合——4P

营销组合的基本思想在于：从制定产品策略入手，同时制定价格、促销及分销渠道策略，组合成策略总体，以便达到以合适的商品或服务、合适的价格、合适的促销方式，把产品或服务送到合适地点的目的。企业经营的成败，在很大程度上取决于这些组合策略的选择和它们的综合运用效果。

2. 4C 理论

到了 20 世纪 90 年代，随着市场竞争加剧、消费者主权和消费个性化日益突出，加之媒体的迅猛发展，传统的 4P 理论逐渐被 4C 理论所替代。从本质上讲，4P 理论以企业（生产者）为中心，思考的是企业经营者要生产什么产品、期望获得怎样的利润而制定相应的价格、要将产品以怎样的卖点传播和促销，并以怎样的路径选择来销售。这其中忽略了顾客作为购买者的利益特征，忽略了顾客是整个营销服务的真正对象。由此，以客户为中心的新型营销理念出现，以顾客为导向的营销理论应运而生。1990 年，美国学者劳特朋教授提出了与 4P 理论相对应的 4C 理论。他认为在营销时需持有的理念应是"请注意消费者"而不是传统的"消费者请注意"。

4C 理论的基本原则是以顾客为中心进行企业营销活动规划设计。产品如何实现顾客需求（Consumer's Needs）的满足？为此经营者首先要了解、研究、分析消费者的需要与欲求，而不是先考虑企业能生产什么产品。从价格入手综合权衡顾客购买所愿意支付的成本（Cost），首先要了解消费者满足需要与欲求愿意付出多少钱，而不是先给产品定价，即向消费者要多少钱。从促销的单向信息传递到实现与顾客的双向交流和沟通（Communication）。首先考虑购物等交易过程如何给顾客方便，而不是先考虑销售渠道的选择和策略，从通路的产品流动到实现顾客购买的便利性（Convenience）。以消费者为中心实施营销沟通是十分重要的，通过互动沟通等方式将企业内外营销不断进行整合，把顾客和企业双方的利益无形地整合在一起。可见，4C 理论的核心是顾客战略，这也是许多成功企业的基本战略原则。（图 5 - 2）

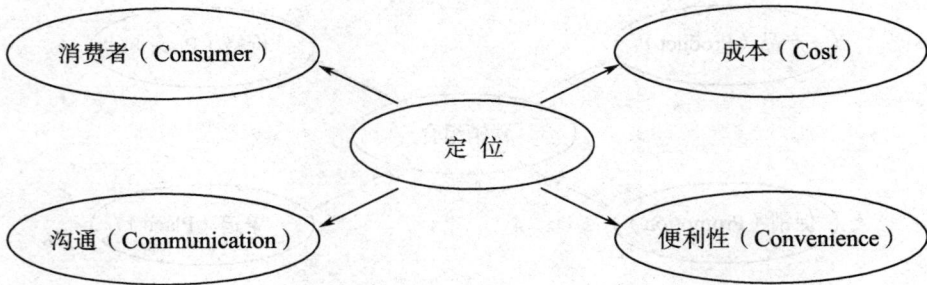

图 5 - 2　营销组合——4C

其中，顾客需求有显性需要和潜在需要之分。显性需要的满足是迎合市场，潜在需要的满足是引导市场。根据马斯洛的需求层次理论，顾客需求从基本的产品需求向更高的心理需求满足的层次发展，因此，企业不仅要做产品，还要做品牌做生活，通过创建品牌核心价值，营造新型生活方式，满足顾客在社会认同、生活品位等层面的需求。

3. 4R 理论

随着时代的发展，顾客战略为核心的 4C 理论也显现了其局限性。当顾客需求与社会原则相冲突时，顾客战略也是不适应的。例如，在倡导节约型社会的背景下，部分顾客的奢侈需求是否要被满足，这不仅是企业营销问题，更成为社会道德范畴问题。2001年，美国的唐·E. 舒尔茨提出了关系（Relationship）、反应（Reaction）、关联（Relevancy）和报酬（Rewards）的 4R 新说，侧重于用更有效的方式在企业和客户之间建立起有别于传统的新型关系。

关联（Relevancy），即认为企业与顾客是一个命运共同体。建立并发展与顾客之间的长期关系是企业经营的核心理念和最重要的内容。反应（Reaction），在相互影响的市场中，对经营者来说最难实现的问题不在于如何制订、实施计划，而在于如何站在顾客的角度及时地倾听并促使商业模式转移成为高度回应需求的商业模式。

关系（Relationship），在企业与客户的关系发生了本质性变化的市场环境中，抢占市场的关键已转变为与顾客建立长期而稳固的关系。与此相适应产生了5个转向：从一次性交易转向强调建立长期友好合作关系；从着眼于短期利益转向重视长期利益；从顾客被动适应企业单一销售转向顾客主动参与到生产过程中来；从相互的利益冲突转向共同的和谐发展；从管理营销组合转向管理企业与顾客的互动关系。

报酬（Reward），任何交易与合作关系的巩固和发展都是经济利益问题。因此，一定的合理回报既是正确处理营销活动中各种矛盾的出发点，也是营销的落脚点。

当然，4R营销同任何理论一样，也有其不足和缺陷。如与顾客建立关联、关系，需要实力基础或某些特殊条件，并不是任何企业可以轻易做到的。但不管怎样，4R营销提供了很好的思路，是经营者和营销人员应该了解和掌握的。

总之，正如企业作为社会性的产物具有鲜明的时代特征，营销理论也随着社会的发展而不断演绎发展。不同的专家、学者对市场营销的研究对象有不同的表述，虽然强调的角度和具体表达方法不同，但在本质上还是一致的。所谓"万变不离其宗"，各种理论是相互联系的，基础的东西也是一脉相承的。无论是4R理论还是4C理论，都是对4P理论的补充和延伸，都是对营销理论的深入和完善。

构成营销组合的"4P、4C、4R"的各个变化策略，是最终影响和决定市场营销效益的决定性要素，而营销组合的最终结果就是这些变化策略的组合。从这个关系看，市场营销组合是一个动态组合。只要改变其中的一个要素，就会出现一个新的组合，从而产生不同的营销组合。

企业在运用营销因素组合时必须分析自己的优势和劣势是什么，以便扬长避短。在将营销因素组合作为竞争手段时要特别注意两个问题：第一，不同行业、不同产品侧重使用的营销因素应当不同；第二，企业在重点使用某一营销因素时，要重视其他因素的配合作用，这样才能取得理想的效果。

在产品生命周期的不同阶段，应采取不同的市场营销组合策略，二者的对应关系如表5-2所示。

表 5－2 市场营销组合与产品生命周期对应关系

生命周期阶段 营销组合因素	引入期	成长期	成熟期	衰退期
产品	取得用户对产品的了解	保证质量、加强服务	改进质量、扩大用途、力创名牌	改造产品或淘汰产品
价格	按新产品定价	适当调价	充分考虑竞争价格	削价
渠道	寻找合适的中间商	逐步扩大销售渠道	充分利用各种渠道	充分利用中间商
促销	介绍产品	宣传产品品牌	宣传用户好评	保持用户对产品的信誉

产品从面世到被市场淘汰的整个过程决定着企业在不同阶段应采用不同的营销组合策略，但营销组合策略也不总是消极被动的。以广告策略为例，在一定的条件下，人们可以根据广告活动规律改变产品生命周期状况，充分发挥广告的反作用。如在产品的衰退期，广告宣传显然只是为了消除存货，为了安全撤退而已。

针对市场供求关系的变化，企业也需选择相应的市场营销组合策略。当市场态势是卖方市场时，组合策略侧重于产品策略。当进入买方市场时，开始出现供过于求，组合策略重点开始向价格与促销过渡。当完全供过于求时，即开始进入消费者主导市场时，制定组合策略的目标是尽量使潜在顾客转化为显在顾客，促使其实现购买行为。

（二）初创企业的营销管理

营销机构一般包括市场部和销售部，市场部负责调研、公关、广告、设计促销活动等工作，定位目标客户群，以赢得目标客户的认可和信任，为销售部提供各种支持；销售部则直接面对最终消费者或渠道成员，负责促进客户购买的销售执行工作。新创企业的产品销售是一件非常富有挑战性的工作，此时营销机构一般不完善，也没有必要一步到位。通常是先建立销售部，招聘有一定经验的销售人员，组建一支精干的销售队伍，以解决销售难题；等到企业的销售工作走上正轨，就需要逐渐完善市场部的功能，并最终单独设立市场部。

1. 目标市场定位

企业营销的首要工作是找准目标市场，也就是找到最看重你的产品或服务的消费群体。初期创业者经常错误地认为只要购买我产品的都是我的顾客，那我为什么还要去选择目标市场呢？这是典型的小商小贩的思想，现代的营销已经到了精准化的时代，碰运气的时代早已过去，如果你没有将聚焦的靶心营销资源集中到一个方向，那么营销效果就会大打折扣。

新产品的目标市场通常有三种类型：一是低端客户因支付能力不够而被迫使用性能较差的产品或解决方式，这类客户由于经济能力有限而选择经济型的产品，企业的新技术产品如果能够以更低成本解决客户的问题将会受到欢迎；二是未被挖掘的客户，因没有出现更好的产品而只能使用替代方案的用户，他们将有兴趣关注你的新产品，如果新产品有比较优势，就可以争取将他们吸引过来；三是个性化需求客户，这类客户的需求具有个性化特点，所需要的新产品可能要为其量身定制，并且要为其提供相配套的服务。

市场定位的主要任务是要明确自己的产品与竞争者相比的特色与优势，充分突出新企业及产品在市场上的新颖性、显著性、差异化特征，也就是界定自己在市场上存在的独特价值，展示特色与风采，以求获得顾客（消费者）的认可与青睐。为此，首先，要了解市场上竞争者的定位，如其提供的产品或服务有什么特点。其次，要了解顾客对某类产品各种属性的重视程度，找准顾客的"口味"，"投其所好"地针对性营销。当然，也得考虑企业自身的条件，即使有些产品属性受顾客重视，但如果企业力所不及，也不能成为市场定位的目标。

（1）市场定位的依据

①根据产品特点。构成产品内在特色的许多因素都可以作为市场定位所依据的原则，如所含成分、材料、质量、价格等。如"七喜"汽水的定位是"非可乐"，强调它不含咖啡因，与可乐类饮料不同。

②根据用途为老产品寻找一种新用途，是为该产品创造新的市场定位的好方法。曾有一家生产曲奇饼干的厂家最初将其产品定位为家庭休闲食品，后来发现不少顾客购买是为了馈赠，又将之定位为礼品。

③根据顾客利益。产品提供给顾客的利益是顾客最能切身体验到的，也可用作定位的依据。

④根据顾客类型。企业常常试图将其产品指向某一类特定的使用者，以便根据这些顾客的看法塑造恰当的形象。

许多企业进行市场定位依据的原则往往不止一个，而是多个原则同时使用，因为要体现企业及其产品的形象，市场定位必须是多维度、多侧面的。

（2）市场定位的策略

市场定位就是要加深消费者对企业和产品的认知，使其能在消费者心目中抢占有利位置，在消费者有购买需求时能及时想到本企业的产品。市场定位是一种竞争性定位，它反映市场竞争各方的关系，是为企业有效参与市场竞争服务的。基于此，市场定位可以采取如下策略：

①避强策略。这是一种避开强有力的竞争对手进行定位的模式。这种定位的优点是：有助于产品迅速在市场上站稳脚跟，并在消费者心目中尽快树立起一定的形象。这种定位方式市场风险较小，常常为大多数企业所采用。

②迎头策略。这是一种与市场强势者对着干的定位方式，是"冒险家的游戏"，即创业者选择与竞争对手正面对抗，瞄准同样的目标顾客。要实行迎头赶上的定位策略，创业者必须做到"知己知彼"，要了解市场上是否可以容纳两个或两个以上的竞争者，自己是否拥有比竞争者更多的资源和能力，是否能比竞争对手做得更好；同时，选择恰当的市场进入时机与地点。

③重新定位策略。通常针对那些销路少、市场反应差的产品进行第二次定位。初次定位后，随着时间的推移，新的竞争者进入市场，选择与本企业相近的市场位置，致使本企业的市场地位受到威胁，占有率下降；或者由于顾客需求偏好发生转移，原来喜欢本企业产品的人转而喜欢其他企业的产品，因而市场对本企业产品的需求减少。在这种情况下，企业就需要对其产品进行重新定位。

2. 产品定价

价格是所有营销策略中直接与收入挂钩的关键因素，也是市场竞争的基本武器。创业者由于缺乏市场经验和专业知识，对于产品的定价常常是凭感觉，认知比较片面。常见的一个误区就是认为薄利多销，因此不敢定高价，其实这样会带来非常大的麻烦，很容易使企业在应对竞争与市场变化时失去灵活性，以致陷入被动。其实，产品价格的高低本身不是问题，无法向消费者证明这个价格是合理的才是最大的问题。

新产品定价主要考虑四个因素：一是消费者的价值认知，也就是消费者最高愿意花多少钱满足自己的需求或解决自己的问题，这是产品定价的上限；二是产品的成本，新产品的价格应该高于成本（成本包括直接成本与间接成本），这是定价的底线；三是竞争对手的价格，创业企业的新产品一般要以竞争对手的价格为参照，在其价格周围选择；四是考虑到未来的调整空间，包括对企业其他产品的影响，要基于产品的生命周期综合定价。

　　企业通常的定价方法主要有四种：第一种是成本加成定价法，将制作产品或提供服务的全部费用加起来就是成本价格，在成本价格的基础上加一个利润百分比得出的是销售价格。这是最简单的定价法，为中小企业所常用，因为它非常简单、直观、易操作，看上去"公平合理"。第二种是认知价值定价法，就是以顾客愿意出的最高价格来定价，对于创新程度高的独特产品，可以定这种高价。第三种是通行价格定价法，就是跟着主要竞争对手的价格走，这样一般不会犯错误。第四种是拍卖式定价法，这种方法适用于网上销售定价。

　　新产品的定价高低主要看其创新程度如何，以及竞争对手模仿的速度有多快。如果新产品创新程度非常高，引领潮流，则定高价是完全可行的，也是必要的，由此获得高额利润，补偿其高投入或高风险，并支撑其营销与服务体系、后续研发所需要的高投入。如果竞争对手能够快速模仿你的新产品，则宜定一个相对低一点的价格来迅速扩大市场份额，以此来阻击竞争对手。

　　企业以盈利为主要目标，所以定价要兼顾销售效率和企业效益。打"价格战"是国内很多企业常用的竞争策略，但价格低并不总是奏效的。买卖双方信息不对称使价格中蕴含了太多的附加信息，如品质、期限、真伪、质量、效用等，其中有些因素还带有臆测性。价格不仅与产品本身相关联，受市场供求关系影响，也与品牌的附加属性相关联，包括与渠道和购物场所的信誉相联系。

　　3. 构建营销渠道

　　美国研究营销渠道的权威路易斯·斯特恩教授将营销渠道定义为"促使产品或服务顺利地被使用或消费的一整套相互依存的组织"。产品制造商都会面临营销渠道的问题，但若企业本身是中间商或零售商，那么他自己就是渠道成员。创业企业的营销渠道建设需要从整体上来布局，对所有可能的渠道进行调研和综合评估，逐步构建渠道价值网络。

　　创业企业的营销管理者必须建立正确的渠道管理思维。首先，营销渠道不仅要解决客户买得到产品的问题，更重要的是要与品牌定位和产品特点相匹配，相得益彰发挥协同效应。其次，渠道是合作伙伴，而不是最终消费者，创业企业需要帮助渠道伙伴顺利分销产品，直至产品被最终客户购买和使用，这才算渠道工作的真正完成。

　　渠道系统设计分为三个步骤：首先是分析顾客的服务需求，了解顾客对于批量大小、空间便利、产品品种、等候时间、服务支持等方面的需求水平；然后识别出主要的渠道选择方案；最后，对渠道方案进行评估，可以从经济性、可控性和适应性三个方面来评价和选择最合适的方案。

| 拓展阅读 |

露华浓公司的渠道创新

美国的露华浓公司是渠道创新的典型代表。这家公司成立于 1932 年，那时正是美国的经济大萧条时期，露华浓公司最先开发出了指甲油这一新产品。聪明的创始人首先选择了美容院作为其渠道，并通过奖励和培训美容师这一化妆品领域的意见领袖来向顾客推广其品牌，等到露华浓品牌在美容院建立了影响力之后才将产品拓展到百货商场、化妆品专卖店和大型卖场，结果在美容院用过露华浓产品的顾客也到其他终端购买该产品。露华浓就是用这种高超的渠道创新在经济大萧条时期创业成功并发展壮大。

营销渠道建立好了之后需要进行长期的管理和维护，持续改进渠道绩效。首先是渠道成员的选择上，需要对渠道成员的资源能力、合作意愿和行业口碑等方面进行综合评价，选择资源能力符合要求、合作意愿强烈和口碑不错的渠道合作伙伴；然后是对渠道成员进行培训，包括产品知识和营销技巧的培训，这种培训能直接提高渠道成员的销售能力和主动性，是很有必要做的渠道服务工作；接着是激励渠道成员，要制定一套激励措施，定期给予渠道成员一定的激励，如销售竞赛等活动；最后是对渠道成员的绩效进行评估，包括对销售指标完成情况、合作水平、特别贡献等方面进行综合评估，对业绩优异的渠道成员进行奖励并推广其经验，对于业绩不理想的渠道成员则寻找原因或者更换渠道成员。

4. 促销策略

促销就是营销者向消费者传递有关本企业及产品的各种信息，说服或吸引消费者购买其产品，以达到扩大销售量的目的。促销实质上是一种沟通活动，即营销者（信息提供者或发送者）发出刺激消费的各种信息，并把信息传递到一个或更多的目标对象（即信息接收者，如听众、观众、读者、消费者或用户等），以影响其态度和行为。

在社会化大生产和商品经济条件下，一方面，生产者不可能完全清楚谁需要什么商品，何地需要，何时需要，消费者能够接受何价格等；另一方面，广大消费者也不可能完全清楚什么商品由谁供应，何地供应，何时供应，价格高低，等等。正因为客观上存在着这种生产者与消费者间"信息分离"的"产""销"矛盾，企业必须通过沟通活动，利用广告、宣传报道、人员推销等促销手段，把生产、产品等信息传递给消费者和用户，以增进其对企业的了解，进而信赖并购买本企业产品，达到扩大销售的目的。随着企业竞争的加剧和产品的增多，以及消费者收入的增加和生活水平的提高，在买方市场上的广大消费者对商品的要求更高，挑选余地更大，因此企业与消费者之间的沟通更为重要，企业更需加强促销，利用各种促销方式使广大消费者和用户加深对其产品的认识，从而愿意多花钱来购买其产品。

常用的促销手段有广告、销售促进、公关宣传和人员营销。企业可根据实际情况及市场、产品等因素选择一种促销手段或多种促销手段的组合。

（1）广告的特点

①公开展示性。广告是一种高度公开的信息沟通方式，使目标受众联想到标准化的产品，许多人接受相同的信息，所以购买者知道他们购买这一产品的动机是众所周知的。

②普及性。广告突出"广而告之"的特点，也就是普及化、大众化，销售者可以多次反复向目标受众传达这一信息，购买者可以接受和比较同类信息。

③艺术的表现力。广告可以借用各种形式、手段与技巧，提供将一个公司及其产品戏剧化的表现机会，增强其吸引力与说服力。

④非人格化。广告是非人格化的沟通方式，广告的非人格化体现在沟通效果上，广告不能使目标受众直接完成行为反应。这种沟通是单向的，受众无义务去注意和作出反应。

广告一方面适用于创立一个公司或产品的长期形象，另一方面，它能促进快速销售。从其成本费用看，广告就传达给处于分散在广阔地域的广大消费者而言，每个显露点的成本相对较低。因此，广告是一种较为有效并被广泛使用的沟通促销方式。

（2）销售促进的特点

①迅速的吸引作用。销售促进可以迅速地引起消费者注意，把消费者引向购买。

②强烈的刺激作用。采用让步、诱导和赠送的办法带给消费者某些利益。

③明显的邀请性。销售促进以一系列更具有短期诱导性的手段，显示出邀请顾客前来与之交易的倾向。

在公司促销活动中，运用销售促进方式可以产生更为强烈、迅速的反应，快速扭转销售下降的趋势。然而，它的影响常常是短期的，销售促进不适用于形成产品的长期品牌偏好。

（3）公关宣传的特点

①高度可信性。新闻故事和特写比起广告来，其可信度要高得多。

②消除防卫。购买者对营销人员和广告或许会产生回避心理，而公关宣传是以一种隐避、含蓄、不直接触及商业利益的方式进行信息沟通，可以消除购买者的回避、防卫心理。

③新闻价值。公关宣传具有新闻价值，可以引起社会的良好反应，甚至产生社会轰动效果，从而有利于提高公司的知名度，促进消费者作出有利于企业的购买行为。

企业运用公关宣传手段也要支出一定的费用，但其与广告或其他促销工具相比较要低得多。公共宣传的独有性质决定了其在企业促销活动中的作用，如果将一个恰当的公共宣传活动同其他促销方式协调起来，可以取得极大的效果。

（4）人员营销的特点

①面对面沟通。营销人员以一种直接、生动、与客户相互影响的方式进行营销活动。营销员在与客户的直接沟通中，通过直觉和观察，可以探究消费者的动机和兴趣，从而调整沟通方式。

②人际关系培养。营销人员与客户在交易关系的基础上，建立与发展其他各种人际沟通关系，人际关系的培养可以使营销员得到购买者更多的理解。

③直接的行为反应。人员营销可以产生直接反应，即使客户听后觉得有义务作出某种反应。与人员营销的显著特性相关联的是人员营销手段的高成本。人员营销是一种昂贵的促销工具。

| 拓展训练 |

2002 年，迅雷创始人程浩和邹胜龙开始共同创业，选择的项目是电子邮件的分布式存储系统。当时电子邮箱开始收费，邮箱容量也越来越大。不过，这个市场并没有他们当初设想的那么大，两三个月后公司陷入困境，两人商量转行。程浩发现互联网五大应用——门户、邮箱、搜索、即时通信、下载，大部分都有主流提供商，唯独下载没有。但对于大容量文件，例如电影、网络游戏，用户发现后必须有下载的过程。于是，程浩和邹胜龙决定研发迅雷。迅雷采用基于网络原理的多资源超线程技术，下载速度奇快。为了使产品能以最快的速度发布，程浩在研发过程中放弃了对产品其他各种细节的

考究，只关注目标消费者最关心的特性。早期版本虽然漏洞不断，但凭借速度优势，迅雷在市场上抓住了先机。

产品发布是一回事，有没有用户使用是另一回事。迅雷聘请专业营销人员每月花费两三万元进行市场推广，但使用者依然寥寥无几。2004 年，程浩通过朋友找到金山软件总裁雷军。此时迅雷没有名气，雷军只是给了他一次测试的机会。测试显示，迅雷的下载速度是其他工具的 20 倍。于是，金山同意推荐其游戏用户使用迅雷免费下载其热门游戏的客户端软件。在获得了金山的认同后，迅雷迅速和其他网络游戏厂商达成协议。一两个月后，迅雷的新增用户量就由每天不到 300 增加到 1 万。半年时间，迅雷拥有了 300 万用户，95% 的网游合作伙伴带来了可观的用户群后，迅雷很快通过广告、软件捆绑、无线等渠道获得了收支平衡。随即，迅雷不断推出升级版本修正软件漏洞。

通过以上案例，你可以得出哪些营销模式？

_____

_____

_____

三、预测销售

销售预测是指对未来特定时间内，全部产品或特定产品的销售数量与销售金额的估计。它是在充分考虑未来各种影响因素的基础上，结合本企业的销售实绩，通过一定的分析方法提出切实可行的销售目标。

销售预测是制订创业计划时最重要和最困难的部分。收入来自销售，没有好的销售就不可能有利润。企业通过销售预测，可以调动销售人员的积极性，促使产品尽早实现销售，以完成其使用价值向价值的转变；企业可以以销定产，根据销售预测资料，安排生产，避免产品积压；企业通过预测可以合理有效地管理产品库存，对产品设立库存预警，指导生产进度的安排；销售预测还可对产品的补货安排提供参考数据。

尽管销售预测十分重要，但进行高质量的销售预测并非易事，大多数人往往过高估计自己的销售额。在进行预测和选择最合适的预测方法之前，了解对销售预测产生影响的各种因素是非常重要的。

（一）影响销售预测的因素
一般来讲，在进行销售预测时应考虑两大类因素。

1. 外界因素

（1）需求动向。需求是外界因素中最重要的一项，如流行趋势、爱好变化、生活形态变化、人口流动等，均可成为产品（或服务）需求的质与量方面的影响因素，因此，必须加以分析与预测。企业应尽量收集有关对象的市场资料、市场调查机构资料、购买动机调查等统计资料，以掌握市场的需求动向。

（2）经济变动。销售收入深受经济变动的影响，经济因素是影响商品销售的重要因素，为了提高销售预测的准确性，应特别关注商品市场中的供应和需求情况。尤其近几年来社会经济的快速发展更带来难以预测的影响，导致企业销售收入波动。因此，为了正确预测，需特别注意资源问题的未来发展、政府及财经界对经济政策的见解、基础工业和加工业生产状况以及经济增长率等指标变动情况。尤其要关注突发事件对经济的影响。

（3）同业竞争动向。销售额的高低深受同业竞争者的影响。古人云，"知己知彼，百战不殆"，为了生存，必须掌握对手在市场中的所有活动。例如，竞争对手的目标市场在哪里，产品价格高低，促销与服务措施，等等。

（4）政府、消费者团体的动向。应考虑政府的各种经济政策、方案措施以及消费者团体所提出的各种要求等。

2. 内部因素

（1）营销策略。应考虑市场定位、产品政策、价格政策、渠道政策、广告及促销政策等变更对销售额所产生的影响。

（2）销售政策。考虑变更管理内容、交易条件或付款条件、销售方法等对销售额所产生的影响。

（3）销售人员。销售活动是一种以人为核心的活动，所以人为因素对于销售额的实现具有相当深远的影响，这是我们不能忽略的。

（4）生产状况。考虑货源是否充足，能否保证销售需要等。

（二）预测销售的方法

对于初期创业者来说，做销售预测不是一件容易的事，必须通过市场调查来作出销售决定。预测销售有以下几种基本方法：

（1）凭借经验去观察、判断，作出销售预测（可在同类行业中打工、实地调查、积累经验）。

（2）与同类企业进行对比——将你的资源、技术和营销计划与竞争对手相比较，模拟式地得出销售预测量。

（3）实地测试——用小量试销的办法试探之后作出预测。这种方法对制造商和专业零售商很有效，但不适合于有大量库存的企业。

（4）争取订单和购买意向书——推断销售量。企业可以通过要求自己提供产品或服务的近期来函来预测销售量，如果企业的客户不多，可以采用这种方法。这种方法适用于出口商、批发商或制造商，可以利用预订单来预测销售。这些必须是书面购买意向书，不能信赖口头协议。

（5）进行调查——先从亲朋好友开始作抽样调查，然后对那些可能成为客户的人进行抽样调查，取得数据。因为创业者不可能访问所有的潜在顾客，所以需要作抽样调查。

这 5 种方法究竟用一种还是同时选用某几种，应视创业者的需要而定。

➜ 思考与练习

1. 市场定位的策略有哪些？

2. 对竞争对手的分析应从哪几个方面着手？

3. 如何做好销售预测？

➜ 相关资源

1. 丁栋虹著：《创业管理》，清华大学出版社 2006 年版。

2. 郑冉冉编著：《成功创业研究》，上海三联书店 2005 年版。

第六章　企业组建

→ **学习目标**

认知目标

· 认知创业资源以及基本分类

· 理解企业法律形态的内涵以及对创业者有意义的组织形式

技能目标

· 能够敏锐识别自身可控制的创业资源

· 能够根据自身的创业资源确定恰当的企业法律形态并与时俱进

> 　　我的宗旨一向是逐步稳健发展，既不要靠耸人听闻的利润，也不要在市场不景气时，突然有资金周转不灵的威胁。
>
> 　　　　　　　　　　　　　　　　　　　　　　　　——包玉刚

→ **认知与实践**

一、创业资源

（一）创业资源的内涵

创业资源是指创业者在创业过程中可获取和利用的各种要素以及要素的组合。按照哈佛大学霍华德·斯蒂芬森的观点，创业者在企业成长的各个阶段都应该努力争取用尽量少的资源来推进企业的发展，他们需要的是控制资源，不一定要占有资源。也就是说，创业者不一定要拥有创业资源的所有权，关键是对创业资源的控制和利用。

（二）创业资源的分类

创业资源可以根据性质、存在形态、重要性、来源以及参与程度等标准进行分类。对于创业者而言，分类是为了便于理解和创业，不是为了推理和逻辑。本着这样一个原则，本书根据创业资源在企业成长过程中的作用方式，将其分为两大类，称直接参与企业日常生产经营活动，具有显性特点、要素特点的资源为直接资源；称没有直接参与企业日常生产经营活动，但可以极大提高企业运营的收益，具有隐性特点、环境特点的资源为间接资源。也可以把直接资源看成是"硬资源"，把间接资源看成是"软资源"。

1. 直接资源

（1）人力资源：是指是否有专业性人才来组建团队并能高效投入其中。初创企业的人才资源应该是一个团队，而不是一群人。既涉及科技人才和管理人才的引进、合格员工的聘用等方面，也涉及必要的企业顾问等兼职人员。人才不一定"为我所有"，但可"为我所用"，比如相关或对口的研究所或高校科研力量。一个不可忽略的情况是，我国社会的人际关系也极为重要。好的人脉，往往能帮助企业更好地发展。

（2）财力资源：是指是否具备足够的启动资金及一定量的流动资金，既包括"显性开支"，也包括"隐性节流"。比如注册资金、银行贷款、风险投资、政策性低息或无偿扶持基金、使用写字楼的优惠租金等方面。值得指出的是，对于中小企业，一般不适合负债融资，要多思考和关注股本融资。

（3）物力资源：是指营业场地、生产厂房、相关设施等实物资源，同时包括便捷的网络系统、良好的物业管理、必要的商务服务、方便的交通运输、周到的生活配套等方面。

（4）管理资源：是指是否具备对企业和行业发展的独到分析、准确把握以及企业内部简洁高效的制度化管理，同时包括企业诊断、市场营销策划、企业管理咨询等方面。

（5）科技资源：是指是否具备能提供令客户满意的产品或服务的技术保证，也包括企业自身的核心技术以及这种技术的迭代能力，还包括与企业发展相关的专利等科技成果以及专业化的科技试验平台等。

2. 间接资源

（1）政策资源：是指新创企业诞生发展过程中必然涉及的相关法规以及政府发布的有关公共政策。比如《个人独资企业法》，允许技术入股的法规或政策，允许事业单位的专业技术人员从事科技创业活动的政策，为留学生回国创业解决户口、子女入学等后顾之忧的政策等。有人认为，美国硅谷的发展离不开 20 世纪初美国政府提供的一系列政策资源。

（2）信息资源：指有利于新创企业发展的所有信息，比如市场信息、项目信息、推介信息、合作信息、采购和销售渠道信息等。

（3）文化资源：所谓"文化"，就是以文化之。作为创业资源的文化，既有来自外部的文化，比如初创企业之间学习与交流、合作与竞争的文化氛围，初创企业所在国家和地区的文化背景等；又有来自内部的文化，比如创业者本身持有的文化理念以及企业在成长过程中逐渐形成的讲道德、重诚信、循法治、守契约的企业文化。文化是企业的灵魂，是推动企业发展的不竭动力，其核心是企业的价值观。这里的价值观不是泛指企业管理中的各种文化现象，而是企业以及员工在从事经营活动中所秉持的价值判断。企业越是发展，企业文化就越是重要。

（4）品牌资源：品牌资源是企业建立并巩固品牌权益与品牌形象的资源。对消费者而言，是指是否具备能吸引并培养忠诚客户的能力，涉及消费者的品牌体验、品牌认知与品牌态度等方面。在当今，营销沟通渠道也是重要的品牌资源，包括媒体广告、公共关系等。创建品牌资源是企业的一项长期的战略性工作。

（三）创业资源的核心：人力资源

创业是人在创业，人力资源是创业资源的核心。所以，我们常常看到，相同的项目和环境，不同的人去做有很不一样的结果。企业初创时主要由少数几个人运作和管理，一旦进入孵育发展阶段，就必须有得力的人力资源来规划和管理。

按照"人人皆才"的现代人才观，小微企业一般由下列人员组成：

1. 创业者本人（即业主）

在大多数小微企业中，业主的一般职责是：开发可商业模式化的创意点子，制订目标和行动计划；组织和调度员工实施行动计划；对行动计划进行过程控制，确保实现预期目标。

在这个创新是第一发展动力的时代，业主的创新能力至关重要。我国小微企业的创立往往具有商业模式创新的特征，欧美国家新企业的创立一般具有技术创新的特征。

2. 企业合伙人

如果新创企业的业主不止一个，这些业主一般以合伙人的身份共享收益、共担风险。

合伙人通常是指以其资产进行合伙投资，参与合伙经营，依协议享受权利、承担义务，并对企业债务承担无限（或有限）责任的自然人。合伙人应具有民事权利能力和行为能力。

要新创并管理好一个企业，合伙人之间的"和谐度"至关重要。你没法同一个不和谐的人合伙。没有足够的"和谐度"，常常是能初创，但不能守成，甚至分道扬镳。因此，首先合伙人之间应该写好一份坦诚的合伙协议。其次，要把握好协议相对稳定和机制化更新之间的度。因为没有一份合伙协议是一劳永逸的，没有人能在起草协议时做到万事周备，总存在信息不对称的情况。

3. 企业员工

如果你不能做企业创立过程中的所有事，就需要招聘员工。员工是指企业中各种用工形式的人员，包括固定工、合同工等。

为了招聘到合适的员工，首先要考虑以下因素：哪些工作自己做不了；做不了的工作有多少岗位；做不了的工作需要什么岗位技能；使用员工的成本大约有多少。

招聘到员工后，要制定明确的岗位职责。岗位职责有以下作用：明确工作的性质、内容、结果等重要方面；明确岗位和岗位、岗位和环境之间的相互关系；是考核并进行责任追究的依据；提高内部竞争活力，更好地发现和使用人才；提高工作绩效，规范操作行为；减少违章和事故。

在确定岗位职责时，责任点应根据信息的流入流出确定。信息传至该岗位，表示流程责任转移至该岗位，即体现出"基于流程""明确责任"的特点。

对于初创企业，一般不需要教条地关注员工招聘的工作流程，比如招聘计划制订、招聘费用预算、招聘工作实施、招聘工作反馈与检查等。主要做法是根据经验直接进入面试环节，通过交流判断应聘人员的职业价值观、职业核心能力、岗位技能、职业兴趣等方面，目的是做到人职匹配。提问的问题应该自然但具有较为科学的观测性。比如：为什么来我们企业工作？你有哪些优缺点？最让你自豪满意的事情是什么？喜欢和事情打交道还是喜欢与人打交道？擅长于做相对独立的工作还是与人合作的工作？平时有什么爱好？

4. 企业顾问

初创企业事务很多，创业者往往忙于低头拉车，而不抬头看路。企业顾问常常可以起到"旁观者清"的作用，给企业出谋划策、把握方向。企业顾问就是为企业提供咨询的个人或机构。初创者应该用好企业顾问，避免刚愎自用，处理好决策与咨询的关系。

二、企业法律形态

一般而言，企业法律形态是相对于企业经济形态的概念，是指法定的企业组织形式。严格地说，个体工商户不属于企业，因而也就不是企业组织形式。但是，对于创业的大学生而言，个体工商户是一种常见的创业选择。因此，为了方便起见，也在此作一说明。

（一）个体工商户

个体工商户相当于自然人，只有个人经营和家庭经营两种组成形式。

个体工商户的登记事项包括：

（1）经营者姓名和住所。是指申请登记为个体工商户的公民姓名及其户籍所在地的详细住址。

（2）组成形式，包括个人经营和家庭经营。家庭经营的，参加经营的家庭成员姓名应当同时备案。

（3）经营范围。是指个体工商户开展经营活动所属的行业类别。登记机关根据申请人申请，参照《国民经济行业分类》中的类别标准，登记个体工商户的经营范围。

（4）经营场所。是指个体工商户营业所在地的详细地址。个体工商户经登记机关登记的经营场所只能为一处。

（二）个人独资企业

个人独资企业，是指依法在中国境内设立，由一个自然人投资，财产为投资人个人所有，投资人以其个人财产对企业债务承担无限责任的经营实体。

1. 设立个人独资企业应当具备的条件

个人独资企业形式在我国由来已久，目前，我国从法律的层面规定了个人独资企业的 5 个设立条件，既沿用了我国公司企业类立法的做法，也符合世界各国通行惯例。这 5 个条件为：

（1）投资人为一个自然人。个人独资企业，顾名思义，是一个人投资的企业，没有与其他人合作投资或合伙投资的关系。作为企业的一种，要从事生产经营，开展各方面的业务，个人独资企业首先要有投资人，比如购买或租用场地需要投资，购买或者租用设备需要投资，购进原材料或用于销售的货物需要投资等。这种投资人，在有限责任公司和股份有限公司情况下，被称作股东；在合伙企业情况下，被称作合伙人。但是，个人独资企业因为只有一个投资人，既不能称作股东，也不能称作合伙人，所以法律将其称作投资人，也就是通常所说的投入资金、实物或劳务技术开办实业的人。这种投资人的数量是一个。"人"作为法律主体，在法律上有自然人和法人之分。个人独资企业的投资人是一个自然人，法人和其他组织被排除在投资人之外。

根据我国民法通则的规定，自然人是我国民事法律活动的主体。有时将其与公民的概念混同使用。

（2）有合法的企业名称。可以说，企业名称是企业所享有的一种"人格权"，企业名称依法确定才能受法律保护。同时，企业名称也是企业对外交往的标志，所以有时也将这种企业名称叫作"商号"。对个人独资企业来说，企业名称的意义在于区别投资人个人的行为和个人独资企业的企业行为。包括个人独资企业在内的企业名称必须合法。按我国有关企业名称登记管理的规定，企业名称在企业申请登记时就已经由登记主管部门核定，然后方可使用并享有专用权。企业登记主管机关对企业名称实行分级管理，有权纠正已登记注册的不适当的企业名称。企业只准使用一个名称并且在登记主管机关辖区内不得与已登记注册的同行业企业名称相同或者近似。

企业名称应当由以下几个部分组成：字号或者商号、行业或者经营特点、组织形式以及企业所在地省、市或县等行政区划名称（几类特殊企业除外）。

企业名称中不得含有下列内容和文字：有损于国家、社会公共利益的；可能对公众造成欺骗或误解的；外国国家或地方名称及国际组织名称；政党名称、党政军机关名称、群众组织名称、社会团体名称及部队番号；汉语拼音字母和数字及其他法律、行政法规规定禁止的名称。除几类特殊企业外，其他企业不得在企业名称中使用"中国""中华"或"国际"等字词。企业不得随意在其名称中使用"总"字。违反这些规定的要承担法律责任。个人独资企业的名称应当与其责任形式及从事的营业相符合。

个人独资企业在申请登记自己的名称时，应当了解并遵守这些规定。

（3）有投资人申报的出资。个人独资企业作为一个生产经营实体从事经济活动，必然要投入人财物等生产要素。出资的具体数量多少法律并没有具体规定。这样较宽松的规定既符合实际情况，也有利于不断提升创新创业氛围。这点与《公司法》和《合伙企业法》立法考虑不同，主要是因为个人独资企业大多数是小型企业，要兼顾其灵活性和适应性而在法律上作出特别处理。在实践中，个人独资企业投资人应当向各级企业登记主管机关申报其出资，具体申报的出资没有规定出资数额下限。

（4）有固定的生产经营场所和必要的生产经营条件。与其他企业一样，既然要进行生产经营，就需要一定的生产经营条件。比如场地设施、机器设备、营销柜台等。需要注意的是，这里要求生产经营场所的"固定性"，目的是强调作为经营实体的个人独资企业一定区别于走街串巷的小商游贩。在实践中，这里的"固定性"是一个基本要求，但不能机械、教条地理解。既要考虑时间长短因素，也要考虑地点相对固定等因素。

（5）有必要的从业人员。个人独资企业的投资人可以依法招用职工或自行管理企业事务，也可以委托或聘用其他具有民事行为能力的人负责企业的事务管理。因此，这里的"从业人员"应作宽泛的理解，应该包括个人独资企业投资人本人。也就是说，只要个人独资企业的投资人从事业务活动，就应该理解为"从业人员"。在没有招用或聘用其他人员的情况下，个人独资企业投资人自己从事业务活动，也说明它具有了"有必要的从业人员"的条件。

总之，在我国境内设立个人独资企业，在考虑设立条件时，主要着眼于个人独资企业人数少、规模小、投资少但营业范围广泛、便于营造以创业带动就业的大环境、推动创新创业发展、提升第三产业的比例等情况，也符合我国是一个发展中的人口大国的国情。所以，相对于其他企业类立法的规定而言，设立条件要宽松很多，体现了灵活设立和方便设立的原则和精神，鼓励公民个人投资设立个人独资企业，将有限的资金、资源尽快转换成生产经营要素，推动国民经济和各项事业发展。

2. 设立个人独资企业的注意事项

（1）个人独资企业不得从事法律、行政法规禁止经营的业务；从事法律、行政法规规定须报经有关部门审批的业务，应当在申请设立登记时提交有关部门的批准文件。

（2）个人独资企业应当按照国家规定参加社会保险，为职工缴纳社会保险费。同时，个人独资企业可以依法申请贷款、取得土地使用权，并享有法律、行政法规规定的其他权利。

（3）任何单位和个人不得违反法律、行政法规的规定，以任何方式强制个人独资企业提供财力、物力、人力；对于违法强制提供财力、物力、人力的行为，个人独资企业有权拒绝。

（4）清算是企业解散的法律后果，是对解散企业的财产进行清理。根据法律规定，个人独资企业财产不足以清偿债务的，投资人应当以其个人的其他财产予以清偿。同时，个人独资企业解散后，原投资人对个人独资企业存续期间的债务仍应承担偿还责任，但债权人在五年内未向债务人提出偿债请求的，该责任消灭。这就意味着个人独资企业的投资人以其个人财产对企业债务承担无限责任的特征。

（三）合伙企业

合伙企业，是指自然人、法人和其他组织依法在中国境内设立的普通合伙企业和有限合伙企业。普通合伙企业由普通合伙人组成，合伙人对合伙企业债务承担无限连带责任。有限合伙企业由普通合伙人和有限合伙人组成，普通合伙人对合伙企业债务承担无限连带责任，有限合伙人以其认缴的出资额为限对合伙企业债务承担责任。普通合伙企业和有限合伙企业名称中都应当标明"普通合伙"或"有限合伙"字样。

1. 设立普通合伙企业的条件以及合伙协议

（1）有两个以上合伙人。合伙人为自然人的，应当具有完全民事行为能力。

（2）有书面合伙协议。

（3）有合伙人认缴或者实际缴付的出资。

（4）有合伙企业的名称和生产经营场所。

（5）法律、行政法规规定的其他条件。

普通合伙企业的合伙协议应当载明下列事项：合伙企业的名称和主要经营场所的地点；合伙目的和合伙经营范围；合伙人的姓名或者名称、住所；合伙人的出资方式、数额和缴付期限；利润分配、亏损分担方式；合伙事务的执行；入伙与退伙；争议解决办法；合伙企业的解散与清算；违约责任。

2. 设立有限合伙企业的条件以及合伙协议

有限合伙企业由两个以上50个以下合伙人设立；有限合伙企业至少应当有一个普通合伙人。其他条件参照普通合伙企业的设立。

有限合伙企业的合伙协议除了符合普通合伙企业的合伙协议要求外，还应当载明下列事项：普通合伙人和有限合伙人的姓名或者名称、住所；执行事务合伙人应具备的条件和选择程序；执行事务合伙人权限与违约处理办法；执行事务合伙人的除名条件和更换程序；有限合伙人入伙、退伙的条件、程序以及相关责任；有限合伙人和普通合伙人相互转变程序。

3. 实践中大学生创立合伙企业常见的风险

（1）融资操作风险。刚刚走出校门的大学生往往没有多少资金，常常会采取贷款方式融资，但是要获得银行贷款在现实中又有一定的难度，于是就会选择在网络服务平台上筹集资金。然而，目前网络服务平台运营不规范，监管也有难度，大学生往往面临高息的还款压力，甚至成为违法犯罪分子伤害的对象。

（2）不完善的合伙协议风险。合伙人首先需要确定经营方向，同时不断健全管理制度进行风险控制。这些重要内容需要在合伙协议中明确约定并落实到具体的事务中去，但现实中往往被忽略。有些企业没有合伙协议或者协议缺乏规范性而导致后续合伙人因债务承担以及利益分配等问题引发冲突和争议。进行创业的大学生应该有契约意识，不要把法规的要求看成是负担，而要当作企业运营的资源。

（3）经营过程中的债务风险。依据《合伙企业法》，合伙企业对其债务，应先以其全部财产进行清偿。合伙企业不能清偿到期债务的，合伙人承担无限连带责任。以上规定意味着合伙企业财产和合伙人个人财产密不可分。当合伙企业财产不足以清偿债务时，合伙人需要以自己的其他个人财产偿还。初次创业的大学生往往没有固定收入来源，若遇到合伙企业经营中的债务问题，可能出现合伙人间的债务纠纷影响企业成长。

| 拓展训练 |

查阅资料，总结普通合伙人和有限合伙人有什么区别。

_____

_____

_____

（四）公司制企业

我们常常听到两个概念，即企业和公司。公司与企业是种属关系。凡公司皆为企业，但企业未必都是公司。依照我国《公司法》规定，公司是指依法在中国境内设立的有限责任公司和股份有限公司。公司是企业法人，有独立的法人财产，享有法人财产权。公司以其全部财产对公司的债务承担责任。有限责任公司的股东以其认缴的出资额为限对公司承担责任；股份有限公司的股东以其认购的股份为限对公司承担责任。

1. 有限责任公司的设立条件

有限责任公司设立应当具备 5 个条件：

（1）股东符合法定人数。法律规定有限责任公司股东人数上限为 50 人。

（2）有符合公司章程规定的全体股东认缴的出资额，即股东出资达到法定资本最低限额。有限责任公司注册资本的最低限额为人民币 3 万元。

（3）股东共同制定公司章程。

（4）有公司名称，建立符合有限责任公司要求的组织机构。

（5）有公司住所。

2. 股份有限公司的设立条件

股份有限公司设立应当具备 6 个条件：

（1）发起人符合法定人数。设立股份有限公司，应当有两人以上200人以下为发起人，其中须有半数以上的发起人在中国境内有住所。

（2）有符合公司章程规定的全体发起人认购的股本总额或者募集的实收股本总额。

（3）股份发行、募办事项符合法律规定。

（4）发起人制定公司章程，采用募集方式设立的公司章程须经创办大会通过。

（5）有公司名称，建立符合股份有限公司要求的组织机构。

（6）有公司住所。

股份有限公司的设立，可以采取发起设立或者募集设立的方式。发起设立，是指由发起人认购公司应发行的全部股份而设立公司。募集设立，是指由发起人认购公司应发行股份的一部分，其余股份向社会公开募集或者向特定对象募集而设立公司。

｜拓展训练｜

讨论：随着你的企业的不断发展，你会发现有些问题日益重要。比如，你作为老板是否想过，你拥有的是"权力"还是"权利"，二者有什么区别？同时，"权力"根源于什么？在这种理解的基础上，你才能更好地认同政府倡导的"放管服"相结合，才能更恰当地与政府、社会以及其他企业打交道，才能更好地履行授权与受权。

_____

_____

_____

综上所述，个体工商户不失为刚刚走出校门的大学生创业者的一种选择。但如果上升到"企业法律形态"的层面，创业者的选择有三种，即个人独资企业、合伙企业和公司制企业。其中个人独资企业是大多数刚刚走出校门的大学生创业者首选的企业法律形态。很好地理解个人独资企业的相关情况对理解其他两种企业法律形态可以起到触类旁通的作用。

三、选择企业法律形态的考虑因素

选择企业法律形态一要合理（即符合自身初次创业的实际），二要合法（即符合法律规范），三要与时俱进（即企业法律形态不是一成不变的，伴随着企业发展，要适时根据实际情况进行改制）。

（一）比较优势分析

1. 个人独资企业的优劣势

个人独资企业的优势主要表现在：易于创立，结构简单，也没有最低注册资本要求；不需要缴纳企业所得税，投资者只需按照盈余缴纳个人所得税。个人独资企业的劣势主要表现在：投资者需要对企业承担无限责任；企业年限受限于投资者的寿命；由于规模小，融资也难。

2. 合伙企业的优劣势

合伙企业的优势表现在以下几个方面：合伙企业无须缴纳企业所得税，而是由合伙人缴纳个人所得税；创办成本较低；合伙人数的法定空间大，有利于筹集资金。合伙企业的劣势表现在：普通合伙人都对企业债务负有无限连带清偿责任；权利比较分散，决策效率较低，如果合伙人之间发生矛盾，容易影响企业经营；外部筹资比较困难。

3. 公司制企业的优劣势

公司制企业最大的优势在于股东的有限责任。如果公司日后运营出现困难，无法偿还所有的债务，债权人通常情况下不能向投资人主张偿还责任。

对于创业者而言，以上分析中应该更多地关注风险承担能力。商业环境中存在各式各样的经营风险，而企业法律形态与需要承担的责任大小密切相关。公司制企业的股东仅以其出资额为限对公司承担责任，公司以其全部的资产对公司的债务承担责任。而对于普通合伙企业以及个人独资企业，合伙人或者投资人则需要对企业承担无限责任，即承担责任除了用投资数额，还包括全部个人财产。

（二）拟投资的行业

对于一些特殊的行业，法律规定只能采用特殊的企业法律形态。比如按照《邮政法》规定，从事快递经营的，必须具备企业法人资格，应当办理公司登记。律师事务所只能采用合伙形式而不能采取公司制形式。对于银行、保险等金融事业，法律则要求必须采用公司制形式。总之，对于法律有强制性规定的行业，只能按照法律规定的要求进入；对于法律没有强制性要求的，则要根据实务中通常的做法以及创业者的特殊要求来确定企业法律形态。化学危险品等行业，明确不允许个体工商户经营，必须采取企业形式。

（三）税负因素

1. 与企业法律形态相关的税负

依据《企业所得税法》和《个人所得税法》的相关规定，个人独资企业和合伙企业不征收企业所得税，仅对投资者个人征收个人所得税。依据相关文件，合伙企业生产经营所得和其他所得采取"先分后税"的原则，合伙企业以每一个合伙人为纳税义务人。合伙企业合伙人是自然人的，缴纳个人所得税；合伙人是法人和其他组织的，缴纳企业所得税。而有限责任公司、股份有限公司等具有法人资格的企业，除需缴纳企业所得税以外，投资者个人从公司获得的股息和红利还需缴纳个人所得税。虽然公司设立的成本和经营管理成本比较高，但可以得到较多的税收优惠。

2. 与分支机构相关的税负

企业设立分支机构主要有两种组织形式，一种是创办子公司（严格地说，子公司并非分支机构），另一种是创办分公司。这两种不同的组织形式在所得税处理方式上有所不同。子公司具有独立法人资格，可以独立承担民事责任，在法律上和母公司可以视为两个主体。在纳税方面，子公司作为单独的纳税主体独立承担纳税义务。分公司不具有独立的法人资格，在纳税方面，同总公司作为一个纳税主体，将其收入、成本和所得并入总公司共同纳税。因而分公司的损失可以抵消总公司的所得，从而降低公司整体的应纳税所得额，冲减企业所得税的缴纳。

分支机构在设立初期常常需要大量资金投入，往往较长时间无法盈利。如果采用分公司形式，这样就能够利用公司扩张成本抵消总公司的利润，从而减轻税负，等到条件成熟时则可以设立子公司并可以申请享受税法的优惠政策。

3. 行业、地区等特殊因素

税负还要考虑特殊行业和地区差异。对于一些特殊行业，例如高新技术企业和微小企业，政府对其采取税收优惠政策。

（四）经营期间因素

对于个人独资企业，一旦投资人死亡且无继承人或者继承人决定放弃继承，则企业必须解散；合伙企业由合伙人组成，一旦合伙人死亡，如果没有吸收新合伙人，合伙企业的寿命也是有限的。因此，无论是个人独资企业还是合伙企业，企业的经营期限会受限制。但是，公司制企业完全不同，除非出现法定解散事由或者通过股东决议解散，理论上公司可以永续发展。

（五）创业者的新选择：有限合伙

我国在2006年修订《合伙企业法》时增加了有限合伙制度，该制度规定有限合伙人可以承担有限责任。这一规定对于发展我国的风险投资以及某些特殊行业起了促进作用，因而受到投资者的重视。

有限合伙企业是由普通合伙和有限合伙共同组成，普通合伙人对合伙债务承担无限连带责任，有限合伙人以其出资为限对合伙企业承担有限责任的营利性组织。通常而言，一方面，创业者往往是拥有投资管理能力或者技术研发能力的人，但是他们又缺乏创业资金。另一方面，风险投资者拥有大量资金，是专业从事投资的企业或个人，但他们不愿意消耗太多精力参与企业的实际经营。在这种情况下，有限合伙制度契合了市场需求，能够调动创业者的创业热情和投资人的投资热情，实现了风险投资人与创业者之间的最佳结合。

（六）其他因素

作为一名创业新手，在创业初期，企业法律形态的选择是一个重要事项。除了上述因素之外，还有许多因素影响企业法律形态的选择。比如：

1. 未来融资因素

如果创业者自身资金充足，投资的项目所需资金要求也不大，则采用合伙制或者有限公司的形式均可。

2. 资金来源因素

如果自己单独出资，那只能选择个人独资企业或者一人有限责任公司；如果要召集有限人数出资，那么可以设立有限责任公司或合伙企业；如果要吸纳大众资金来出资，就要设立股份有限公司。

3. 出资流转因素

个人独资企业可以随意转让出资，不受他人限制。而合伙企业的合伙人如果对外转让出资则需经过其他合伙人的一致同意。这种"同意"是全部合伙人同意，与各个合伙人所享有的投资比例无关。有限责任公司对外转让出资则需要全体股东过半数同意。这种"同意"是指人数而不是股权。股份有限公司对外转让出资没有限制，可以自由转让。

4. 个体工商户优势因素

个体工商户相当于自然人，只有个人经营和家庭经营两种组成形式，而不包括个人合伙。在税收方面，目前小微型企业（个人独资企业、合伙企业）的主体与个体工商户之间并无实质差别。国家本身也鼓励个体工商户转为企业组织形式。

总之，企业法律形态没有最好的，只有最合适的。创业者只有对自己的实际需要有充分的了解，才能作出最合适的选择。

∣ 拓展阅读 ∣

张某经营一家化工厂。多年来，他一直坚持独资经营，身兼所有者与经营者的重要角色。现张某年事已高，想从管理岗位上退下来，将事业留给自己的儿孙们。

他首先考虑将该独资企业转为公司制经营，并将公司股份分配给自己的儿孙；他同时也考虑将该独资企业转变为合伙经营企业，由儿孙合伙经营。为了选择正确的企业法律形态，张某提出以下目标：

（1）权益结构：两个儿子各自拥有30%的股份或份额，四个孙子各分配10%的股权或份额。

（2）管理：化工厂对生产经营管理要求较高，而自己的子孙没有经营管理能力，他希望将企业交给原来的副厂长李某经营管理。

（3）所得税：希望采用的组织形式能够尽可能减少应缴纳的税款。

（4）风险承担：经营化工厂风险较高，一旦发生事故，赔偿额度无法估量；故张某希望发生意外风险的时候，他儿孙的财产不受或少受影响。

在此情况下，张某寻求了律师的帮助，律师作出如下分析：

假如工厂转化为公司制经营，成立一家有限责任公司，在权益结构、风险承担及管理方面能够满足张某的要求，然而公司经营过程中需要缴纳企业所得税，分配利润时各股东还需要缴纳个人所得税，因此张某子孙所需承担的实际税额较高。

假如工厂改为普通合伙制经营，权益结构方面没有问题，税负也较低，但是在风险承担方面，则需各合伙人承担连带责任。另外，经营管理方面，各合伙人也需要参与合伙事务管理。这与张某的要求不符。

律师建议采用有限合伙制形式，这种形式需以副厂长李某同意作为普通合伙人继续经营为条件。张某征求李某的意见，李某跟随张某多年，对化工厂经营管理非常熟悉，愿意做普通合伙人，承担无限责任，但需要额外奖励。为此，律师根据双方意图拟定了注销个人独资企业、成立有限合伙企业的方案。

四、企业工商注册登记与税务

企业工商注册登记是企业依照法定程序、将法定事项通过法定登记部门注册登记并予以公示的一种制度。企业工商注册登记是企业进入市场、获得实体权利的路径，也是政府对市场主体进行监管和服务的手段。企业工商注册登记一般包括受理、审查、核准、发照和公告等过程。

（一）工商注册登记发展方向

最近几年，为了减少管制，让一切生产要素的活力竞相进发，有效对冲经济下行的压力，关于企业注册登记的具体操作一直在不断改革。改革的总方向是：

1. 便利化

便利化包括程序便利化和实体便利化。如"三证（照）合一"制度，即工商营业执照、组织机构代码证、税务登记证合一。一站式行政审批新体制，即一个机构审批、一张清单管理、一个窗口受理、一体化办理证照。"先证后照"制改为"先照后证"制等。

2. 电子化

可以预见，在不久的将来，企业注册登记可能在移动终端完成，所有提交的资料通过共享实现认证或审核，包括电子签名等。

3. 统一化

统一化就是整合关于企业注册登记的法律法规。当前，企业注册登记制度仍然由一系列条例和部门规章来规制，建立统一的《商事登记法》，将现行公司、合伙企业、个体工商户、农民专业合作社等市场主体登记统一由《商事登记法》来规范，是一个发展方向。

（二）个体工商户注册登记需提供的材料

申请个体工商户注册登记，应当提交下列文件：

（1）申请人签署的个体工商户注册登记申请书。

（2）申请人身份证明。

（3）经营场所证明。

（4）国家市场监督管理总局规定提交的其他文件。

申请个体工商户登记，申请人或者其委托的代理人可以直接到经营场所所在地登记机关登记；登记机关委托其下属工商所办理个体工商户登记的，到经营场所所在地工商所登记。申请人或者其委托的代理人可以通过邮寄、传真、电子数据交换、电子邮件等方式向经营场所所在地登记机关提交申请。通过传真、电子数据交换、电子邮件等方式提交申请的，应当提供申请人或者其代理人的联络方式及通信地址。对登记机关予以受理的申请，申请人应当自收到受理通知书之日起 5 日内，提交与传真、电子数据交换、电子邮件内容一致的申请材料原件。

按照新规，个体工商户应当于每年 1 月 1 日至 6 月 30 日，向登记机关报送年度报告。个体工商户应当对其年度报告的真实性、合法性负责。另外，国家推行电子营业执照。电子营业执照与纸质营业执照具有同等法律效力。

（三）个人独资企业注册登记需提供的材料

申请设立个人独资企业，应当由投资人或者其委托的代理人向个人独资企业所在地的登记机关提交以下材料：

（1）设立申请书。

（2）投资人身份证明。

（3）生产经营场所使用证明。

（4）委托代理人申请设立登记时，应当出具投资人的委托书和代理人的合法证明。

个人独资企业注册登记还应注意以下信息：

个人独资企业的营业执照的签发日期为个人独资企业成立日期。特别需要注意的是，在领取营业执照前，投资人不得以个人独资企业名义从事经营活动。未领取营业执照，以个人独资企业名义从事经营活动的，责令停止经营活动，处三千元以下罚款。

个人独资企业存续期间登记事项发生变更的，应当在作出变更决定之日起的十五日内依法向登记机关申请办理变更登记。未按规定办理有关变更登记的，责令限期办理变更登记；逾期不办理的，处二千元以下罚款。

个人独资企业使用的名称与其在登记机关登记的名称不相符合的，责令限期改正，并处二千元以下罚款。涂改、出租、转让营业执照的，责令改正，没收违法所得，处三千元以下罚款；情节严重的，吊销营业执照。伪造营业执照的，责令停业，没收违法所得，处五千元以下罚款。构成犯罪的，依法追究刑事责任。

登记机关应当在收到设立申请文件之日起十五日内，对符合法定条件的申请，予以登记，发给营业执照；对不符合规定条件的不予登记，并应当给予书面答复，说明理由。对于创业者而言，这意味着登记机关不得不作为或慢作为，公民有依法监督的权利。

个人独资企业成立后无正当理由超过六个月未开业的，或者开业后自行停业连续六个月以上的，吊销营业执照。

（四）合伙企业注册登记需提供的材料

（1）全体合伙人签署的登记申请书。

（2）全体合伙人的身份证明。

（3）全体合伙人指定的代表或者共同委托的代理人的委托书。

（4）合伙协议。

（5）出资权属证明。

（6）经营场所证明。

（7）工商行政管理部门规定提交的其他文件（比如设立合伙企业须报经审批的，还应当提交有关批准文件）。

（五）公司制企业注册登记需提供的材料

（1）公司法定代表人签署的公司设立登记申请书。

（2）全体股东签署的公司章程（先确定公司章程，再由全体股东签名）。

（3）法人股东资格证明或者自然人股东身份证及复印件。

（4）董事、监事和经理的任职文件及身份证复印件。

（5）指定代表或委托代理人证明。

（6）代理人身份证及其复印件。

（7）住所使用证明。

关于"住所使用证明"材料，可以依据以下分类准备：如果自己是房产权属人，需要房产证复印件以及身份证复印件；如果是租他人房产，需要房产权属人签字的房产证复印件和身份证复印件、双方签字盖章的租赁合同；如果是租赁其他公司的写字楼，需要该公司加盖公章的房产证复印件、该公司营业执照复印件、有效的租赁合同以及租金发票。

（六）企业税务登记

企业税务登记与企业注册登记一样，也在通过不断改革实现便利化、网络化、电子化和统一化。

依法纳税是每一个企业的法定义务，为此就需要进行税务登记。对纳税人来说，就是要向主管税务部门申请办理税务登记手续，接受登记管理。这是纳税人依法履行纳税义务的前提，也是纳税人合法经营的标志。同时，只有履行了税务登记手续，才能得到税务部门的管理和服务，享受税收优惠并保证生产经营活动顺利进行。

1. 办理税务登记的对象和期限

（1）办理税务登记的对象包括许多主体，但对创业者而言，如果你取得了营业执照，就应该办理税务登记。

（2）税务登记的期限是：自领取营业执照之日起 30 日内，持有关证件向税务机关申报办理税务登记。纳税人税务登记内容发生变化的，应当自工商行政管理机关或者其他机关办理变更登记之日起 30 日内，持有关证件向原税务登记机关申报办理变更税务登记。

2. 税务登记的内容

税务登记证件应当载明纳税人名称、统一代码、法定代表人或负责人、详细地址、经济性质或经济类型、经营方式、经营范围（主营、兼营）、经营期限和证件有效期限等。

3. 税务登记的程序

（1）申报。向当地税务机关申请办理开业税务登记并提交申报材料。

（2）受理。税务机关收到申请报告和有关材料后将进行初步审查，对符合登记条件的纳税人发放相关登记表，纳税人应当如实填写表格内容。

（3）核准。对纳税人填报的登记表格、提供的证件和资料，税务机关应当在法定期限内审核，确定纳税人所适用的税种、税目、税率、报缴税款的期限和征收方式等。符合规定的，予以发证登记。

4. 税务登记所需材料

根据《税务登记管理办法》，纳税人在申报办理税务登记时，应当根据不同情况向税务机关如实提供以下证件和资料：

（1）工商营业执照或其他核准执业证件。

（2）有关合同、章程、协议书。

（3）组织机构统一代码证书。

（4）法定代表人或负责人或业主的居民身份证、护照或者其他合法证件。

税务登记其他需要提供的有关证件、资料，由省、自治区、直辖市税务机关确定。

➔ 思考与练习

1. 如果你是本章案例资料中的张某，你会选择哪种企业法律形态？

2. 如果你要创立一个企业，你认为自己有哪些创业资源？

➔ 相关资源

1. ［美］罗伯特·D. 赫里斯等著：《创业管理》，蔡莉、葛宝山译，机械工业出版社 2009 年版。

2. 卢福财主编：《创业通论》，高等教育出版社 2012 年版。

第七章　企业责任与法律环境

认知目标

· 了解企业责任的概念及其内容和范围

· 掌握创业企业常用的法律法规

技能目标

· 培养创业者的企业责任意识

· 掌握企业践行社会责任的途径

> 法律是显露的道德，道德则是隐藏的法律。
>
> —— ［美］林肯

→ 认知与实践

一、企业责任

企业责任是企业必须承担的一种义务。就企业的自然属性而言，企业是指从事物质产品的生产、流通或劳务服务等经济活动的经济实体；就企业的社会属性而言，企业又是一定的社会政治制度、经济制度、社会意识形态等诸方面载体的经济组织。一方面，企业与国家、与社会相互关联，每个企业都要解决由此而产生的各种社会关系；另一方面，企业要组织好生产经营活动，要达到企业预期的经营目的，必须正确处理好人与自然的关系问题。企业所进行的一系列经济活动，必然对自然和社会产生方方面面的影响。落实社会责任，实现企业经济责任、社会责任和环境责任的动态平衡，是每个企业对社会应尽的义务。同时，落实社会责任也会为企业树立良好的声誉和形象，从而提升企业的品牌形象，增强投资者信心，吸引到并且能留住企业所需要的优秀人才。因此，每个创业者在创业之初就要树立强烈的企业责任感，在生产经营活动中遵纪守法、诚信经营，勇于承担企业责任。

（一）企业责任的概念

企业责任是世界各国都比较注重的一种企业哲学。目前国际上普遍认同世界银行对此给出的定义。世界银行定义企业社会责任为：企业与关键利益相关者的关系、价值观、遵纪守法以及尊重人、社区和环境有关的政策和实践的集合。它是企业为改善利益相关者的生活质量而贡献于可持续发展的一种承诺。其基本含义是指：企业在创造利润、对股东利益负责的同时，还要承担对员工、对社会和环境的社会责任，包括遵守商业道德、安全生产、保护职业健康、维护劳动者的合法权益、节约资源等。由此可见，企业社会责任是与以下三方面联系在一起的：可持续的竞争力；吸引优质的投资者；建立可持续和更加公平的增长机制，这种机制将使包括贫困者在内的社会各阶层受益。

│ 拓展阅读 │

企业责任与"全球契约"

企业社会责任思想的起点是古典经济学理论。亚当·斯密认为，一个社会通过市场能够最好地确定其需要，如果企业尽可能高效率地使用资源以提供社会需要的产品和服务，并以消费者愿意支付的价格销售它们，企业就尽到了自己的社会责任。人类历史上前两次工业革命的成果带来了社会生产力的飞跃，企业在数量和规模上得到较大程度的发展。受"社会达尔文主义"思潮的影响，当时人们对企业的社会责任观是持消极态度的，许多企业不是主动承担社会责任，而是对与企业有密切关系的供应商和员工等极尽盘剥，以求尽快变成社会竞争的强者，这种理念随着工业的大力发展产生了许多负面影响。19 世纪中后期企业制度逐渐完善，劳动阶层维护自身权益的要求不断高涨，加之美国政府接连出台反托拉斯法和消费者保护法以抑制企业不良行为，客观上对企业履行社会责任提出了新的要求，企业社会责任观念的出现成为历史必然。随着经济和社会的进步，人们认识到企业不仅要对盈利负责，实现企业利润的最大化，而且要对环境负责，并承担相应的社会责任。1970 年 9 月 13 日，诺贝尔奖获得者、经济学家米尔顿·弗里德曼在《纽约时报》刊登题为《商业的社会责任是增加利润》的文章，指出"利润最大化是企业的第二目标，企业的第一目标是保证自己的生存"。为了实现这一点，他们必须承担社会义务以及由此产生的社会成本。他们必须以不污染、不歧视、不从事欺骗性的广告宣传等方式来保护社会福利，他们必须融入自己所在的社区并资助慈善组织，从而在改善社会中扮演积极的角色。20 世纪 80 年代，企业社会责任运动在欧美发达国家逐渐兴起，它包括环保、劳工和人权等方面的内容，由此导致消费者的关注点由单一关心产品质量转向关心产品质量、环境、职业健康和劳动保障等多个方面。20 世纪 90 年代初期，美国的劳工和人权组织针对成衣业和制鞋业发动"反血汗工厂运动"。利用"血汗工厂"制度生产产品的美国服装制造商 Levi-Strauss 被新闻媒体曝光后，为挽救其公众形象，制定了第一份公司生产守则。在劳工和人权组织等非政府组织和消费者的压力下，许多知名品牌公司也都相继建立了自己的生产守则，后演变为"企业生产守则运动"，又称"企业行动规范运动"或"工厂守则运动"，企业生产守则运动的直接目的是促使企业履行自己的社会责任。1999 年 1 月，在瑞士达沃斯世界经济论坛上，联合国秘书长安南提出了"全球契约"（UN Global Compact）。"全球契约"的核心是要求企业在各自的影响范围内遵守、支持以及实施一套在人权、劳工标准及环境三个方面共计九项基本原则。一是人权方面：企业应该尊重和维护国际公认的各项人权；绝不参与任何漠视和践踏人权的行为。二是劳工标准方面：企业应该维护结社自由，承认劳资结社谈判的权利；彻底消除各种形式的强迫劳动；废除童工劳动；杜绝在就业和职业方面的任何歧视行为。三是环境保护方面：企业应对环境挑战未雨绸缪；主动增加对环保所承担的责任；鼓励无害环境技术的发展与推广。

（二）企业责任的内容和范围

归纳起来，企业的社会责任可分为经济责任、文化教育责任、法律责任等几个方面的内容。经济责任是指企业要为社会创造财富，提供物质产品，改善人民的生活水平；文化教育责任是指企业要为员工提供符合人权的劳动环境，教育职工的行为应符合社会公德，企业的生产方式要符合环保要求；法律责任是指企业要在法律允许的范围内合法经营，这是宏观政策环境对企业提出的最基本的要求。如果用"全球契约"的标准来对照我国的企业，可以看到目前中国企业的发展目标与国际标准还有一定的差距。因此，在构建和谐社会的过程中，企业具有其他社会成员所无法比拟的地位和作用，每个创业者任重而道远。

1. 企业对政府的责任

伴随着社会发展，政府由原来的管理者逐渐演变为社会的服务机构，扮演着为公民和各类社会组织服务和实施社会公正的角色。在这种制度框架下，政府要求企业扮演好社会公民的角色，自觉按照《公司法》等有关法律、法规的规定，合法经营、照章纳税，承担政府规定的其他责任和义务，并接受政府的监督和依法干预。

2. 企业对股东的责任

现代社会，股东队伍越来越庞大，遍及社会生活的各个领域，企业与股东的关系逐渐具有企业与社会的关系的性质，企业对股东的责任也具有了社会性。首先，企业应严格遵守有关法律规定，对股东的资金安全和收益负责，力争给股东以丰厚的投资回报。其次，企业有责任向股东提供真实可靠的经营和投资方面的信息，不得欺骗投资者。

3. 企业对消费者的责任

企业与消费者是一对矛盾统一体。企业利润的最大化最终要借助于消费者的购买行为来实现。作为通过为消费者提供产品和服务来获取利润的组织，提供物美价廉、安全、舒适、耐用的商品和服务，满足消费者的物质和精神需求，是企业的天职，也是企业对消费者的社会责任。对消费者的社会责任要求企业对提供的产品质量和服务质量承担责任，履行对消费者在产品质量和服务质量方面的承诺，不得欺诈消费者和谋取暴利，在产品质量和服务质量方面自觉接受政府和公众的监督。

在我国，属于消费者权益保护的法律规范有《消费者权益保护法》《产品质量法》《反不正当竞争法》《广告法》《反垄断法》等。

4. 企业对员工的责任

企业对员工的责任属于企业内部利益相关者问题。企业必须以相当大的注意力来考虑雇员的地位、待遇和满足感。在全球化背景下，劳动者的权利问题得到了世界各国政府及各社会团体的普遍重视。1997 年，根据《国际劳工组织公约》《世界人权宣言》《儿童权利公约》等国际公约制定的全球第一个企业社会责任的国际标准，即 SA8000 标准问世。根据该标准，企业需保证工人工作环境的干净卫生，消除工作安全隐患，不得使用童工等，切实保障工人的切身利益。现在众多企业积极履行社会责任，努力获得 ISO8000 国际认证，不仅可以吸引劳动力资源，激励他们创造更多的价值，更重要的是通过这种管理可以树立良好的企业形象，获得美誉度和信任度，从而实现企业长远的经营目标。从这个意义上说，企业履行社会责任，有助于解决社会的就业问题。

我国劳动法是调整劳动关系以及与劳动关系密切相关的其他社会关系的法律规范的总和。狭义上的劳动法，一般是指国家最高立法机关制定颁布的全国性、综合性的劳动法，即《中华人民共和国劳动法》；广义上的劳动法，是指调整劳动关系以及与劳动关系有密切联系的其他社会关系的法律规范的总称，不仅包括《劳动法》，而且包括《劳动合同法》《工会法》《社会保险法》《工伤保险条例》等法律法规。我国《劳动法》第三条规定："劳动者享有平等就业和选择职业的权利、取得劳动报酬的权利、休息休假的权利、获得劳动安全卫生保护的权利、接受职业技能培训的权利、享受社会保险和福利的权利、提请劳动争议处理的权利以及法律规定的其他劳动权利。"

5. 企业环境责任

企业环境责任是指企业在生产经营过程中在谋求自身经济利益最大化的同时，还应合理利用资源、采取措施防治污染，对社会履行保护环境的义务。企业环境责任不仅关系到企业长远发展，也关系到社会的可持续发展。实践证明，工业文明在给人类社会带来前所未有的繁荣的同时，也给我们赖以生存的自然环境造成了灾害性的影响。企业对自然环境的污染和消耗起了主要的作用，所以企业应当承担起建立可持续发展的全球经济的重任。明确企业社会责任有助于保护资源和环境，实现社会经济可持续发展。企业通过技术革新可以减少生产活动各个环节对环境可能造成的污染，同时也可以降低能耗、节约资源、降低企业生产成本，从而使产品价格更具竞争力；企业还可通过公益事业与社区共同建设环保设施净化环境，保护社区及其他公民的利益。这将有助于缓解城市尤其是工业企业集中的城市经济发展与环境污染严重、人居环境恶化的矛盾。

党的十八大首次将生态文明纳入中国特色社会主义事业，提出了"五位一体"的总体部署并强调树立尊重自然、顺应自然、保护自然的生态文明理念，着手打造美丽中国。十八届五中全会提出"创新、协调、绿色、开放、共享"的发展理念，提出绿色是永续发展的必要条件和人民对美好生活追求的重要体现。2015年1月1日，被称为"史上最严"的新《环境保护法》正式实施，这是我国环境法治进程中的一个里程碑。各级环境监管部门加强执法，司法部门也出台了关于环境刑事责任、环境侵权、环境公益诉讼等法律实施的司法解释，这些都为绿色发展提供了坚强的法治保障。党的十九大坚持人与自然是和谐共生的生命共同体的基本方略，深刻阐述了发展经济与保护自然的关系，体现了保护生态环境就是保护生产力、改善生态环境就是发展生产力的思想，提出进一步推进绿色发展，改革生态环境监管体制，加大生态系统保护力度，还自然以宁静、和谐、美丽，从而实现美丽中国的目标。

| 拓展阅读 |

"举证责任倒置" 使养殖场赢得环境污染赔偿

俞明达 1991 年 4 月建立起特种养殖场繁育美国牛蛙。1994 年养殖场已经积存了 270 万尾蝌蚪。因其所处河流上游的步云乡染化厂等共计 5 家染化企业排放污水，1995 年开春养殖场的蝌蚪出现死亡并日益严重。俞明达开始四处上访向有关部门反映情况，强烈要求 5 家企业尽快治理、停止肆意排放。当年 9 月蝌蚪几乎死光，直接经济损失 48 万元。

1995 年 12 月，走投无路的俞明达将步云乡染化厂等 5 家染化企业告上平湖市人民法院，请求法院判令被告赔偿养殖场经济损失 48 万元，并排除污染危害、停止侵权。1997 年 7 月平湖市人民法院作出一审判决，认定 5 家被告企业在生产过程中所产生的废水严重超标，并直排或渗入河道污染水域，原告养殖场所饲养的青蛙、蝌蚪死亡，造成经济损失均是事实。但现有证据不能证实青蛙、蝌蚪死于水污染，故无法确定原告损害事实与被告污染环境行为之间存在必然的因果关系，驳回原告的诉讼请求。此后，俞明达便走上了漫漫申诉路。2001 年底，中国政法大学法律援助中心接到俞明达邮寄的申诉材料，中心认为该案判决在污染损害事实认定与法律适用上存在着明显的错误，决定为俞明达的申诉提供法律咨询和帮助。2005 年 12 月最高人民法院决定重新审理此案。2006 年 5 月最高人民法院对该案进行开庭审理，因双方主张差距太大而没有达成调解协议。2009 年 4 月最高人民法院作出终审判决，认定 5 家企业在涉案时间段超标排放废水造成附近水域污染致使养殖场饲养的青蛙、蝌蚪几乎全部死亡遭受损失是不争的事实。最高人民法院在判决书中认定，根据司法解释的规定，作为侵权人的污染企业只有能够证明其侵权行为与损害后果不存在因果关系或者法律规定的免责事由成立的情况下，始得免除侵权损害赔偿责任。因此，本案的举证责任应由 5 家企业承担。原审法院要求受损害的养殖场举证证明该因果关系存在不当。为此，最高人民法院判令步云乡染化厂等 5 个被告赔偿特种养殖场损失 48 万元及利息，并判令 5 个被告对上述债务承担连带清偿责任。

6. 企业网络信息安全的责任

伴随着大数据经济的发展，个人信息泄露的风险日益增高。信息安全的实质是要保护信息系统或信息网络中的信息资源免受各种类型的威胁、干扰和破坏，即保证信息的安全性。我国《网络安全法》主要明确了等级保护制度、关键信息基础设施保护制度、国家安全审查制度、数据离境存储制度、用户信息保护制度、安全认证和检测制度、监测预警和信息通报制度以及应急处置制度共计八项制度。该法首次以法律形式对网络经营者的数据责任作出了规定：网络运营者有采取必要措施防止信息泄露的义务，以及信息泄露发生后进行补救、及时告知用户及监管机构等义务。数据企业泄露个人信息最高可处违法所得1倍以上10倍以下罚款，无违法所得的处100万元罚款。2018年5月欧盟新的《通用数据保护条例》正式生效。该《条例》规定，只要收集了欧盟居民数据，不管数据控制者是否在欧盟区域营业，都应受到《条例》的约束。在此之前，谷歌公司由于隐私保护问题已经多次受到欧盟各国隐私执法机构的处罚，而今后处罚力度只会更大，受到波及的企业范围也会更大。因此，我国电商平台企业要做好充分的准备。

7. 企业对社区的责任

企业是社会的组成部分，也是所在社区的组成部分，企业与所在社区建立和谐融洽的关系是企业的一项重要社会责任。企业对社区的责任就是回馈社区，为社区提供就业机会，为社区的公益事业提供慈善捐助，向社区公开企业经营的有关信息，等等。企业通过适当的方式把自己利润中的一部分回报给所在社区是其所应承担的社会责任。企业履行社会责任有助于缓解社会贫富差距，消除社会不安定的隐患。一方面，大中型企业可集中资本优势、管理优势和人力资源优势对贫困地区的资源进行开发，既可扩展自己的生产和经营，获得新的增长点，又可弥补贫困地区资金的不足，解决当地劳动力和资源闲置的问题，帮助当地脱贫致富。另一方面，企业也可通过慈善公益行为帮助落后地区发展教育、社会保障和医疗卫生事业，既可解决当地政府因资金困难而无力投资的问题，帮助落后地区逐步发展社会事业，又可通过公益事业达到广告效应，提升企业的形象和消费者的认可程度，提高产品市场占有率。

二、法律环境

市场经济是法治经济，法律是规范企业活动的准绳。知法、懂法不但是每个公民的责任，而且是创业企业的责任。因此，企业的一切经营活动只有依法进行才能得到法律的认可和保护。创业者如果能够掌握必要的法律法规，并且以法律规范自己的投资、经营和管理行为，就会避免各种隐患及纠纷的发生。否则就可能事与愿违，或者权益得不到保障，或者纠纷不断，或者受到行政处罚甚至被追究刑事责任。

（一）创业企业设立的法律法规

为了维护国家利益和社会公共利益，保护人民群众的利益，依法律、行政法规的规定，部分企业在设立登记前，企业设立者必须报经政府主管部门或政府授权部门审查批准，经批准后，凭相关主管机关颁发的许可证，向企业登记机关登记，领取营业执照，开始营业。这些行业或企业主要有：

（1）中外合资经营企业、中外合作经营企业、外商独资企业。

（2）金融企业。

（3）医药行业、餐饮业、烟草业。

（4）新闻出版、音像制品行业。

（5）歌舞娱乐业、旅游行业。

《公司法》《个人独资企业法》《合伙企业法》分别对不同企业的类型、成立的基本条件、行为规范、企业投资人的权利和义务以及企业的变更和解散等事项作了具体规定。

│ 拓展阅读 │

如何认定"小微企业"？

"小微企业"即小型微利企业，根据我国法律的相关规定，小微企业指从事国家非限制和禁止行业，并符合下列条件的企业：①工业企业，年度应纳税所得额不超过50万元，从业人数不超过100人，资产总额不超过3000万元；②其他企业，年度应纳税所得额不超过50万元，从业人数不超过80人，资产总额不超过1000万元。

创办企业需要依据《企业法人登记管理条例》《公司登记管理条例》以及消防、卫生等行政审批程序的一些具体规定办理相关手续，如果从事特定行业的经营活动，还须事先取得相关主管部门的批准文件。创办企业需由申办单位或个人提出申请，经工商行政管理机关审核，准予登记注册的，领取《企业法人营业执照》。登记主管机关依法办理企业设立或开业、变更、注销登记，监督企业按照登记注册事项和企业章程、合同从事经营活动，遵守国家法律、法规和政策，制止和查处不法经营行为，并依法对企业实行年度检验，对相关证照和企业登记档案进行管理。

依法纳税是每一个企业的责任，企业进行纳税就需要进行税务登记，税务登记是我国税收管理的一项重要管理制度。对广大纳税人来说，办理税务事项的第一件事，就是向主管税务机关申请办理税务登记手续，接受登记管理。这是纳税人依法履行纳税义务的基本前提，也是纳税人合法经营的主要标志。同时，只有履行了登记手续，才能得到税务机关的管理服务，享受税收优惠，保证生产经营活动的顺利进行。

| 拓展阅读 |

企业如何进行网上电子报税申请？

企业按规定应向税务受理部门（办税服务厅）提交的材料目录如下：①组织机构统一代码证复印件一份；②办理人身份证复印件一份；③企业营业执照（副本）复印件一份；④《网上电子报税申请审批表》；⑤《单位证书申请（更新）表》；⑥网上电子申报税款扣缴银行及银行账号；⑦CA 数字证书材料费用；⑧税务机关规定应当报送的其他有关证件、资料。

办理时限为 20 个工作日。办结时由受理窗口向纳税人发放《网上电子报税申请审批表》一份和 CA 数字证书，并通知纳税人到相关软件维护系统单位进行培训。

（二）创业企业人力资源相关法律法规

创办企业就要依据劳动法与企业员工建立劳动关系。广义的劳动法是指调整劳动关系以及与劳动关系密切联系的其他社会关系的法律规范的总称。具体包括国家机关制定的《劳动法》《劳动合同法》《就业促进法》《社会保险法》等法律和法规、规章。

1. 《劳动法》

《劳动法》是调整劳动关系的主要规范性法律文件，除此之外，还有许多其他关联法，如《工会法》《职业教育法》《矿山安全法》《企业职工奖惩条例》《企业劳动争议处理条例》《社会福利法》《社会救济法》《社会优抚法》《社会保险法》《城市居民最低生活保障条例》等。

2. 《劳动合同法》

《劳动合同法》规定，中华人民共和国境内的企业、个体经济组织、民办非企业单位等组织与劳动者建立劳动关系，订立、履行、变更、解除或者终止劳动合同，适用本法。

3. 《就业促进法》

为了促进就业，促进经济发展与扩大就业相协调，促进社会和谐稳定，2007 年 8

月30日第十届全国人民代表大会常务委员会第二十九次会议通过了《就业促进法》，该法自2008年1月1日起施行。

4.《社会保险法》

《社会保险法》对于建立覆盖城乡居民的社会保障体系，更好地维护公民参加社会保险和享受社会保险待遇的合法权益，使公民共享发展成果，促进社会主义和谐社会建设，具有十分重要的意义。社会保险主要项目有社会统筹与个人账户相结合的基本养老保险、社会统筹与个人账户相结合的基本医疗保险、失业保险、工伤保险、生育保险、重大疾病和补充医疗保险等制度。

（三）创业企业财产权和经营行为相关法律法规

1. 民法

民法是调整平等主体的自然人、法人、其他经济组织之间的财产关系和人身关系的法律规范的总称。民法通过调整财产所有关系和财产流转关系反映并遵从市场经济规律，调整市场经济秩序，确立市场交易规则，尊重、维护个体权利，使个体的利益在得到保护的同时，也为个体追求个人利益不断地进行自我创新、自我发展创造了法律环境。我国的民法部门主要由《民法通则》和一些单行的民事法律所包含的法律规范组成。《民法通则》是我国民法部门的基本法，此外，民法部门所包含的与企业经营相关的单行民事法律主要有《合同法》《商标法》《专利法》《著作权法》等。

2.《合同法》

合同，又称契约，是双方或多方当事人之间的协议。《合同法》第二条规定："本法所称合同是平等主体的自然人、法人、其他组织之间设立、变更、终止民事权利义务关系的协议。婚姻、收养、监护等有关身份关系的协议，适用其他法律的规定。"《合同法》第十条规定："当事人订立合同，有书面形式、口头形式和其他形式。"《合同法》第十三条规定："当事人订立合同，采取要约、承诺方式。"

3.《产品质量法》

《产品质量法》于1993年2月22日由第七届全国人民代表大会常务委员会第三十次会议通过，自1993年9月1日起施行，2018年12月29日第十三届全国人民代表大会常务委员会第七次会议修正。《产品质量法》调整的产品范围是经过加工、制作用于销售的产品。在我国境内从事产品的生产、销售活动，必须遵守本法。

4.《消费者权益保护法》

《消费者权益保护法》分总则、消费者的权利、经营者的义务、国家对消费者合法权益的保护、消费者组织、争议的解决、法律责任、附则 8 章 63 条。

5.《反不正当竞争法》

归纳起来，《反不正当竞争法》规定了以下不正当竞争行为：①仿冒行为，包括：假冒他人注册商标的行为；仿冒知名商品特有的名称、包装、装潢的行为；擅自使用他人的企业名称或姓名，引人误认为是他人商品的行为；仿冒他人产品的质量标识和产地，引人误解的行为。②虚假广告行为，包括：产品质量的虚假表示；价格的虚假表示；引诱性广告宣传行为；变相广告；诋毁性的广告行为。③商业贿赂行为。④侵犯商业秘密的行为，包括：以不正当手段获取他人商业秘密；恶意披露、使用或允许他人使用以违法行为获得的商业秘密；违反约定或者违反权利人的要求，披露、使用或允许他人使用商业秘密的行为；第三人侵犯商业秘密的行为。⑤不正当促销行为，包括：不正当有奖销售行为；不正当低价销售行为。

（四）创业企业知识产权相关法律法规

知识产权法，是指国家制定或认可的，调整由智慧创作物产生的各种社会关系的法律规范的总和。知识产权是法律赋予人们对其智慧创作物享有的权利。知识产权包括：①关于文学艺术和科学作品的权利。②关于表演艺术家的演出、录音制品和广播节目的权利。③关于人类在一切领域的发明的权利。④关于科学发现的权利。⑤关于工业品的外观设计的权利。⑥关于商标、服务标志、厂商名称和标记的权利。⑦关于制止不正当竞争的权利，以及在工业、科学、文学或艺术领域里其他一切因智力活动而产生的权利。知识产权是无形财产权，具有专有性、时间性、地域性、法定性的特点。知识产权三大支柱为专利权、著作权、商标权。

1.《专利法》

《专利法》是为了保护发明创造专利权，鼓励发明创造，促进科学技术的发展，适应社会主义现代化建设的需要而制定的法律。专利权，是指法律赋予专利权人对其获得专利的发明创造在一定期限和范围内依法享有的专有权利。《专利法》规定，专利权的客体为发明、实用新型、外观设计，可获得专利权的主体包括发明人、设计人以及取得专利权的单位。单位获得专利权，一般基于以下两种情况：职务发明创造，合作或委托研究、设计。

2.《商标法》

根据《商标法》规定，凡是从事商品的生产、制造、加工、拣选、经销或者提供服务的自然人、法人或者其他组织，都可以申请商标注册，成为商标权主体。任何能够将自然人、法人或者其他组织的商品与他人的商品区别开的可视性标志，包括文字、图形、字母、数字、三维标志、颜色组合和声音等，以及上述要素的组合，均可以作为商标申请注册。我国采取申请在先、自愿注册和强制注册相结合的原则，并对驰名商标实行特别保护的原则。

3. 《著作权法》

我国《著作权法》对所保护的作品进行了明确列举，其第三条规定："本法所称的作品，包括以下列形式创作的文学、艺术和自然科学、社会科学、工程技术等作品：（一）文字作品；（二）口述作品；（三）音乐、戏剧、曲艺、舞蹈、杂技艺术作品；（四）美术、建筑作品；（五）摄影作品；（六）电影作品和以类似摄制电影的方法创作的作品；（七）工程设计图、产品设计图、地图、示意图等图形作品和模型作品；（八）计算机软件；（九）法律、行政法规规定的其他作品。"著作权的主体，又称为著作权所有者或著作权人，是指依照法律规定或者合同约定，对文学、艺术和科学作品享有著作权的人。著作权主体包括自然人、法人或其他组织。根据我国《著作权法》的有关规定，国务院又相继颁布了《著作权法实施条例》《计算机软件保护条例》《实施国际著作权条约的规定》等法规。

4. 《反不正当竞争法》

《反不正当竞争法》对商业秘密作出了规定。商业秘密是指不为公众所知悉、具有商业价值并经权利人采取相应保密措施的技术信息、经营信息等商业信息。该法将侵犯商业秘密的行为分为以下几种："（一）以盗窃、贿赂、欺诈、胁迫、电子侵入或者其他不正当手段获取权利人的商业秘密；（二）披露、使用或者允许他人使用以前项手段获取的权利人的商业秘密；（三）违反保密义务或者违反权利人有关保守商业秘密的要求，披露、使用或者允许他人使用其所掌握的商业秘密；（四）教唆、引诱、帮助他人违反保密义务或者违反权利人有关保守商业秘密的要求，获取、披露、使用或者允许他人使用权利人的商业秘密。经营者以外的其他自然人、法人和非法人组织实施前款所列违法行为的，视为侵犯商业秘密。第三人明知或者应知商业秘密权利人的员工、前员工或者其他单位、个人实施本条第一款所列违法行为，仍获取、披露、使用或者允许他人使用该商业秘密的，视为侵犯商业秘密。"

（五）创业企业金融法律法规

创业企业的设立与经营离不开与金融机构的往来。金融法是调整在金融活动中形成的金融调控监管业务关系的法律规范的总称，包括银行法律制度、证券法律制度、保险法律制度和票据法律制度等。

1.《票据法》

《票据法》于 1995 年 5 月 10 日经第八届全国人民代表大会常务委员会第十三次会议通过，并自公布之日起施行。2004 年 8 月 28 日第十届全国人民代表大会常务委员会第十一次会议对该法进行了修改。《票据法》是我国调整票据关系的基本法律依据。

2.《保险法》

《保险法》于 1995 年 6 月 30 日经第八届全国人民代表大会常务委员会第十四次会议通过。2014 年 8 月 31 日第十二届全国人民代表大会常务委员会第十次会议对该法作出修改。保险法是调整保险关系的法律规范的总称。我国《保险法》上所称的保险，以商业保险为限。

（六）创业企业税收法律法规

税收是国家为了实现其职能，凭借政治权力参与社会产品的分配，依法强制无偿征收国民部分物质财富，从而取得财政收入的一种方式。税法是由国家制定的、调整国家与纳税主体之间税收关系的法律规范的总称。税法作为国家法律体系的重要组成部分，是掌握政权的利益集团的意志体现，是国家税收政策在法律上的反映。它既是国家实现其职能、取得财政收入、贯彻税收政策的保障，也是明确征纳双方主体权利义务关系的依据。

1.《增值税暂行条例》

根据《增值税暂行条例》规定，在中华人民共和国境内销售货物或者提供加工、修理修配劳务以及进口货物的单位和个人，为增值税的纳税人，应当依照本条例缴纳增值税。我国关于增值税发票的规定有国家税务总局发布的《增值税专用发票使用规定》。1997 年修订后的《刑法》规定了"危害税收征管罪"，对有关增值税专用发票方面的犯罪有具体规定。根据 2017 年 10 月 30 日国务院第 191 次常务会议通过的《国务院关于废止〈中华人民共和国营业税暂行条例〉和修改〈中华人民共和国增值税暂行条例〉的决定》，我国全面取消营业税，调整完善增值税征税范围，将销售服务、无形资产、不动产的单位和个人规定为增值税纳税人，并明确相应税率。

2.《消费税暂行条例》

消费税，是指以特定的商品或劳务作为课税对象而征收的一种税。《消费税暂行条例》于 1993 年 12 月 13 日发布实施，经 2008 年 11 月 5 日国务院第 34 次常务会议修订通过，自 2009 年 1 月 1 日起施行。国家在对货物普遍征收增值税的基础上，选择少数消费品再征收一道消费税，其目的主要是为了调节产品结构，引导消费方向，保证国家财政收入。目前，确定征收消费税的为烟、酒、化妆品等五类 11 种商品。消费税实行在应税消费品的生产、委托加工和进口环节等单一环节征收制度，在随后的批发、零售等环节不再征收。消费税实行价内税，税款最终由消费者承担。

3. 《企业所得税暂行条例》

所得税是以纳税人的所得或收益额为征税对象的一类税。《企业所得税暂行条例》经 1993 年 11 月 26 日国务院第 12 次常务会议通过，自 1994 年 1 月 1 日施行。我国目前企业所得税实行内外有别的两套税制，因而我国的所得税包括内资企业所得税、外商投资企业和外国企业所得税以及个人所得税。一般企业适用 25% 的税率。非居民企业在中国境内未设立机构、场所的，或者虽设立机构、场所但取得的所得与其所设机构、场所没有实际联系的，适用税率为 20%。符合条件的小型微利企业，皆按 20% 的税率征收企业所得税。对国家需要重点扶持的高新技术企业，皆按 15% 的税率征收企业所得税。

| 拓展训练 |

税收政策在一定历史时期内具有相对的稳定性，同时由于经济形势和政治形势的变化，税收政策也是不断变化的。从税制的总体布局和税种结构的建立，到各种税的税率、税目、减免、课征环节等可能有所变动，从而实现国家经济发展的预期。因此，我们每个创业者都应当关注国家的税收政策及其对自己的影响。

请借助网络，搜集整理企业增值税、个人所得税等最新政策的调整变化。

_____

_____

_____

_____

_____

_____

（七）解决争议的主要方式

在企业经济活动中，交易双方往往会出现争议，而民事诉讼和商事仲裁是解决争议的主要方式。

民事诉讼法有狭义和广义之分。狭义的民事诉讼法，又称形式意义上的民事诉讼法，是指国家颁布的关于民事诉讼的专门性法律。我国现行狭义的民事诉讼法特指1991 年 4 月 9 日第七届全国人民代表大会第四次会议通过的《民事诉讼法》，迄今为止，该法经过三次修改。广义的民事诉讼法，除《民事诉讼法》外还包括《宪法》和其他法律中有关民事诉讼的规定，以及最高人民法院关于民事诉讼的司法解释，如最高人民法院《关于适用〈中华人民共和国民事诉讼法〉若干问题的意见》《关于民事诉讼证据的若干规定》《关于人民法院执行工作若干问题的规定（试行）》等。因企业间的经济纠纷而引起的经济诉讼是民事诉讼的主要部分。经济诉讼是指人民法院在双方当事人和其他诉讼参与人参加下，审理和解决经济纠纷案件的活动，以及因这些活动而产生的诉讼法律关系的总和。根据我国有关法律规定，人民法院在解决经济纠纷案件时，按照民事诉讼程序进行，诉讼实行两审终审制。诉讼一般分为起诉、审判、执行三个基本阶段。

仲裁，又称公断，是指双方当事人在纠纷发生前或者纠纷发生后达成协议，自愿将争议提交第三方作出判断和裁决，从而达到解决纠纷目的的一种制度。《仲裁法》自1995 年 9 月 1 日起施行，根据 2017 年 9 月 1 日第十二届全国人民代表大会常务委员会第二十九次会议《关于修改〈中华人民共和国法官法〉等八部法律的决定》第二次修正。该法共八章 80 条，具体包括总则、仲裁委员会和仲裁协会、仲裁协议、仲裁程序、执行、涉外仲裁等规定。

➔ 思考与练习

1. 企业责任是什么？企业责任的内容和范围包括哪些方面？

2. 企业为什么要进行工商注册和税务登记？

3. 《宪法》《劳动法》规定的劳动者权利具体包括哪些内容？

4. 《劳动合同法》对于劳动合同的条款和内容的具体规定是怎样的？

➔ 相关资源

1. 吴荣良、万美、杜梦编著：《企业环境法律风险管理实务》，上海交通大学出版社 2016 年版。

2. 汪忠著：《基于社会责任的企业治理评价研究》，世界图书出版广东有限公司2016 年版。

3. 穆臣刚编著：《别让不懂法害了你：投资创业》，中国法制出版社 2015 年版。

第八章　企业生存与发展

学习目标

认知目标

- 树立创业成本意识和风险意识
- 认识企业经营中财务管理的重要性

技能目标

- 掌握启动资金预测方法及筹资渠道
- 了解简单财务报表的编制原理
- 能够结合预编财务报表对企业生存发展作出恰当决策
- 掌握风险识别与风险评估的基本原理和方法

> 管理是一种实践，其本质不在于"知"而在于"行"。其验证不在于逻辑，而在于成果，其唯一权威就是成就。
>
> ——［美］彼得·德鲁克

认知与实践

任何创业都是有成本的，很多创业者在创业初期遇到的最大问题就是缺乏资金。怎样在创业准备阶段筹集到资金，又怎样在创业初期业务量极少的情况下获得资金维持企业的生命力？这些问题是关系到企业生存、发展的基本问题。

合理筹集创业所需资金是对创业者最为基本的素质要求，也是其创办企业的前提。筹集不到足够的资金会使企业出现资金断流，甚至被迫清算；筹集的资金过多，又会导致资金闲置，产生机会成本，导致企业经营效率低下。所以，创业者一定要能够对创业所需资金进行科学的估算。

一、创业资金预测与筹集

通常创业者在开始融资前，必须对自己的创业项目进行一次投资预测并根据这个初步的计算估算出整个项目启动时需要投入的资金数，然后根据这个数字再加上一定比例的不确定因素得出一个准确的数字。这个过程叫启动资金预测。

启动资金指创业者进行创业时前期的资本投入，用来支付场地（土地和建筑）、办公家具和设备、机器、原材料和商品库存、营业执照和许可证、开业前广告和促销、工资以及水电费和电话费等方面的费用。

（一）创业资金分类

创业者在创办和经营企业的过程中会产生各种各样的支出，其中有些支出和企业的生产经营相关，有些没有关系。在企业筹建和经营期间与企业自身运营相关的支出，按照其发生的时间不同分为营运前支出和营运前期支出。

营运前支出或称投资成本，即企业开始营运之前，需要投入一定数量的资金用于开办企业的各种支出，主要包括购买或租用土地、建设厂房、购买机器、装修厂房、登记注册、通水通电、前期广告宣传等支出。营运前期支出或称营运成本，即企业投入营运之后，在实现盈利之前，要维持企业正常运转需要投入的资金，主要包括购置原材料、员工薪酬、日常办公费用、电话费、水电费、税收费用等支出。从资本的形式来看，资本可以分为固定资本和流动资本。固定资本，包括用于购买厂房、机器设备、办公设备、车辆、工具等固定资产的资本，这些固定资产的使用寿命较长，所以固定资本的周转速度比较慢，不能在短期内收回。流动资本，包括用于购买原材料、燃料、支付工资及其他日常经营费用的资本，这些资本在一个营运周期内就能收回，周转速度比较快。

营运前支出和营运前期支出的根本区别在于其投入企业的时间不同。从理论上将投入企业的资金区分为营运前支出和营运前期支出，有助于创业者对开业之后的可能投入予以充分关注和足够重视，以使其更加理智地筹集资金，避免由于现金断流给企业及创业者本人带来不必要的损失。

一般来说，大部分投资者均能想到购置厂房、设备及材料等的支出，以及员工的工资支出，但常常会忽略诸如机器设备安装费用、厂房装饰装修费用等开业前可能发生的大量其他支出，以及企业开始经营之后所需要追加的存货购置、房屋租金、办公用品购置等的支出。将投入企业的资金支出分为营运前支出和营运前期支出的主要目的，是提醒投资者要对创业过程中的风险予以足够重视，要充分估计到创业过程中可能的亏损时期，以及在该时期需要追加的投资数目。

| 拓展训练 |

创业所需资金分类练习

尝试将下面的各种支出按投入企业的时间分为营运前支出和营运前期支出。

支出项目	营运前支出	营运前期支出
企业注册登记费		
购置和装修厂房的支出		
机器设备购置费		
市场咨询费		
开业宣传费		
首次购买原材料或存货的支出		
补充原材料或存货的支出		
员工第一个月的工资		
创业者第一个月的工资		
培训费支出		
办公用品购置支出		
电话费		
劳动和社会保障支出		

创业者在预估启动资金时要注意以下几点：一是尽量节省支出，尤其是在固定资本上。企业最主要的固定资产投资就是厂房和设备。在满足经营要求的前提下，可以考虑通过租用厂房、采购二手设备来节约资金。二是尽量减少库存。库存越多，需要的流动资金就越多。所以，创业者应该尽量将库存降低到最低限度。三是不能低估营运前期支出。创业者通常只考虑营运前支出，而忽视或低估营运前期支出，以致企业刚营运不久就在支付员工工资、偿还贷款、支付租金等方面出现问题，甚至因此而倒闭。所以，创业之初一定要预估企业在达到收支平衡之前一段时间内的各项支出，以保证提前筹集到充足的资金并手中预留所需的流动资金。

（二）创业筹资渠道

创业筹资是为了满足创办企业或在创办初期的正常生产经营等方面的需要，通过一定的渠道、采取一定的方式筹集资金的行为。创业筹资有多种渠道，创业者需要尽力挖掘一切可能的融资渠道获取创业资金。

1. 自有资金

对于大多数创业者来说，自我筹资是新企业融资的一种基本途径。很多人一想到创业就想找创业投资或外部的天使资金，但创业初始阶段这样做是很难如愿的。创业者只能竭尽全力挖掘自己身边的资源并尽量降低起步成本，从而支撑其走过艰难的起步期。创业是有风险的，如果创业者将一定量的自有资金投入新创企业中，可以给外界传递一个自己对新企业充满信心的信号，告诉外界自己会对企业经营尽心尽力，从而吸引其他投资者。世界银行所属的国际金融公司（IFC）通过对北京、成都、顺德、温州四地的私营企业的调查发现，中国的私营中小企业在初始创业阶段几乎完全依靠自筹资金，90%以上的初始资金都是由主要的业主、创业团队成员及其家庭提供的，而银行、其他金融机构贷款所占的比重很小。不过创业者的个人资金毕竟十分有限，对于一些资金需求量大的行业来说，自有资金几乎是杯水车薪。

2. 向亲朋好友融资

亲朋好友是创业融资的重要渠道。在创业初期，新创企业很难从银行和其他金融机构获得投资，凭借个人信誉和影响，从家人、亲戚、朋友处获得创业所需的资金就成为常见的融资方法。基于与创业者本人的亲密私人关系，亲朋好友往往会慷慨解囊给予资金援助，而且很多都是不计报酬。当然，从亲朋好友处筹集资金也有缺点，有时容易引起纠纷。为尽可能地避免亲友关系在融资过程中出现问题，创业者应用对待其他投资者的方式对待家庭成员和朋友，用契约原则和法律形式来规范融资行为，保障各方利益，减少不必要的纠纷。

3. 合伙人投资

创业者可以寻找与自己志同道合的合伙人一起投资。合伙人的出资不同于向亲朋好友借款，作为合伙创业，其投资无须偿还。合伙人一般要参与企业的经营管理。合伙人的加入可以给企业带来资金和人才，实现利益共享的同时也共担风险，有助于创业成功。但是，对合伙人的选择不当或者合伙方式不明确也容易引起纠纷，导致企业解散。

4. 创业投资与天使投资

创业投资，是指向创业企业进行股权投资，以期所投资创业企业发育成熟或相对成熟后主要通过股权转让获得资本增值收益的投资方式。20 世纪 90 年代，风险投资在我国逐步兴起并得到迅速发展。创业投资投入的资本是权益资本，是一种不以控股为目的的阶段性股权投资。在企业发展壮大后，创业资本取得股权溢价收益，随即退出。对企业而言，创业资本并非借贷资本，而是成本很低的权益融资。创业资本对企业的投资过程能直接有效地推动和引导企业快速发展，其优势在于：创投资本可使企业迅速获得货币资本，扩大净资产规模；创投资本进入企业，可使企业的股权标准化，打通资本市场通道，企业可根据发展需要随时进行权益融资，利于企业快速做大做强；创投资本进入后，为企业提供增值服务，使企业拥有先进的经营理念，并协助企业建立稳健的发展体系，让企业的经营管理和财务统筹国际化和规范化，为企业上市打下坚实基础，快速提升企业声誉和知名度，为企业带来巨大的规模效益。

而"天使投资人（Angels）"通常是指投资于非常年轻的公司以帮助这些公司迅速启动的投资人。在风险投资领域，"天使"这个词指的是企业家的第一批投资人，这些投资人在公司产品和业务成型之前就把资金投入进来。天使投资人通常是创业企业家的朋友、亲戚或商业伙伴，由于他们对该企业家的能力和创意深信不疑，因而愿意在业务远未开展起来之前就向该企业家投入大笔资金。一笔典型的天使投资往往只是区区几十万美元，是风险资本家随后可能投入资金的零头。与创业投资相比，通常天使投资对回报的期望值并不是很高，但 10 到 20 倍的回报才足够吸引他们，这是因为，他们决定出手投资时，往往在一个行业同时投资 10 个项目，最终只有一两个项目可能获得成功，只有用这种方式，天使投资人才能分摊风险。天使投资的金额一般较小，而且是一次性投入，它对风险企业的审查也并不严格。它更多的是基于投资人的主观判断或者是由个人的好恶所决定的。通常天使投资是个体或者小型的商业行为；很多天使投资人本身是企业家，了解创业者面对的难处。天使投资人是创业公司的最佳融资对象，他们不但可以带来资金，同时也带来关系网络，如果他们是知名人士，也可提高公司的信誉。天使投资往往是一种参与型投资，也被称为增值型投资。我国目前的天使投资还不发达，但随着个人财富的积累和市场的完善，天使投资也在逐渐增加，开始受到越来越多的关注。对于大学生创业者来说，天使投资是值得期待的融资渠道。

天使投资与创业投资的比较：第一，天使投资是创业投资的一种，相对而言，天使投资不是那么正式和规范，而创业投资基金的运作则是一种正规化、专业化、系统化的大型商业行为。第二，天使投资投入资金规模一般较小，一次投入，不参与管理，对投资项目的审查不太严格。创业投资一般投资额较大，往往是几家机构的资金联合进行投资，而且是随着创业企业的发展逐步投入，其对所投资企业和项目的审查也很严格，在投入资金的同时，更多地投入管理，更注重提供增值服务。

| 拓展阅读 |

大拇指定律

在美国硅谷，风险资本所投资的创业企业有着一个不太精确的经验定律，即所谓风险投资收益的"大拇指定律"：如果风险投资基金投资十家高科技创业企业，在五年左右的发展过程中，可能有三家垮掉，三家停滞不前并最终被收购，三家能够上市并有不错业绩，只有一家能够迅速成长，上市后为社会看好，成为耀眼的明珠，价值数十倍甚至数百倍地增长，给投资者以巨额回报。

5. 借贷资金

向商业银行贷款是企业最常见的一种融资方式。对于创业企业来说，由于缺乏抵押物和信用积累，风险较大，银行一般不愿意提供贷款。但在提供担保的情况下，获得银行贷款还是比较容易的。总体来说，新企业从商业银行获得的贷款偏少，不能满足企业发展的需要。随着企业的发展壮大，银行贷款会逐渐成为企业运营的重要支持。

6. 创业扶持资金

新企业在国民经济发展中具有重要地位，但是与既有企业相比其竞争力不足。政府充分意识到了这一点，故通常采用多种方法支持新企业发展。为了支持中小企业发展，我国财政部、科技部、商务部等中央部委及各级地方政府部门、企业、高校等推出了多种扶持创业企业的基金项目。这些基金通过拨款资助、贷款贴息、资本金投入等方式扶持中小企业，成为中小企业创业的重要启动力量。

除以上提到的融资方式外，创业者还可以通过其他融资方式获得资金，如供应商的融资或客户提前付款、典当融资、融资租赁、集群融资等。创业本身就是创新，创业者也可以开拓新的融资渠道。

创业者获取资金的渠道有很多，各种渠道各有优劣。融资本身就像一把双刃剑，在为企业带来资金的同时也会带来风险。对于融资渠道的选择和使用如果不正确，可能给企业带来不同程度的影响。因此，创业者要正确地评估各种渠道，从中选择最适合自己的，以避免不必要的风险。创业融资不是一次性的，还具有阶段性的特点。创业者需要了解不同阶段的融资特点，注意融资渠道与创业过程的匹配。

（三）创业融资原则

创业者在融资时应注意以下几个原则：

1. 总收益大于总成本

创业融资是为了进行投资，从而获得更大的经济效益。而融资是要支付一定的成本的。创业者在选择融资渠道时，要遵循总收益大于总成本的原则。一要看为获取资金企业当前所增加的支出和带来的收益；二要看将来的支出和可能带来的收益。从眼前和长远来综合考量融资的总收益和融资的总成本，选择对自己最有利的融资渠道。选择融资渠道时要比较各种融资渠道的成本收益，选定了融资渠道后，也要尽可能地比较提供该资金的不同主体所要求的条件，做到融资成本最小化。

2. 融资规模及结构合理化

考虑到资金的使用成本，不同的融资规模和融资结构可能会给企业带来不同的影响。创业企业在进行融资时，要根据企业的发展阶段和成本收益，针对企业实际情况量力而行，合理地确定融资的金额和期限，并确定合理的融资结构。融资规模越大，创业者付出的代价就可能越大；融资规模太小，又有可能导致资金不足，影响企业运营和发展。

3. 风险可控化

融资必有风险，各种融资渠道的风险是不同的。创业者在选择融资渠道时要考虑到各种潜在的风险，做好风险应对，既要保证企业发展的所需资金充足，又要把风险控制在可控范围内，促进企业良性发展。

4. 合理保持企业控制权

在融资过程中创业者往往会让出部分所有权作为代价。对于创业者来说控制权的削弱不仅会减少其创业回报，有时也会阻碍其作出有利于企业利益的决策，所以创业者要尽可能地保持企业的控制权。相比较而言，债务融资不会影响创业者对企业的控制权，股权融资则会在一定程度上分散创业者对企业的控制权。创业者在进行第一次融资时，要确保企业股份不被投资者稀释太多，否则在进行第二次融资时企业创始人的股份将被更多地稀释，进而损失更多利益和对企业的控制权。

5. 根据企业不同发展阶段选择合适的融资渠道

一项新技术或新产品的产业化发展，通常分为四个阶段，分别是种子期、创建期（起步期）、成长期（扩张期）和成熟期。每个阶段的发展特点不同，其融资的主要方式和性质也应有所不同。

种子期的产品尚处于创意或开发研究阶段，并无正式的产品，无销售收入，无正式的销售渠道，此时的主要任务是确定技术上和商业上的可能性。这个阶段的资金需求量不大，但投资的风险很大，主要包括技术风险、市场风险和管理风险等。种子期的资金来源主要有创办人及合伙人的自有资金、向亲戚朋友借贷、个人投资、政策性扶持资金等。

当创业企业发展步入起步期，可能已经完成新产品的样品，或者形成了较为完善的生产工艺路线和生产方案，但还需要在与市场结合的过程中加以完善，为批量生产和应用做准备。这一阶段的资金主要用于形成生产能力和开拓市场，其目标是尽快实现盈亏平衡，解决企业生存问题。该阶段的融资渠道通常为风险投资、天使资金、商业信用、政府资助等。

经受了起步阶段的考验后，创业企业在生产、销售、服务等方面已具备良好的基础，新产品设计和工艺已经定型并初步具备大批量生产的能力。但收入尚不稳定，完善的销售渠道和网络还没有建立，企业品牌和形象也需要持续巩固，各种生产经营活动需要大量资金的投入。另外在该阶段通常企业在提高产品质量、降低成本的同时，有必要着手开发第二代产品，以保障企业的可持续发展，努力谋求企业在行业中的优势地位。成长阶段的资金需求量特别大，主要的融资渠道有创业投资、个人投资、商业信用等。

当企业发展步入成熟阶段，企业已开始大量盈利，风险最小。但企业为适应市场需求状况必须进行大批量的生产，购置更多的设备和材料，扩建厂房，招聘员工。同时还要考虑新项目或推出新产品，因此资金需求量也很大。企业在这个阶段有了比较稳定的收入和一定的资金规模，其价值已经得到市场的认可，可以考虑通过金融机构进行贷款，甚至争取在国内外资本市场上市融资或发行债券等。因此，该阶段的融资渠道呈现出多元化的特征。（表8-1）

表8-1　　　　　　　　　　　　企业不同发展阶段的融资方式

发展阶段	融资方式	优势	劣势
种子阶段	自有资金	成本低，安全性高	量和规模有限，不易形成企业最优资本结构
	政府基金	成本低，无偿使用或低息贷款	项目数量少，项目的挑选要求比较严格，时间长
	天使投资	投资程序简单方便；天使投资具有相关经验或资源，可提供咨询等方面支持	投资少，不适用于大量资金需求

（续表）

发展阶段	融资方式	优势	劣势
成长阶段	创业投资	可为企业引进国内外战略合作网络，能够为公司在战略、运营和财务上提供建议，具有丰富的上市和商业运作的经验	创业投资的寻找较困难，谈判的门槛很高，资金方谋求对企业运作的控制，影响企业战略方向，可能与创业者目标存在差异
成熟阶段	银行贷款	不影响公司股权结构，不参与公司经营管理，偿还本息固定	利息成本高，中小企业信用担保较差，融资难
	资本市场	融资量大，不涉及负债，流动性强，可扩大公司知名度和声誉	审批程序复杂，发行成本高，监管严格，信息透明度高

| 拓展阅读 |

谷歌当年是如何融资的

谷歌搜索项目是由两名斯坦福大学的理学博士拉里·佩奇和谢尔盖·布林在1996年建立的，他们开发了一个先进的以精确分析网站之间的关系为基础的搜索引擎，随后于1998年在加利福尼亚州的一位朋友的车库里正式建立了公司。为了实现创业的目标，他们首先去寻找天使投资人，第一个就是斯坦福校友、太阳微系统公司创始人之一、后来任思科副总裁的贝托尔斯海姆。贝托尔斯海姆是个有眼力的老手，他看了演示，觉得这项技术有戏，就产生了浓厚的兴趣。但他时间很紧，那天匆匆演示完毕，他要急着赶到别处，说细节不必讨论了，干脆开支票吧。于是，十万美元就成了谷歌的第一笔启动资金。当时公司还没有正式注册，这笔钱不得已先在佩奇宿舍的抽屉里保存了好几周。之后两人忙着注册公司，并且向家人和亲戚朋友借钱筹资。终于凑够了一百万美元。1998年9月7日，谷歌正式诞生。在创立之初办公室就是朋友转租的车库。公司除了佩奇和布林之外，就只有一个雇员希尔维斯通（后来成为谷歌的技术总监）。

1999年6月7日，硅谷最有名的两家风险投资公司凯鹏华盈和红杉资本同意向谷歌一共投资2500万美元（占30%股份）。红杉资本的莫里慈和凯鹏华盈公司的杜尔同时进驻公司的董事会。从此，谷歌不再是一家车库公司，而是成了互联网大潮中正式的玩家之一。亚马逊的创始人贝佐斯在1998年曾向谷歌投资25万美元，当谷歌在2004年上市时，贝佐斯持有330万股谷歌股票，按照每股IPO价格85美元计算，该笔投资在当时市值达到2.8亿美元。假如贝佐斯将投资获得的谷歌股票持有到现在，这些股票的市值将达到惊人的16亿美元。

（四）大学生创业融资技巧

很多大学生刚开始创业就想到向风险投资机构融资，但其实求人不如求己，融资需要花时间和精力，同时还要向别人披露自己的商业秘密，而且引入外部股权资本的同时也可能引入了矛盾。另一方面，投资商都是尽量规避风险的，所以一般企业在起步或早期是很难获得创业投资的。因此，在创业的早期阶段必须依赖自己的资金，从销售入手积极地寻找客户，有了营业收入就有了发展的动力。即使在创业早期就能很幸运获得投资商关照，大学生创业者也需要投入一部分自有资金。如果创业者自己都不承担风险，怎么能获得外界投资者的信任呢？

1. 大学生创业的常规资金来源（表8-2）

（1）向家庭成员或亲朋好友筹款。这是成本最低的创业"贷款"。在大多数国人的习惯中，向亲友借钱一般不需要承担利息，因此筹措资金速度快、风险小、成本低。但是这种筹资方式所能筹到的钱十分有限，也会给亲友带来资金风险，甚至是资金损失，如果创业失败还会影响亲友之间的感情，总之难以满足较大数额的资金需求。

（2）寻求政府资金资助。但政府的资金来源有限，只能满足很少一部分项目的需要，如政府部门主导的创业基金。

（3）天使投资和创业投资。大学生创业者可以积极参加各种有影响力的创业大赛，力争取得优异比赛成绩，引起评委中的投资者或其他人的关注，从而有可能得到他们的投资。

（4）向金融机构贷款，包括抵押贷款、信用贷款、贴现贷款等。如果创业者有可以抵押的资产，则可以直接向某些银行申请贷款或者通过担保机构进行融资；也有一些特定的小规模信用贷款不需要有形资产抵押。某些特殊领域的项目则有可能获得一些特定的金融支持，例如政府重点支持的某些产业项目。

表8-2 　　　　　　　　　　　　大学生创业融资渠道

融资渠道	优点	缺点
自筹资金	创业初期主要的资金来源，自身投入，没有债务性负担	对大学生创业者来说，自筹资金有限
政策性贷款	在政府政策的帮助下相对容易获得	限额较低，程序复杂，有还款压力
经营性贷款	到款迅速，有限额优势	申请困难且利率高
风险投资	权益性融资的最好方式，资金供应足以支持创业企业发展	我国风险投资多数由政府出资，但对于创业企业来说初期较难申请成功
天使投资	最适合种子期企业的融资	我国的天使投资体制还不健全

2. 新兴的融资渠道和手段

（1）网络借贷平台。网络借贷平台在资本市场发达的西方国家早已建立。近些年，随着人们信用意识的提高和我国资本市场的发展，国内也陆续出现了一些网络借贷平台。网络借贷平台的工作原理是运用网络技术将创新的理念与传统的借贷行业结合起来，通过平台借入者可以向十几个甚至几十个出借者借款，这些出借者可以是借入者的熟人也可以是没见过面的网友，还可以是专业的投资人，借出者与借入者不用见面就可以完成整个借款和还款的过程。借入者和借出者在平台上直接交互，而不用见面，这就是目前盛行的网络借贷模式。对于大学生来说，如果资金需求不大，可以考虑在这样的网络借贷平台上尝试一下，但一定注意要向正规的网贷平台借款。

（2）融资租赁。这是一种以融资为直接目的的信用方式，表面上看是借物，而实质上是借资，以租金的方式分期偿还。融资租赁方式比较适合需要购买大件设备的初创企业。要注意选择那些实力强、资信度高的租赁公司，且租赁形式越灵活越好。

（3）创业贷款是近年来部分银行推出的一项新业务，凡是具有一定生产经营能力或已经从事生产经营活动的个人，因创业需要均可以向开办此项业务的银行申请专项创业贷款。创业贷款的期限一般为一年，最长不超过三年，创业贷款的利率也较低。很多地区推出的下岗失业职员创业贷款还可以享受 60% 的政府贴息，有的地区对困难职工进行的家政服务、卫生保健、养老服务等微利创业还实行政府全额贴息。

我国从 2003 年起开始将大学生纳入创业小额银行贷款服务范畴，很多地方政府也相继出台相应的配套政策，提供贴息等优惠。

二、财务与税务

无论是首次创业者还是企业的管理者都需要了解企业财务和税务方面的知识。特别是对于初期创业者来讲，在完成了自己的创业计划后，还要全方位地考察自己是否做好了开业的准备，企业能否生存发展下去。创业者需要问自己以下三个问题：①有没有足够的时间、精力来承担企业的管理工作？②企业是否能赚钱？③是否有足够的资金来办企业？有没有足够的责任心和能力？

细致的财务分析可以使企业的财务状况、发展动态以及企业存在的问题像细胞在显微镜下一样清晰。通过财务分析，创业者可以全面、客观地评价并提高企业财务活动的业绩。

| 拓展训练 |

损失了多少？

一名顾客进入鞋店要买一双 12 元的鞋子。他给收银员一张 20 元的钞票。此时正是一大早，收银员没有零钱，于是她拿那张 20 元的钞票到隔壁的饭店兑换成 20 张 1 元的钞票。然后，她把零钱找给了顾客。

上午晚些时候，饭店的主人来找收银员说："这张 20 元是假钞票。"收银员同意收回那张假钞，并给那个饭店的主人两张 10 元的钞票。

请问：除了失去一双鞋之外，这家鞋店还损失了多少钱？从这个训练中你获得怎样的启发？

_____

_____

_____

通常企业成立之初，规模小、业务量较少，为节约资金创业者可以自己记账，但随着企业业务量的增加，企业的记账工作须交由专门的会计人员，或成立专门的会计部门来做，也可以委托会计公司办理，以保证账簿记录的完整、有效。无论谁负责记账，创业者都应该始终关注会计事务。

企业的盈利状况以及是否能够偿还到期款项等既是创业者需要密切关注的问题，也是企业的债权人、企业经营决策者和有关的政府管理机构需要了解的问题，但各个信息需求者对企业经营状况和财务状况的关注点不同。创业者创业是为了获得利润，其最关心投资的收益状况。债权人将钱借给企业也是为了获得一定的收益，因此，债权人对企业最关心的是借出的资金能否得到按时足额的还本付息。税务部门关注企业纳税的状况，工商部门则关注企业经营范围的变化。因此，为了向企业的利益相关者提供相关信息，企业必须编制财务报表。创业者作为企业的所有者应能够编制简单的财务报表，并能够根据报表提供的信息作出正确抉择。

（一）财务报表的作用

财务报表，对于改善企业外部的经济决策环境和加强企业内部经营管理具有重要作用。具体包括以下几个方面：

1. 向企业利益相关者提供相关会计信息

企业提供的财务报表中含有丰富的会计信息，如资产负债、所有者权益、收入、费用、利润等各种会计指标。这些指标对于企业利益相关者，特别是投资者、债权人从整体上了解企业的财务状况和经营成果具有其他书面文件不可替代的作用，是利益相关者进行科学决策的主要依据。

2. 为实施内部控制和会计监督提供依据

财务报表提供的经济指标，为企业所有者、经营者、债权人和国家职能部门对企业进行控制和监督提供依据。企业所有者可利用财务报告的有关信息，对企业实施控制及监督。经营者可利用财务报告检查经营成果的实现情况。债权人可利用财务报告监督企业借入资金的使用情况，掌握企业偿债能力。国家可利用企业财务报表提供的信息进行宏观经济管理，制定合理的经济政策。

3. 有利于评价企业业绩

财务报表有利于企业所有者和管理者评价经营业绩，改善经营管理，寻找提高经济效益的途径和方法。财务报表所提供的指标不仅有利于各方进行科学、合理的决策，同时也有利于评价企业经营的业绩，并在此基础上找出问题、分析原因，促进企业生产经营管理的改善，寻找出提高企业经济效益的途径和方法。

（二）预编财务报表

鉴于财务报表对于企业发展的重要性，创业者在创业初期需要预编财务报表。

预编财务报表是创业者在收集了有关市场、消费者、竞争对手、产品研发、运营以及企业其他方面信息的基础上，对新企业的财务进行预测（一般至少是3年），计算出新企业的资本需求。创业者可以通过编制销售收入表、利润表、现金流量表来分析新企业的盈亏状况。

预编财务报表关键是要注意以下两个方面：①利润表列示的盈亏状况极大地依赖创业者对市场的估计，即市场份额和销售量的估计。②对成本的估计，一方面要克服低成本估计，要注意成本是随着销售量的增长而上升的，同时应该将财务报表与同行业企业进行比较，分析是否切合实际。

1. 销售收入预测表（表8-3）

销售收入是企业在开展销售商品、提供劳务和转让资产使用权等日常经营业务过程中所形成的经济利益的总收入。在进行销售收入预测时，创业者应立足对市场的研究和对行业营业状况的分析，根据其试销经验和市场调查资料，利用推销人员意见综合、专家咨询等方法预测业务量和市场销售价。

表 8 – 3　　　　　　　　　　　　　　　　销售收入预测表

产品或服务项目		年	年	年	合计
（1）	销售数量				
	平均单价				
	年销售额				
（2）	销售数量				
	平均单价				
	年销售额				
（3）	销售数量				
	平均单价				
	年销售额				
（4）	销售数量				
	平均单价				
	年销售额				
合计					

2. 利润预测表（表 8 – 4）

利润是指企业在一定会计期间的经营成果。利润是反映企业经营成果最直观、最综合和最有说服力的业绩指标，也是企业经营管理中最受关注的指标和评价企业管理层业绩的一项重要指标，是投资者等财务报告使用者进行决策的重要参考依据。利润包括收入减去费用后的净额、直接计入当期利润的利得和损失等。利润计算一般是通过编制利润表的形式实现的。

利润表是用来反映企业在某一会计期间的经营成果的财务报表。该表根据"收入-费用＝利润"的会计等式编制而成，是一个时期的、动态的报表。创业者在编制利润表时，应根据销售收入预测的销售量对各项成本和费用进行预算，以此计算新企业在会计期间的预计利润。

表 8 - 4　　　　　　　　　　　　　**利润预测表**

项目＼年度		年	年	年	合计
销售	含流转税销售收入				
	流转税（增值税等）				
	销售净收入				
成本	业主工资				
	员工工资				
	租金				
	营销费用				
	公用事业费				
	维修费				
	折旧费				
	贷款利息				
	保险费				
	登记注册费				
	原材料（列出项目）				
	总成本				
利润					
税费	企业所得税				
	个人所得税				
	其他				
净利润（税后）					

编制利润表时，一定要合理界定成本和费用的界限，按照收入和成本费用的配比原则，产品的生产成本只有在销售出去时才能够从相应的收入中扣减。

根据利润预测表判断，如果生意亏损或者利润很小，请考虑以下提示：

（1）销量能不能提高？

（2）销售价格有没有提高的空间？

（3）哪些成本最高？有没有可能降低这些成本？

（4）能否靠减少库存或降低原材料的浪费来降低成本？

3. 现金流量表（表8-5）

现金就像是企业这台发动机运转需要的燃料，有些初期创业者由于缺乏管理现金流量的能力，导致企业经营中途抛锚。创业者需要明白，企业可能不会因为亏损而破产，却会因为现金断流而被迫进行清算。所以现金流的管理对企业，尤其是初创期的企业来说至关重要。

企业可通过现金预算的编制，对企业未来可能的现金收入和现金支出进行预测，从而有效避免现金断流的情况出现。现金流量表是反映企业在一定会计期间现金和现金等价物流入和流出、拥有现金数量的报表，以此可以确定融资需求量或资金多余量。现金预算是根据资金进入企业和流出企业的情况来编制的。在大多数情况下，流入企业的现金来自产品和服务的销售。除此之外，出租固定资产或转让无形资产的使用权、投资者追加投资、设备变卖等也是现金流入的渠道。现金流出企业主要是用于支付工资、购买材料、支付水电费、购买设备等。

表8-5　　　　　　　　　　　　现金流量表

项目	年度	年	年	年	合计
现金流入	年初现金				
	现金销售收入				
	赊销收入				
	贷款				
	其他现金流入				
	可支配现金（A）				
现金流出	现金采购支出（列出项目）				
	赊购支出				
	工资保险				
	租金				
	营销费用				
	公用事业费				
	维修费				

（续表）

项目＼年度		年	年	年	合计
现金流出	贷款利息				
	偿还贷款本金				
	设备				
	其他（列出项目）				
	税金				
	现金总支出（B）				
年底现金（A－B）					

现金流量表显示了企业现金收入和支出的动态。作为创业者一定要有一个意识——即使企业有销售收入，但如果周转资金不足，企业也会倒闭。如果现金流量表显示某个阶段里现金短缺，就要采取措施：

（1）减少赊销额，加快资金回笼。

（2）采购便宜的替代品或原料，减少材料消耗来降低成本。

（3）要求供应商延长付款期限。

（4）减少各种费用开支。

（5）尝试要求银行延长贷款期，或降低偿还的本息。

（6）推迟添置新设备。

（7）租用或贷款购买设备。

（三）税务筹划

依法纳税是每个公民和企业的义务。创业者有必要对企业经营过程中涉及的一些常见税种进行深入的了解。

1. 增值税

营业税和增值税是我国两大主体税种。营业税，是对在中国境内提供应税劳务、转让无形资产或销售不动产的单位和个人，就其所取得的营业额征收的一种税。营业税属于流转税制中的一个主要税种。增值税是以商品（含应税劳务）在流转过程中产生的增值额作为计税依据征收的一种流转税。从计税原理上说，增值税是对商品生产、流通、劳务服务中多个环节的新增价值或商品的附加值征收的一种流转税。2011年，经国务院批准，财政部、国家税务总局联合下发营业税改增值税试点方案。从

2012 年 1 月 1 日起，在上海交通运输业和部分现代服务业开展营业税改增值税试点。2012 年 8 月 1 日至 2012 年年底，国务院将营改增试点扩大至八省、市。2013 年 8 月 1 日，"营改增"范围推广到全国试行，并将广播影视服务业纳入试点范围。2014 年 1 月 1 日起，铁路运输和邮政服务业纳入营业税改增值税试点，至此交通运输业已全部纳入营改增范围。2016 年 5 月 1 日起，我国全面推广营改增试点，建筑业、房地产业、金融业、生活服务业全部纳入营改增试点。2017 年 10 月 30 日，国务院常务会议通过《关于废止〈中华人民共和国营业税暂行条例〉和修改〈中华人民共和国增值税暂行条例〉的决定（草案）》，这标志着营业税正式退出历史舞台，增值税制度更加规范。

2. 企业所得税

企业所得税是指对中华人民共和国境内的企业（居民企业及非居民企业）和其他取得收入的组织以其生产经营所得为课税对象所征收的一种所得税。作为企业所得税纳税人，应依照《企业所得税法》缴纳企业所得税，但个人独资企业及合伙企业除外。企业所得税以纳税人在一个纳税年度内的收入总额减去准予扣除项目金额后的余额为应纳税所得额，实行比例税率。新所得税法规定法定税率为 25%，内资企业和外资企业一致，国家需要重点扶持的高新技术企业为 15%，小型微利企业为 20%，非居民企业为 20%。

3. 个人所得税

个人所得税是国家对本国公民、居住在本国境内的个人的所得和境外个人来源于本国的所得征收的一种所得税。我国个人所得税的纳税义务人是在中国境内居住有所得的人，以及不在中国境内居住而从中国境内取得所得的个人，包括中国公民，在华取得所得的外籍人员和港、澳、台同胞。我国个人所得税的征收方式实行源泉扣缴与自行申报并用法，注重源泉扣缴。个人所得税的征收方式可分为按月计征和按年计征。个体工商户的生产、经营所得，对企业、事业单位的承包经营、承租经营所得，特定行业的工资、薪金所得，从中国境外取得的所得，实行按年计征应纳税额，其他所得应纳税额实行按月计征。应纳个人所得税税额 = 应纳税所得额 × 适用税率 - 速算扣除数。

| 拓展阅读 |

有关 2019 年个税改革

个税改革，即个人所得税改革，随着全社会对收入分配制度改革的期待日渐强烈，个税改革的呼声也随之高涨。2018 年 8 月 31 日，第十三届全国人大常委会第五次会议表决通过了关于修改个人所得税法的决定，决定自 2019 年 1 月 1 日起施行，但"起征点"提高至每月 5000 元等部分减税政策，从 2018 年 10 月 1 日起先行实施。此次个税改革是为了进一步便民、惠民、利民，主要内容包括：

一是将个人经常发生的主要所得项目纳入综合征税范围。将工资薪金、劳务报酬、稿酬和特许权使用费 4 项所得纳入综合征税范围，实行按月或按次分项预缴、按年汇总计算、多退少补的征管模式。

二是完善个人所得税费用扣除模式。一方面合理提高基本减除费用标准，将基本减除费用标准提高到每人每月 5000 元，另一方面设立子女教育、继续教育、大病医疗、住房贷款利息或者住房租金、赡养老人等 6 项专项附加扣除。

三是优化调整个人所得税税率结构。以现行工薪所得 3%—45% 七级超额累进税率为基础，扩大 3%、10%、20% 三档较低税率的级距，25% 税率级距相应缩小，30%、35%、45% 三档较高税率级距保持不变。

四是推进个人所得税配套改革。推进部门共治共管和联合惩戒，完善自然人税收管理法律支撑。

4. 消费税

消费税是在对货物普遍征收增值税的基础上，选择少数消费品再征收的一个税种，主要是为了调节产品结构，引导消费方向，保证国家财政收入。现行消费税的征收范围主要包括烟、酒、鞭炮、焰火、化妆品、成品油、贵重首饰及珠宝玉石、高尔夫球及球具、高档手表、游艇、木制一次性筷子、实木地板、摩托车、小汽车、电池、涂料等税目。消费税的税率有两种形式：一种是比例税率；另一种是定额税率，即单位税额。共有 13 个档次的税率，最低 3%，最高 56%。

5. 城市维护建设税

城市维护建设税，是我国为了加强城市的维护建设，扩大和稳定城市维护建设资金的来源，对有经营收入的单位和个人征收的一个税种。教育费附加是国家为扶持教育事业发展，计征用于教育的政府性基金。城市建设税由缴纳增值税、消费税的纳税人以实际缴纳的增值税、消费税为基础按照法定比例缴纳，市区7%，县城和镇5%，其他地区1%。教育费附加以实际缴纳的增值税、消费税为基础按照税率3%缴纳。

三、创业风险管理

市场经济中企业的出生率高，死亡率也高。英国一项针对企业寿命的统计显示：7%的新建企业在开业后6个月内关闭，40%的新建企业在开业后6个月到3年这段时间内关闭，将近一半的新建企业"活"不过3年。企业成立3年后，关闭率逐渐下降，但"活"过6年的也只有35%。美国小企业管理局的资料也反映了类似情况，小企业在开业后6年内的存活率为40%。企业的经营管理风险无处不在，小企业更是如此。

（一）创业风险及其特点

风险是损失或收益发生的不确定性，即风险由不确定性和损失（或收益）两个要素构成，是在一定条件下、一定时期内某一事件其预期结果与实际结果间的变动程度。变动程度越大，风险越大；反之，风险则越小。创业风险来自与创业活动有关的因素的不确定性。在创业过程中，创业者要投入大量的人力、物力和财力，要引入和采用各种新的生产要素与市场资源，要对现有的组织结构、管理体制、业务流程、工作方法进行变革。这一过程必然会伴随各种意想不到的情况和困难，从而有可能使结果偏离创业的预期目标。

创业风险具有以下特点：

（1）风险的客观性。风险是不以人的意志为转移的，是由客观存在的自然现象和社会现象引起的。在创业过程中，由于内外部事物发展的不确定性这一事物发展变化过程的特性，创业风险也必然是客观存在的。这就要求我们采取正确的态度承认和正视创业风险的存在，并积极对待创业风险。

（2）风险的不确定性。风险发生的条件、风险的程度和类型都是不确定的，有时候就是防不胜防。创业过程中创业者面临各种各样的不确定因素，这些因素还是不断变化且难以预知的，这就造成了创业风险的不确定性。

（3）风险的相对性。因为面对的对象不同，基于时间和空间的差异，不同的对象面临的风险大小不完全相同。创业者面临的风险，与其创业行为以及决策是紧密相连的，同一风险事件，对于不同的创业者往往会产生不同的风险。

（4）风险的可测量性。随着科技的进步和人们对风险认识的加深，企业可以通过定性或定量的方法对风险进行评估和测量，为风险管理提供可靠依据。

（二）创业风险的来源

创业环境的不确定性，创业机会与创业企业的复杂性，创业者、创业团队与创业投资者的能力与实力的有限性，是创业风险的根本来源。研究表明，创业的过程往往是将某一构想或技术转化为具体的产品或服务的过程，在这一过程中，存在着几个基本的、相互联系的缺口，它们是上述不确定性、复杂性和有限性的主要来源，也就是说，创业风险在给定的宏观条件下，往往就直接来源于这些缺口。大学生创业存在的风险主要有：

（1）盲目选择项目。很多大学生创业时，只是凭自己的兴趣和想象来决定投资方向，甚至仅凭一时心血来潮做决定，缺乏市场调研，没有在充分了解市场的基础上创业。

（2）缺乏创业技能。很多大学生创业者眼高手低，当原创业计划转变为实际操作时才发现自己根本不具备解决问题的能力。一些大学生创业者虽然技术出类拔萃，但理财、营销、沟通管理方面的能力不足。

（3）融资渠道单一。在融资渠道上，基本都是银行贷款、自筹资金、民间借贷等传统方式。

（4）社会资源贫乏。很多大学生平时很少参加社会实践活动，人际交往的范围窄，资源缺乏。在大多数情况下，创业者不一定也不可能拥有所需的全部资源，这就形成了资源缺口。如果创业者没有能力弥补相应的资源缺口，要么创业无法起步，要么在创业中受制于人。企业创建、市场开拓、产品推介等工作都需要调动社会资源，大学生在这方面会感到非常吃力。因此，大学生平时应多参加社会实践活动，扩大自己人际交往的范围。创业前，可以先到相关行业领域工作一段时间，通过这个过程，为自己日后的创业积累人脉。

（5）法律意识淡薄。很多大学生在创业前很少认真了解与创业相关的法律法规，或者虽有所了解，在实践的众多环节中却忽视法律，在风险和利益同时存在的情况下，以赌博心态、投机心理和冒险行为替代理性的法律思维，从而导致惨痛的失败。

（三）创业风险管理

风险管理就是组织对面临的各种风险进行识别、评估、分析，确定恰当的风险控制方法，并予以实施，以确定的管理成本替代不确定的风险成本，并以最小经济代价获得最大现实保障的活动。识别、预防、管理风险，消除各种风险可能带来的潜在损失，对创业企业而言，具有至关重要的意义。

1. 创业风险管理的意义

（1）减轻企业的财务负担。创业资金是困扰创业者的主要问题之一，由于企业没有积累，创业企业往往资金实力薄弱，现金流量不足。创业过程中的各种风险损失无疑会加大企业的财务经营负担。选择合适的风险管理方法，有利于降低风险管理成本。所以，有效的风险管理将使企业有限的资金得到更有效的使用。

（2）获取有利的竞争地位。在创业初期，企业之间的竞争与其说是在人才、技术、产品与市场上，倒不如说主要集中于对风险的管理上。企业在人力、技术、产品与市场上的竞争优势会带来企业发展所需要的收入，但是一个风险损失却可能使这些竞争优势全部丧失。

（3）有利于企业管理向规范化方向发展。企业在创业初期规模较小，管理机构专业分工不是非常规范，管理职责不够明确。建立合理的风险管理体系，使各类风险都有人分工负责，可使企业在对创业风险进行管理的基础上逐渐形成相应的职能管理体系，加快企业内部管理正规化的步伐，从而促进创业企业健康成长。

（4）有利于创业者综合素质的提高。创业者的综合素质是一个创业企业成功的关键因素之一。对一个成功的创业者而言，有些基本素质是必需的，如健康的体魄、坚毅的性格、自信、创新技能、自我学习的能力、自我约束等，但这些并不是对创业者素质要求的全部。创业者能否预测各种不确定性并处理各种不确定性是决定企业创业成功与否的重要能力之一。创业是一个从无到有的过程，各种因素都处于一种不确定的状态之中，这些不确定性当然包括各种潜在的损失。系统识别和统筹管理这些风险是创业者能力的重要标志之一，但这种能力并不是与生俱来的，需要创业者在创业过程中不断学习与积累，随着企业不断成长，创业者也在对风险的管理过程中逐渐成长成为真正的企业家。

2. 创业风险的控制

风险管理就是在降低风险的收益与成本之间进行权衡并决定采取何种措施的过程。风险管理的核心是对风险进行识别和处理。风险识别是指在风险事件发生之前，风险管理人员在收集资料和调查研究之后，运用各种方法对尚未发生的潜在风险以及客观存在的各种风险进行系统归类，其基本任务就是查明不确定性因素和风险来源、各风险之间的关系及风险的后果。风险评估是在风险识别的基础上对可能发生的某类风险进行的预计、度量和估计后果等工作。

风险无处不在，一旦发生难免造成损失，最有效的应对办法是能够控制风险的发生或将损失降到最小。风险控制是指通过不同的方法和措施，使因风险而造成的损失最小，常用的方法有回避风险、转移风险、损失控制和自留风险。

（1）回避风险。回避风险是指对所有可能发生的风险，尽可能地规避以直接避免风险损失。它包括了避开风险的两种方式，即先期回避和中途放弃。这两种方式都是基于承担或继续承担风险的成本将大大超过回避的可能费用这样一种认识。回避风险具有简单、易行、全面、彻底的优点，能从根本上排除风险来源和风险因素，将风险的概率降低为零，从而保证企业的安全运行，是一种有效的、普遍应用的方法，但也有其局限性。该方法通常用于损失程度大、发生频率高的风险，或者应用其他风险控制技术的成本超过其产生的效益时，否则不宜采用。

（2）转移风险。转移风险是指一些单位和个人为避免承担风险损失，而有意识地将损失或与损失有关的财务后果转嫁给其他单位和个人去承担。转移风险有非保险转移和保险转移两种形式。保险转移是指向保险公司交纳保险费用并同时将风险转移给保险人。

（3）损失控制。损失控制是指在风险发生时或在损失发生后，为了降低损失程度所采取的各种措施，主要包括损失预防和损失降低两方面的工作。

损失预防是一种事前的、积极的风险控制技术，即采用各种措施努力消除造成损失的一切原因，以达到减少损失发生次数或使损失不发生的目的。损失降低是一种事后的风险控制技术，指通过一系列措施来降低损失的严重程度，将发生损失的影响减到最小。它和损失预防对策不同，更关注的是风险的结果和后果。

（4）自留风险。自留风险是指企业既不回避也不转移风险，而自行承担风险及损失发生后的直接财务后果。自留是处理风险最普通的方法，以这种方式处理风险并不是因为没有其他的处置办法，而是出于经济性的考虑。该方法主要应用于风险发生概率低、风险损失小的风险的控制。

自留可能是有意识的，也可能是无意识的；可能是有计划的，也可能是无计划的。当创业者未意识到风险的存在，或低估了潜在损失的严重性，因而未做风险处理准备时，自留是被动的，它必然会对企业产生不利的影响，因此我们必须避免被动自留风险，而采取主动自留风险。风险自留在费用的筹措和开支上存在着一定的局限性，使得它的应用有了一定的限度。企业选择风险自留作为风险控制的措施通常有以下几种情况：

一是该风险是不可保的，比如说一些受灾损失，像地震、洪水等，在这些风险面前，企业采取风险自留的管理措施，往往是出于无奈。

二是与保险公司共同承担损失。比如保险人规定一定的免赔额，此时保险人会让渡一部分保费，也就是收取比较低的保险费。

三是企业自愿选择自留的方式承担风险。对于某种风险该企业认为自留风险较之投保更为有利。

新创企业只有从其内外环境条件和经营活动实际出发，对各种风险控制方式加以比较、分析和权衡，并综合运用，才有可能提高风险管理的效率。

➔ 思考与练习

1. 适合大学生的创业融资的渠道有哪些？

2. 创业融资应遵循怎样的原则？

3. 创业风险的控制方法有哪些？

➔ 相关资源

1. ［美］罗伯特·希斯著：《危机管理》，王成等译，中信出版社 2003 年版。

2. 洪锡熙编著：《风险管理》，暨南大学出版社 1999 年版。

第九章 创业与"互联网+"

➔ **学习目标**

认知目标

· 了解"互联网+"的基本概念和内涵，理解"互联网+"给产业和创业带来的巨大变化

· 培养适应"互联网+"时代的思维能力

技能目标

· 掌握"互联网+"思维的特点与内容

· 掌握"互联网+"创业的商业模式与基本途径

> 当今企业之间的竞争，不是产品和服务之间的竞争，而是商业模式之间的竞争。
>
> —— ［美］彼得·德鲁克

➔ **认知与实践**

一、"互联网+" 带来的新变化

（一）互联网与"互联网+"

互联网兴起于 1969 年的美国，是 20 世纪人类最伟大的发明之一。互联网自出现以来，便以惊人的速度迅猛发展，带给人们越来越多的惊喜与改变。我国自 1994 年加入互联网，以"后来居上"之势，取得了举世瞩目的成就，目前拥有世界上最大的"互联网"和最多的用户。2012 年，易观国际董事长兼首席执行官于扬提出"互联网+"的概念，认为所有的传统行业都应该被互联网改变，创业者需要找到自己的

"互联网＋"。于扬解释称，在互联网行业，360（即360安全科技股份有限公司）就是"互联网＋安全服务"，百度就是"互联网＋广告"。实际上，"互联网＋"与互联网一样，还没有形成明确统一的概念和内涵。一般认为，"互联网＋"本质是信息互联互通和信息能源的开发利用，目的是促进虚拟经济与实体经济的深度融合，推动人类社会进入一种新的社会经济发展形态——互联网经济。以移动互联网、云计算、大数据、物联网等为标志的新一代信息技术对经济社会生活的渗透率越来越高，正以前所未有的广度和深度，加快推进资源配置方式、生产方式、组织方式的变革。

简单来说，"互联网＋"可以理解为"互联网＋各个传统产业"，"互联网＋"是互联网技术渗透和扩散的历史过程。2014年4月21日出版的《人民日报》刊载了腾讯公司董事会主席兼首席执行官马化腾对"互联网＋"的观点与看法，他称"互联网＋"是一个趋势，加的是传统的各行各业。2015年全国"两会"，马化腾在人大代表议案中明确提出："互联网＋"是以互联网平台为基础，利用信息通信技术与各行业的跨界融合，推动产业转型升级，并不断创造出新产品、新业务与新模式，构建连接一切的新生态。2015年4月29日，在腾讯举办的"势在必行——2015'互联网＋'中国峰会"上，马化腾表示，互联网本身是一个技术工具，是一种传输管道，"互联网＋"则是一种能力，而产生这种能力的能源是什么？是因为"＋"而激活的"信息能源"。

2014年11月，李克强总理在出席首届世界互联网大会时指出，互联网是大众创业、万众创新的新工具。2015年3月5日，李克强总理在十二届全国人民代表大会第三次全体会议《政府工作报告》中首次提出"互联网＋"行动计划。李克强总理指出："制定'互联网＋'行动计划，推动移动互联网、云计算、大数据、物联网等与现代制造业结合，促进电子商务、工业互联网和互联网金融健康发展，引导互联网企业拓展国际市场。"

2015年3月，阿里研究院颁布了国内第一份《"互联网＋"研究报告》，系统地阐述了"互联网＋"。该报告提出，所谓"互联网＋"，就是以互联网为主的一整套信息技术（包括移动互联网、云计算、大数据技术等）在经济、社会生活各部门的扩散、应用过程。"互联网＋"的前提是互联网作为一种基础设施的广泛安装，本质是传统产业的在线化、数据化，内涵根本上区别于传统意义上的"信息化"。"互联网＋"的过程也是传统产业转型升级的过程，推动各产业的互联网化，"互联网＋"的动力在于云计算、大数据与新分工网络。

"互联网＋"是创新2.0下的互联网与传统行业融合发展的新形态、新业态，是知识社会创新 2.0 推动下的互联网形态演进及其催生的经济社会发展新常态。它代表一种新的经济增长形态，即充分发挥互联网在生产要素配置中的优化和集成作用，将互联网的创新成果深度融合于经济社会各领域之中，提升实体经济的创新力和生产力，形成更广泛的以互联网为基础设施和实现工具的经济发展模式。有学者认为，"互联网＋"的本质是"互联网 2.0＋创新 2.0"的经济创新模式。"互联网＋"概括了信息通信技术高度融合发展背景下的新一代信息技术与知识社会创新 2.0 的互动与演进，也是对当前创新 2.0 研究十大热点和趋势的一个概括。"互联网＋"作为智慧城市的本质特征将推动形成有利于创新涌现的生态。"互联网＋"的"＋"，不仅仅是技术上的"＋"，也是思维、理念、模式上的"＋"，以人为本推动管理与服务模式创新与创业是其中的重要内容。清华大学公共管理学院孟庆国教授认为，在工业发展领域，美国提出工业互联网，德国提出工业 4.0。创新 2.0 时代的新工业革命会同生态革命、创客浪潮，进一步推动了新能源、绿色生态、智能制造、开源创造等趋势。我国推行的"工业化、信息化、城镇化、农业现代化"同步发展战略需在创新 2.0 指导下融合新一代信息技术，实行颠覆性创新，变"全球制造大国"为"全球智造强国"。

总之，所谓"互联网＋"是依托移动互联网、云计算、大数据、物联网等信息网络技术的渗透和扩散，以信息的互联互通和信息能源的开发利用为核心，促进信息网络技术与传统产业的深度融合，优化重组设计、生产、流通、消费全过程，创新生产方式和企业组织形式，推动传统产业转型升级和经济发展方式转变，进入互联网经济这种新型经济社会形态的历史过程。现在大家熟知的电子商务、互联网金融、在线旅游、在线影视、网络直播、微信、支付宝、二维码查询，都是"互联网＋"的实际应用。

| 拓展阅读 |

论坛捧红天仙妹妹，引发巨大商机

一个羌族少女仅用一个月的时间就迅速抓住了成千上万网友的眼球，成为网络红人，网友们称她为天仙妹妹。天仙妹妹的横空出世源于一张在网上转发率极高的照片。

2005 年 8 月 7 日，国内某著名网站的汽车论坛出现了一个名为"单车川藏自驾游之惊见天仙 MM"的主题帖，发帖人以文配图的形式发布了一组四川理县羌族少女的生活照，立刻在论坛引起轰动。照片中的羌族少女一袭民族盛装，以其自然清新的面容、略显神秘的气质引来无数网友的赞叹。

没过多久，此帖就开始在各大论坛之间流传开来，并广为转载。一些网站在没有"加精""置顶"的情况下，帖子点击数在一天内竟超过了 10 万次。为方便网友参与讨论，腾讯公司还特地为天仙妹妹提供了两个新 QQ 号，作为她与网友直接交流的专用平台。一些门户网站也被天仙妹妹的人气所折服，纷纷在首页辟出专栏推介。在网络的推动下，天仙妹妹迅速成为网络红人。

天仙妹妹的超强人气引发巨大商业价值。2005 年 9 月，天仙妹妹接受四川省理县政府的邀请担任理县旅游大使，此后的 10 月 2 日，理县接待来自全国各地的旅游者约 13000 人次，创造了理县旅游日接待人数的新高。据报道，此后天仙妹妹又成为中国电信四川阿坝州分公司代言人以及西南最大门户网站天府热线网站代言人。2006 年 3 月，天仙妹妹正式成为国际品牌索尼爱立信手机形象代言人，还参演了多部电视剧。天仙妹妹是网络红人成功走向国际品牌商业领域的第一人，天仙妹妹凭借她独特的气质做到了"有价有市"。

（二）"互联网＋"的特征

一是跨界融合。"＋"就是跨界，就是变革，就是开放，就是重塑融合。敢于跨界了，创新的基础就更坚实；融合协同了，群体智能才会实现，从研发到产业化的路径才会更垂直。融合本身也指身份的融合，客户消费转化为投资，伙伴参与创新，等等，不一而足。

二是创新驱动。我国粗放的资源驱动型增长方式早就难以为继，必须转变到创新驱动发展这条道路上来。这正是互联网的特质，用所谓的互联网思维来求变、自我革命，也更能发挥创新的力量。

三是重塑结构。信息革命、全球化、互联网业已打破了原有的社会结构、经济结构、地缘结构、文化结构。权力、议事规则、话语权不断在发生变化。"互联网＋"社会治理、虚拟社会治理会有很大的不同。

四是尊重人性。人性的光辉是推动科技进步、经济增长、社会进步、文化繁荣的最根本的力量，互联网的强大力量最根本来源于对人性的最大限度的尊重、对人的敬畏、对人的创造性的重视。

五是开放生态。关于"互联网＋"，生态是非常重要的特征，而生态本身就是开放的。我们推进"互联网＋"，其中一个重要的方向就是要把过去制约创新的环节化解掉，把孤岛式创新连接起来，让研发由市场驱动，让创业并努力者有机会实现价值。

六是连接一切。连接是有层次的，可连接性是有差异的，连接的价值是相差很大的,但是连接一切是"互联网+"的目标。

七是法治经济。"互联网+"是建立在市场经济基础之上的法治经济,更加注重对创新的法律保护,增加了对于知识产权的保护范围,使全世界对于虚拟经济的法律保护更加趋向于共通。

| 拓展阅读 |

王老吉捐款1亿元背后的新闻营销

2008年5月18日晚,中国中央电视台举办了"爱的奉献——2008宣传文化系统抗震救灾大型募捐活动",王老吉向地震灾区捐款1亿元人民币,创下国内单笔最高捐款额度。此后,关于"王老吉捐款1亿元"的新闻迅速出现在各大网站,成为人们关注的热点。

与此同时,一则"封杀"王老吉的帖子也开始在网上热传。几乎各大网站和社区都能看到以"让王老吉从中国的货架上消失!封杀他!""王老吉,你够狠""为了'整治'这个嚣张的企业,买光超市的王老吉!上一罐买一罐!"等为标题的帖子。虽然题目打着醒目的"封杀"二字,但读过帖子的网友都能明白,这并不是真正的封杀,而是"号召大家去买、去支持"。甚至有网友声称"要买得王老吉在市场脱销,加班加点生产都不够供应"。

也许是无心插柳,也许是故意为之,但不管怎样,王老吉的善举感染了民众,刺激了消费者对王老吉的热情。当"王老吉捐款1亿元"的新闻铺天盖地时,"不上火"的王老吉实实在在地"火"了。

这是一个营销的时代,每个品牌、每家企业都在不遗余力地与消费者沟通,网络成了最快捷、最便利的沟通方式。王老吉的"火爆",用新闻传播来提升品牌的美誉度,促进了企业的市场销售,彰显了网络新闻的营销价值。

(三)"互联网+"带来的变化

"互联网+",有无限的想象力。当互联网成为基础设施的时候,加的不仅仅是工业、零售业与金融业,也不止于政策大力推动的智慧城市、政务云。"互联网+"带来了新的产业模式、新的商业思维、全新的管理和政府运作模式,乃至学习、工作、生活、娱乐休闲的全面变革。

1. 又一次工业革命

互联网对工业的改造既包含生产资源的整合，生产与流通效率的提升，也包括智能制造或在产品中嵌入智能化设备。主要包括以下三点：首先，工厂的智能化。智能工厂是物联网最典型的应用，即在生产设备中广泛部署传感器，实现智能化的监测与操作，提升制造效率，合理配置资源。其次，产品的智能化。传感器与智能芯片在汽车、家电等传统产品中的嵌入打开了新的竞争前沿，一方面智能化的产品能够实现更为全面、灵活、人性化的功能，另一方面还可以为生产者反馈有用的用户数据，反哺产品设计与研发。最后，产业链的智能化。产业链的智能化将实现从研发设计到原材料订购、生产、物流、销售直至消费者各个环节的实时监控、分析与全流程参与。譬如零售商将其库存信息实时提供给供应商能够有效降低库存率，而来自消费者、销售端以及工厂的数据共享也将在很大限度上辅助产品的研发设计。

2. 改变人们的购物习惯、支付方式

互联网改变了人们的购物习惯，缩短了买家与卖家的距离，通过互联网购物，不受时间的限制。互联网＋零售，电商增长势头不减，井喷点源源不绝，2018 年天猫双十一总交易额突破 2135 亿元。互联网还改变了人们的付款习惯，微信、支付宝的广泛应用以及财付通、网银在线、翼支付等支付机构的建立，逐步实现了"无现金支付"，支付方式更方便、更快捷。

3. 带来了金融业的改变

互联网金融未来的发展空间大致分为两方面，一是新一代互联网技术的进一步融合运用，授信、风险管理、客户跟踪反馈等环节处处皆有技术融合创新的空间；二是政府的参与，互联网金融市场的规范化建设以及数据资源的开放共享均需政府的参与与主动作为。

4. 工作方式的改变

"互联网＋"改变了人的工作方式。工作离不开电脑，离不开网络，甚至离不开手机。单位内外的沟通与交流，离不开电子邮件、网络电话、网络传真、即时通信、QQ、微信等网络工具。还有借助大数据、即时网络发展起来的滴滴司机、淘女郎、网络主播等职业。

5. 生活方式的改变

移动互联网的发展，使手机变成生活入口，人们的生活处处离不开手机。全覆盖的互联网成为解决问题的首选，人们在生活中遇到问题会自然而然地上网搜索、查询解决办法。网络购物平台日益成为人们新的消费途径，网购成为人们生活的重要部分。人们在交友、健身、旅游、娱乐休闲等方面对互联网的依赖也日益加深。

6. 改变了人与人之间的关系

互联网改变既有空间的属性，让空间可以创造性地重组。生活空间的界限开始变得不明晰了。很多人可以轻松地在家或在咖啡馆工作，把自家卧室变成一个网上商店，或者把任何一个地方变成会议室。手机把私人空间和公共空间联结在了一起，更有人认为，互联网时代，微信"朋友圈"就等同于公共空间。这种空间属性的变化也自然改变了人与人之间的关系。

当然，"互联网＋"具有无限的发展空间，新一代互联网技术会不断在新的行业、新的领域开花结果，物流、教育、医疗、交通、广告、传媒、航空、环保等行业中处处可见"互联网＋"。

二、互联网思维

互联网思维最早起源于互联网业界，指用互联网时代的新型理念来改造传统产业。免费、粉丝经济、用户体验、口碑、跨界……这些都是互联网思维的标签。百度公司董事长兼首席执行官李彦宏 2011 年提出"互联网思维"概念，认为互联网思维即"基于互联网特征来思考问题"。2012 年起，小米科技董事长兼首席执行官雷军、阿里巴巴集团董事局主席马云、腾讯公司董事会主席兼首席执行官马化腾、360 公司董事长周鸿祎等互联网产业巨头陆续提及"互联网思维"。2013 年，《人民日报》人民论坛网进行"互联网思维带来什么"的专题报道，紧接着，中央电视台《新闻联播》也播出这条新闻，使这一概念逐渐进入公众视野。2014 年 7 月，中国人民大学出版社出版了美国 IBM 软件集团社交网络软件实施组的优秀领导者罗恩·沙的倾力之作《互联网思维》一书，就怎样分享社交网络体验、如何完成社交网络任务、如何找准受众、如何构建社交网络的文化等方面给予行动指南。

（一）互联网思维的特征

互联网极大地压缩了信息横向传输的空间和时间，改变了过去信息与人、物之间的时空关系，蕴藏着带动经济、社会多向发展的可能性，而"互联网思维"就是把握和挖掘这些潜在可能性的方法，其特征大致包括以下几个方面：

1. 平视

平视即人们在网上平等对视、对话的表现形态和基本态度。首先，在网络平台上，人们的身份、职业、地域、年龄等社会标识都被淡化、忽略和剥离，每位网民都化身为一个简单的"ID"；其次，网络互联的过程就是将话语权打碎、均衡分配的过程，网上的每个人不以势大而言重，不因位卑而权弱；再次，随着移动互联网和社交网络的发展，人际关系因此而重组，人们依据兴趣爱好、思想观念、价值取向等在网上聚合、平等对话。

2. 互动

互动即信息的双向互通，是互联网实现人人互联的前提条件，也是其他媒体无可比拟的优势。网上信息不再是流水般的单向流动，而是不同观点和意见的交流、交锋和交融，既改变了传统的静态单一的交流模式，也改变了舆论参与的方式和频率，舆论生成的路径和规律，网上评论、新闻跟帖成为舆论新形态。同时，信息的跨时空实时互动改变了信息传播者和接受者的关系，特别是移动互联网背景下的互动，将网络世界与现实社会充分"链接"，线上线下即时同步，线上线下交融互通。线上的发布与线下的反馈、线上的质疑与线下的回应成为移动互联时代新常态。

3. 多元

多元是形形色色现实社会中的人在网上的本真呈现和自然绽放的状态。互联网是折射和反映现实社会的多棱镜，因为反映的角度、立场和取向不同而多元多态，主要表现在以下方面：一是话语权分散。一元与多元，大众与精众，主流与边缘并存，多元性带来互联网内容的丰富性，但也让网络信息纷繁复杂、良莠不齐。二是表达渠道多元化。随着互联网技术的发展和网络应用的多样，在表达渠道、表达方式上也呈现多元多性的状态。三是表达主体多元化。互联网既是个体价值观表达的渠道，也是群体利益诉求"争取"的平台。

4. 体验

互联网分享的便利，使"身临其境"和"现身说法"者的体验和感受更具真实性、说服力。一是见证者与参与者角色转换更频繁。互联网生活中，网民不再是一成不变的旁观者，而是在社会事件中不经意完成角色转变的参与者和体验者。二是网络"随身性"促进体验参与。随着移动互联网与社交网络的兴起，网民不再满足于表态与附和式的意见表达，便捷的移动网络可以让参与者实时发布相关感受至互联网，让更多的人参与或关注。三是"现场感""参与感"越来越受到重视。每一位网民都有可能是产品的体验者、推销者，也可能是突发事件的报道者、见证者，真实感受和"瞬时呈现"使"体验"更具说服力。成立于2010年的小米公司，用了仅仅5年时间便成为"国产手机五巨头"之一。小米科技创始人雷军就说过："我们不是做产品，而是做用户，是看重用户、发动用户的表现，最大限度地来聚集人气。"

5. 开放

信息传播无边界、进入低门槛，使互联网一诞生就天然成为汇聚和分享的平台。互联网的开放，不仅是一种空间形态，更是一种观念和态度。因为开放所以汇聚，使得互联网上存在不同的文化、观念和生活方式等大量信息，网络空间成为一个丰富多样的世界；因为开放所以"零门槛"，只要有网络，用户便可使用和进入互联网；因为开放所以"分享"，"上传"和"下载"是互联的基本形式，这意味着用户不仅能贡献自己的想法和主意，也能借鉴别人的创意和思路。"共享"和"免费"成为这个时代每一位网民的信息"福利"，开放精神也成为"互联网思维"的内核，与时代精神高度契合，相互促进与推动。

6. 个性

相对于现实社会，互联网以其更低限度的约束、更自主的表达成为人们自我展示的最佳平台。个性化是互联网的活力所在，也是中国网民鲜明的标签。首先是网民构成。这个主要由80后、90后等群体组成的网络主体，也因其群体本身的"鲜明个性"而极富色彩。其次是社会背景。当下社会思想交融交锋激烈，交通的便利和通信的发达进一步加深了这样的交流和碰撞，社会层面的个性化通过互联网得以凸显和放大。三是网上人人表达、众声喧哗，为了在芸芸网民中凸显自我，在巨量信息中不被湮没，网民更会为个性而"个性"地求关注、求点赞。展示"我"的个性化和满足个性化的"我"，使互联网更加纷繁复杂。

（二）互联网思维的内容

1. 用户思维

用户思维贯穿整个价值链的始终，在各个环节中都要"以用户为中心"，站在用户的角度考虑问题。用户思维，更多的是指满足用户的众多需求，而不是单一的需求。比如，用户需要一张书桌，我们不仅要卖一张好的书桌给他，如果他还需要阅读体验，我们就给他办个图书卡……

2. 大数据思维

大数据思维，是指对大数据的认识，对企业资产、关键竞争要素的理解，其核心是精准营销。

3. 跨界思维

随着互联网和新科技的发展，很多产业的边界变得模糊，互联网的触角早已无孔不入，如互联网＋零售、互联网＋图书、互联网＋金融、互联网＋电信、互联网＋娱乐、

互联网 + 交通、互联网 + 媒体等。

4. 迭代思维

这是一种以人为核心、迭代、循序渐进的开发方法，允许有所不足，不断试错，在持续迭代中完善产品。

5. 极致思维

就是把产品、服务和用户体验做到极致，超越用户预期。

6. 简约思维

互联网时代，信息爆炸，用户的耐心越来越不足，所以，必须在短时间内抓住用户，大道至简，越简单的东西越容易传播。

7. 平台思维

互联网的平台思维就是开放、共享、共赢的思维。海纳百川，包容万象，开放、共享的企业才能走得长久。

8. 社会化思维

社会化商业的核心是网，公司面对的客户群体以网的形式存在，与公司是水平参与关系，用户即媒介，用户可参与和创造内容。

9. 流量思维

流量意味着体量，体量意味着分量。"目光聚集之处，金钱必将追随"，流量即金钱，流量即入口，流量的价值不必多言。

| 拓展阅读 |

优等生的"叛逆"童年

——中央电视台经济频道主持人史小诺和李彦宏在《遇见大咖》
栏目对话实录（节选）

史小诺：你是不是从小到大一直都是三好学生？

李彦宏：我小时候很调皮。我上学的第一天，就被班主任撵回家去了，因为我跟同学打架，老师批评我，我又不承认错误。因为是第一天上学，老师问我你叫什么，我说你不知道我叫什么吗？就跟他这样吵，老师就觉得，我教不了你、管不了你了，你回家吧。就这样，我第一天就被老师撵回家去了。后来因为可能学习好，老师就老表扬，越表扬我就越不好意思捣乱了，才慢慢变成了一个三好学生。

史小诺：你觉得你身上有什么缺点吗？

李彦宏：我有很多缺点啊。我并不喜欢天天跟人在那儿打交道，我喜欢的是坐在电脑面前去关注产品、关注技术。

史小诺：200亿投向O2O，难道你不怕失败吗？万一烧的这个钱没有达到你理想的结果呢？

李彦宏：我是一个企业家，或者说是一个创业者，其实我们这类人天生就是喜欢冒险的。当我最开始辞掉美国的工作，卖掉美国的房子，回到北京来做创业的时候，当时的条件比在美国其实要差很多的，如果失败了其实就很不划算了，但是我就想：我愿意冒这个险，因为我知道，如果做成了，它的意义要远远大于我在美国过一个舒适的生活。

史小诺：有人这样说，因为谷歌的退出所以才成就了百度，像这种说法你在意吗？

李彦宏：这是一种误解，我也听到很多，应该说我是在意的，因为它不是事实，所以我也觉得有必要去解释一下，包括这个谷歌退出中国，那么大家可能忘了，谷歌在退出中国之前，它在中国运营了5年，这5年它的市场份额每年都在下跌。那个时候的百度呢？我们每年市场份额都在增加，所以百度的成功跟谷歌退出没有必然的联系。当然了，企业做大总会有质疑，我觉得这个是正常的，但是如果有机会我很愿意去澄清这些误解。颠覆我的是我自己，而不是另外一个公司。

史小诺：压力这么大，你有没有什么好的办法有时候来排遣一下，或者让自己暂时忘掉，有没有什么好的办法？

李彦宏：确实是，我有的时候觉得自己睡眠不够，所以如果压力特别大的时候，就想去睡一觉，我入睡没有问题，但是睡一会儿就会醒。

史小诺：你怕百度某一天突然被一个体量相当，或者体量比你大，甚至于根本不知道从哪个领域杀出来的一匹黑马，置于特别不好的境地，害怕这样的事情吗？

李彦宏：害怕。这种颠覆有可能来自比我们体量大的企业，但是更可能来自比我们体量要小的企业。我在做的过程当中永远都在跟比我大的对手竞争，这个我不怕。反而是那些你平时没有关注到的，你觉得这东西其实没什么，但是其实你的判断是错的，这个东西可能越做越大，越做越跟你的核心业务接近，最后把你就颠覆掉了。这种可能性其实是很大的。IT产业几十年的发展，这个过程一直在发生，所以多多少少就是一种必然。但是对于我来说，最好颠覆我的是我自己，而不是另外一个公司。

（有删改）

三、互联网创业的途径

2015 年 7 月，国务院印发了《关于积极推进"互联网 +"行动的指导意见》，明确了"互联网 +"未来三年以及十年的发展目标，以及创新创业、协同制造、现代农业、智慧能源、普惠金融、公共服务、高效物流、电子商务、便捷交通、绿色生态、人工智能等若干能形成新产业模式的重点领域的发展目标任务，并确定了相关支持措施。到 2018 年，互联网与经济社会各领域的融合发展进一步深化，基于互联网的新业态成为新的经济增长动力，互联网支撑大众创业、万众创新的作用进一步增强，互联网成为提供公共服务的重要手段，网络经济与实体经济协同互动的发展格局基本形成。

互联网思维成为一种新的商业智慧。未来的所有商业行为，都要以互联网思维为起点。被称为"互联网金融元年"的 2013 年，传统企业的互联网转型成为各大高峰论坛热议的话题，也是整个国民经济转型的关键命题。开放、透明、分享、责任成为互联网条件下新商业文明的基本理念，让商人回归人、回归生活，成为新商业文明的梦想。互联网时代瞬息万变，需要快节奏、高速度，考虑和处理问题要敏捷，反应要快速。因此，我们必须紧紧跟上互联网的步伐，用互联网思维去研判问题，去处理工作。要敢于做过去没有做过的事情，敢于想过去没有想过的事情，使行业和企业永远立于不败之地。未来不会再有专门的互联网企业，因为所有的企业都将成为互联网企业。对用户坚持"以人为核心""用户至上"思维，让其"深度参与"；让产品直达消费者的痛点，极致体验，快速迭代；互动中笃定"营销即服务"，充分利用社会化大数据、云服务等互联网技术拓展营销；生态方面，要具有生态赢利思维、跨界思维等。

（一）改变你的商业模式

"互联网 +"企业四大落地系统包括商业模式、管理模式、生产模式、营销模式，其中最核心的就是商业模式的互联网化，即利用互联网精神（平等、开放、协作、分享）来颠覆和重构整个商业价值链，目前来看主要分为六种商业模式。

1. 工具 + 社群 + 商业模式

互联网的发展，使信息交流越来越便捷，志同道合的人更容易聚在一起，形成社群。同时互联网将散落在各地的星星点点的分散需求聚拢在一个平台上，形成新的共同的需求，并形成了规模，解决了重聚的价值。

如今互联网正在催熟新的商业模式，即"工具 + 社群 + 电商/微商"的混合模式。

比如微信最开始就是一个社交工具，先是通过各自工具属性、社交属性、价值内容的核心功能过滤到海量的目标用户，加入了朋友圈点赞与评论等社区功能，继而添加了微信支付、精选商品、电影票、手机话费充值等商业功能。

为什么会出现这种情况？简单来说，工具如同一道锐利的刀锋，它能够满足用户的痛点需求，用来做流量的入口，但它无法有效沉淀粉丝用户；社群是关系属性，用来沉淀流量；商业是交易属性，用来变现流量价值。三者看上去是三张皮，但内在融合的逻辑是一体化的。

2. 长尾型商业模式

长尾概念描述了媒体行业从面向大量用户销售少数拳头产品，到销售庞大数量的利基产品的转变，虽然每种利基产品相对而言只产生小额销售量，但利基产品销售总额可以与传统面向大量用户销售少数拳头产品的销售模式媲美。通过 C2B 实现大规模个性化定制，核心是"多款少量"。所以长尾模式需要低库存成本和强大的平台，并使得利基产品对于兴趣买家来说容易获得。

3. 跨界商业模式

马云曾经说过一句很任性的话，如果银行不改变，那我们就改变银行。于是余额宝就诞生了，余额宝推出半年规模就接近 3000 亿。互联网为什么能够如此迅速地颠覆传统行业呢？互联网颠覆实质上就是利用高效率来整合低效率，对传统产业核心要素的再分配也是生产关系的重构，并以此来提升整体系统效率。互联网企业通过减少中间环节，减少渠道上不必要的损耗，减少产品从生产到进入用户手中所需要经历的环节来提高效率、降低成本。因此，对于互联网企业来说，只要抓住传统行业价值链条当中的低效或高利润环节，利用互联网工具和互联网思维，重新构建商业价值链就有机会获得成功。

马化腾在企业内部讲话时说："互联网在跨界进入其他领域的时候，思考的都是如何才能够将原来传统行业链条的利益分配模式打破，把原来获取利益最多的一方干掉，这样才能够重新洗牌。反正这块市场原本就没有我的利益，因此让大家都赚钱也无所谓。"正是基于这样的思维，才诞生出新的经营和赢利模式以及新的公司。而身处传统行业的人士在进行互联网转型的时候，往往非常舍不得或不愿意放弃依靠垄断或信息不对称带来的既得利益。因此，往往更多的是仅仅把互联网当成一个工具，思考的是怎样提高组织效率、如何改善服务水平、如何获得更大利润，所以传统企业在转型过程中很容易受到资源、过程以及价值观的束缚，即阻碍。

4. 免费商业模式

"互联网＋"时代是一个"信息过剩"的时代，也是一个"注意力稀缺"的时代，怎样在"无限的信息"中获取"有限的注意力"，便成为"互联网＋"时代的核心命题。注意力稀缺导致众多互联网创业者们想尽办法去争夺注意力资源，而互联网产品最重要的就是流量，有了流量才能够以此为基础构建自己的商业模式，所以说互联网经济就是以吸引大众注意力为基础，去创造价值，然后转化成盈利。

很多互联网企业都是以免费的、好的产品吸引很多的用户，然后通过新的产品或服务给不同的用户，在此基础上再构建商业模式，比如 360 安全卫士、QQ 等。小米科技董事长雷军指出："互联网行业从来不打价格战，它们一上来就免费。传统企业向互联网转型，必须要深刻理解这个'免费'背后的商业逻辑的精髓到底是什么。"互联网颠覆传统企业的常用打法就是在传统企业用来赚钱的领域免费，从而彻底把传统企业的客户群带走，继而转化成流量，然后再利用延伸价值链或增值服务来实现盈利。

如果有一种商业模式既可以统摄未来的市场，也可以挤垮当前的市场，那就是免费的模式。克里斯·安德森在《免费：商业的未来》一书中归纳出基于核心服务完全免费的商业模式：一是直接交叉补贴，二是第三方市场，三是免费加收费，四是纯免费。

5. O2O 商业模式

2012 年 9 月，马化腾在互联网大会上的演讲中提到，移动互联网的地理位置信息带来了一个崭新的机遇，这个机遇就是 O2O，二维码是线上和线下的关键入口，将后端蕴藏的丰富资源带到前端，O2O 和二维码是移动开发者应该具备的基础能力。

O2O 是 Online to Offline 的英文简称。O2O 狭义来理解就是线上交易、线下体验消费的商务模式，主要包括两种场景：一是线上到线下，用户在线上购买或预订服务，再到线下商户实地享受服务，目前这种类型比较多；二是线下到线上，用户通过线下实体店体验并选好商品，然后通过线上下单来购买商品。广义的 O2O 就是将互联网思维与传统产业相融合，未来 O2O 的发展将突破线上和线下的界限，实现线上线下、虚实之间的深度融合，其模式的核心是基于平等、开放、互动、迭代、共享等互联网思维，利用高效率、低成本的互联网信息技术改造传统产业链中的低效率环节。

1 号店联合董事长于刚认为 O2O 的核心价值是充分利用线上与线下渠道的各自优势，让顾客实现全渠道购物。线上的价值就是方便、随时随地并且品类丰富，不受时间、空间和货架的限制。线下的价值在于商品看得见摸得着，且即时可得。从这个角度看，O2O应该把两个渠道的价值和优势无缝对接起来，让顾客觉得每个渠道都有价值。

6. 平台商业模式

互联网的世界是无边界的，市场是全国乃至全球。平台型商业模式的核心是打造足够大的平台，使产品更为多元化和多样化，更加重视用户体验和产品的闭环设计。

海尔集团董事长和首席执行官张瑞敏对平台型企业的理解就是利用互联网平台，企业可以放大，原因有：第一，这个平台是开放的，可以整合全球的各种资源；第二，这个平台可以让所有的用户参与进来，实现企业和用户之间的零距离。在互联网时代，用户的需求变化越来越快，越来越难以捉摸，单靠企业自身拥有的资源、人才和能力很难快速满足用户的个性化需求，这就要求打破企业的边界，建立一个更大的商业生态网络来满足用户的个性化需求。通过平台以最快的速度汇聚资源，满足用户多元化的个性化需求。所以平台模式的精髓，在于打造一个多方共赢互利的生态圈。

但是对于传统企业而言，不要轻易尝试做平台，尤其是中小企业不应该一味地追求大而全、做大平台，而是应该集中自己的优势资源，发现自身产品或服务的独特性，精准抓住目标用户，发掘用户的痛点，设计好针对用户痛点的极致产品，围绕产品打造核心用户群，并以此为据点快速地打造一个品牌。

（二）组织变革

1. 组织扁平化

"扁平化"管理是相对于"等级式"管理构架的一种管理模式，它较好地解决了等级式管理的"层次重叠、冗员多、组织机构运转效率低下"等弊端，加快了信息流的速率，提高了决策效率。扁平化管理是指通过减少管理层次、压缩职能部门和机构、裁减人员，使企业的决策层和操作层之间的中间管理层级尽可能减少，以便使企业快速地将决策权延至企业生产、营销的最前线，从而为提高企业效率而建立起富有弹性的新型管理模式。

2. 管理柔性化

柔性管理，究其本质，是一种"以人为中心"的"人性化管理"，其在研究人的心理和行为规律的基础上，采用非强制性方式，在员工心目中产生一种潜在的说服力，从而把组织意志变为个人的自觉行动。柔性管理的最大特点在于其不是依靠权力影响力（如上级的发号施令），而是依赖员工的心理过程，依赖每个员工内心深处激发的主动性、内在潜力和创造精神，因此具有明显的内在驱动性。

柔性管理提倡组织结构模式的扁平化，压平层级制，精减组织中不必要的中间环节，下放决策权力，让每个组织成员或下属单位获得独立处理问题的能力，发挥组织成员的创造性，提供人尽其才的组织机制。与此同时，组织结构的扁平化使得纵向管理压缩，横向管理扩张，横向管理向全方位信息化沟通的进一步扩展，将形成网络型组织，团队或工作小组就是网络上的节点，大多数的节点相互之间是平等的、非刚性的，结点之间信息沟通方便、快捷、灵活。

（三）产品创新驱动

可能你觉得是一个不起眼的点，但是用户可能觉得很重要。"微"，要从细微的用户需求入手，贴近用户心理，在用户参与和反馈中逐步改进。360 安全卫士当年也只是一个安全防护产品，后来也成了新兴的互联网巨头。好产品是运营出来的。

（四）借助平台，用新媒体营销

新媒体营销是指利用新媒体平台进行营销的模式。在 Web 2.0 带来巨大革新的年代，营销思维也发生巨大改变，体验性、沟通性、差异性、创造性、关联性，互联网已经进入新媒体传播 2.0 时代。新媒体营销的渠道，或称新媒体营销的平台，主要包括但不限于门户、搜索引擎、微博、微信、博客、播客、移动设备、App 等。

➔ 思考与练习

1. 你的手机上装了多少个 App，常用的是哪几个？
2. 你觉得互联网环境下哪些商业机会能够被进一步激发？
3. 网络营销有几个关键点，你了解哪几个？

➔ 相关资源

1. 阿里研究院著：《互联网＋：从 IT 到 DT》，机械工业出版社 2015 年版。
2. 胡皓著：《互联网＋创业相对论》，电子工业出版社 2015 年版。
3. 刘楠、胡皓著：《互联网创业密码》，电子工业出版社 2014 年版。

第十章 创业计划书

→ 学习目标

认知目标

· 认识到创业计划书是一份全方位描述企业发展的文件，了解它对创业者、创业团队、投资者及社会评价者的重要性

· 创业计划书既是一份创业者的行动指南，也是创业者与外界沟通的依据

技能目标

· 掌握创业计划书的基本内容、撰写要求、展示技巧，培养自身识别机会的思维能力

· 在撰写与修改创业计划书的过程中再次评估创业机会、商业模式、融资、销售及成本控制等关键环节，为项目的运作提供一个平稳良好的开端

> 概念到今天这个时代已经不能卖钱了，它必须变成具体计划，哪怕很小，很具体，很细节。
>
> ——马云

→ 认知与实践

一、创业计划书的核心内容

创业计划书是创业者评估和展现自己的创业机会、创业资源、产品营销、创业财务及风险，描绘自己的创业蓝图，以国际通用的标准文本格式撰写的项目建议书。商业计划书则是全面介绍公司和项目运作情况，阐述产品市场及竞争、风险等未来发展前景和融资要求的书面材料。创业计划书不能等同于商业计划书。商业计划书既适用于准备创

业者和初创公司展示自己，也适用于成熟企业吸引外来投资，而创业计划书仅仅适用于准备创业的创业者。作为准备创业的大学生，制作一份优秀的创业计划书往往会使创业达到事半功倍的效果。

（一）为什么要写创业计划书

1. 创业思路的整理和评估

创业者在创业过程中不断由感性到理性，由模糊到清晰，由思想到行动。创业计划书就是从"创意""商业机会"的模糊概念，到"商业模式""营销策略""财务规划"的理性评价，是从"战略思考"到"策略谋划"的转折点。计划书的起草、补充、修正的过程就是对创业者思路的重新整理，对自身资源、能力及信心的再检验。

2. 创业梦想的执行步骤

计划书是创业者的"行动大纲"。创业计划书要考虑创业初期的方方面面，也是团队成员达成共识的结果，成为创业团队在一段时期内的"创业指南"或"行动大纲"。

3. 创业融资的需求

许多创业计划书本身的最主要目的就是为了创业融资。因为缺乏资金是初创企业通常都会遇到的困难。"寻找资金没有窍门，唯有好的想法、好的技术、好的管理、好的市场。"创业计划书是叩响投资者大门的"敲门砖"。再好的创意、再好的项目，也需要一份完美的计划书来打动投资者。

4. 寻找合作伙伴

大多数创业者在创业过程中都需要方方面面的资源聚合，寻找合作伙伴，优势互补，甚至强强联合，只有这样才可能迅速把创业项目做大。新东方董事长俞敏洪在谈创业团队时说："团队的每个成员都是一颗珍珠，而珍珠只有穿起来才更有价值。"创业计划书为创业团队指明了今后努力的方向，同时还明确了每个成员的作用和责任，是创业团队沟通的"语言"和凝聚团队的重要手段。

5. 获得机构支持

在我国政府和相关机构每年都会举办"挑战杯"大学生创业比赛、"互联网＋"创业大赛等各个层次的创业大赛，会选出一些有潜力和影响力的创业项目给予奖励，并在科技、资金、场地、政策等方面给予支持。要获得支持，就必须借助公共关系和完整的创业计划书。

| 拓展阅读 |

没有单独的赢家

一个小镇中心有一条繁华街道，街上有张三开的羊汤馆，对面是李四开的烧饼铺。张三制作的羊汤有家传秘方，味道极好，远近闻名，每天食客云集，把张三忙得不亦乐乎。好不容易得了空闲，张三踱进李四的铺子，问其烧饼生意如何。李四笑答："托张哥羊汤之福，我家的烧饼卖得也不错，每月能挣上两千元吧。"张三回到店里，愈想愈不平，心道："我店中光雇的伙计就有七八个，全店上下忙死忙活勉强才月赚三千元，而李四只夫妻两人打烧饼就能月挣两千元，相比之下，李四赚钱也太轻松了吧。"

心有不甘的张三又添人手，在自家店里增设了卖烧饼业务。然而他家的烧饼并不受欢迎，进店的顾客依然是手持李四的烧饼，喝张三的羊汤。气恼之下，张三立下店规："凡进店顾客谢绝自带烧饼！"这下可好，顾客一个个都气走了，张三的生意一落千丈，羊汤馆最终倒闭。

张三走后来了个王五，重新装修店铺改卖馄饨，和李四精诚合作。从此顾客吃李四的烧饼，喝王五的馄饨，两家店又呈现欣欣向荣的景象。

（二）创业计划书的基本内容

1. 封面

主要包括创业公司的名称、地址、联系方式、网址、创业者（法人代表）等。

2. 计划摘要

计划摘要列在创业计划书的最前面，它浓缩了创业计划书的精华。计划摘要涵盖计划的要点，以求一目了然，以便读者能在最短的时间内评审计划并作出判断。

计划摘要一般包括以下内容：公司介绍、主要产品和业务范围、市场概貌、营销策略、销售计划、生产管理计划、管理者及其组织、财务计划、资金需求状况等。

摘要要尽量简明、生动。在计划摘要中，还必须回答下列问题：①企业所处的行业，企业经营的性质和范围。②主要产品的内容。③市场在哪里、谁是企业的顾客、他们有哪些需求。④企业的合伙人、投资人是谁。⑤企业的竞争对手是谁，竞争对手对企业的发展有何影响。

| 拓展阅读 |

周鸿祎谈创业：创业计划书 10 页就足够

还在为写创业计划书烦恼吗？还在为没有风险投资而忧愁吗？360 集团创始人兼首席执行官周鸿祎的几句话也许能让你茅塞顿开。

第一，用几句话清楚说明你发现目前市场中存在一个什么空白点，或者存在一个什么问题，以及这个问题有多严重，几句话就够了。很多人写了三百页纸，抄上一些报告。投资人天天看这个，还需要你教育他吗？比如，现在网游市场里盗号严重，你有一个产品能解决这个问题，只需要一句话说清楚就可以。

第二，你有什么样的解决方案，或者什么样的产品能够解决这个问题。你的方案或者产品是什么，提供了怎样的功能？

第三，你的产品将面对的用户群是哪些？一定要有一个用户群的划分。

第四，说明你的竞争力。为什么这件事情你能做，而别人不能做？是你有更多的免费带宽，还是存储可以不要钱？这只是打个比方。否则如果这件事谁都能干，为什么要投资给你？你有什么特别的核心竞争力？有什么与众不同的地方？所以，关键不在于所干事情的大小，而在于你能比别人干得好，与别人干得不一样。

第五，再论证一下这个市场有多大，你认为这个市场未来怎么样。

第六，说明你将如何挣钱。如果真的不知道怎么挣钱，你可以不说，可以老老实实地说我不知道这个怎么挣钱，但是中国一亿用户会用，如果有一亿人用我觉得肯定有它的价值。想不清楚如何挣钱没有关系，投资人比你有经验，告诉他你的产品多有价值就行。

第七，再用简单的几句话告诉投资人，这个市场里有没有其他人在干，具体情况是怎样。不要说"我这个想法前无古人后无来者"这样的话，投资人一听这话心里就要打个问号。有其他人在做同样的事不可怕，重要的是你能不能对这个产业和行业有一个基本了解和客观认识。要说实话、干实事，可以进行一些简单的优劣分析。

第八，突出自己的亮点。只要有一点比对方亮就行。刚出来的产品肯定有很多问题，要说明你的优点在哪里。

第九，倒数第二张纸做财务分析，可以简单一些。不要预算未来三年挣多少钱，没人会信。说说未来一年或者六个月需要多少钱，用这些钱干什么。

第十，最后，如果别人还愿意听下去，介绍一下自己的团队和团队成员的优秀之处，以及自己做过什么。

一个包含以上内容的计划，就是一份非常好的创业计划书了。

｜ 拓展训练 ｜

创业个性测试：从点菜方式看你的个性是否适合创业

你和朋友到一家饭店用餐，你点菜时通常是：

A. 不管别人，只点自己想吃的菜

B. 点和别人同样的菜

C. 先说出自己想吃的东西

D. 先点好，再视周围情形而变动

E. 犹犹豫豫，点菜慢吞吞的

F. 先请店员说明菜的情况后再点菜

选 A：你乐观但不拘小节，做事果断。容易跨出创业第一步，但是否正确很难说。

选 B：你多是顺从的人，做事慎重，往往忽视自我的存在。对自己的想法没有自信，常立刻顺从别人的意见，这种人易受他人影响，不适合创业。

选 C：你性格直爽、胸襟开阔，难以启齿的事也能轻而易举、若无其事地说出来。待人不拘小节，有时说话尖刻，但也不会被人记恨，适合创业。

选 D：你小心谨慎，在工作和交友上易犹豫，容易给人软弱的印象，一般想象力丰富，但太拘泥于细节，缺乏掌握全局的意识，如想创业必须克服犹豫不决的缺点。

选 E：你做事一丝不苟，安全第一。但你的谨慎往往是因为过分考虑对方立场所致。能够真诚地听取别人的劝说，但不应该忘掉自己的观点，应该说比较有创业优势。

选 F：你自尊心强，讨厌别人的指挥，在做任何事之前总是坚持自己的主张。做任何事都追求不同凡响。做事积极，在待人方面重视双方的面子。如能谦虚，将对创业更有帮助。

3. 产品（服务）介绍

产品介绍应包括以下内容：产品的概念、性能及特性；主要产品介绍；产品的市场竞争力；产品的研究和开发过程；发展新产品的计划和成本分析；产品的市场前景预测；产品的品牌和专利。

一般来说，产品介绍必须要回答以下问题：①顾客希望企业的产品能解决什么问题，顾客能从企业的产品中获得什么好处；②企业的产品与竞争对手的产品相比有哪些优缺点，顾客为什么会选择本企业的产品；③企业为自己的产品采取了何种保护措施，企业拥有哪些专利、许可证，或与已申请专利的厂家达成了哪些协议；④为什么企业的产品定价可以使企业产生足够的利润，为什么用户会大批量地购买企业的产品；⑤企业采用何种方式去改进产品的质量、性能，企业对发展新产品有哪些计划；等等。

4. 人员及组织结构

企业管理的好坏，直接决定了企业经营风险的大小。而高素质的管理人员和良好的组织结构则是管理好企业的重要保证。因此，风险投资家会特别注重对管理队伍的评估。

企业的管理人员应该是互补型的，而且要具有团队精神。一个企业必须要具备负责产品设计与开发、市场营销、生产作业管理、企业理财等方面的专门人才。在创业计划书中，必须要对主要管理人员加以阐明，介绍他们所具有的能力、在本企业中的职务和责任、过去的详细经历及背景。此外，在该部分中，还应对公司结构进行简要介绍，包括：公司的组织机构图；各部门的功能与责任；各部门的负责人及主要成员；公司的报酬体系；公司的股东名单，包括认股权、比例和特权；公司的董事会成员；各位董事的背景资料。

5. 市场预测

当企业要开发一种新产品或向新的市场扩展时，首先就要进行市场预测。如果预测的结果并不乐观，或者预测的可信度让人怀疑，那么投资者就要承担更大的风险，这对多数风险投资家来说都是不可接受的。

市场预测，首先要对需求进行预测：市场是否存在对这种产品的需求；需求程度是否可以给企业带来所期望的利益；新的市场规模有多大；需求发展的未来趋向及其状态如何；有哪些因素影响需求。其次，市场预测还要对市场竞争的情况及企业所面对的竞争格局进行分析：市场中主要的竞争者有哪些；是否存在有利于本企业产品的市场空白；本企业预计的市场占有率是多少；本企业进入市场会引起竞争者怎样的反应，这些反应对企业会有什么影响；等等。

在创业计划书中，市场预测应包括：市场现状综述、竞争厂商概览、目标顾客和目标市场、本企业产品的市场地位等。

风险企业对市场的预测应建立在严密、科学的市场调查基础上。风险企业所面对的市场，本来就有变幻不定、难以捉摸的特点。因此，风险企业应尽量扩大收集信息的范围，重视对环境的预测，采用科学的预测手段和方法。

6. 营销策略

营销是企业经营中最富挑战性的环节，影响营销策略的主要因素有消费者的特点、产品的特性、企业自身的状况、市场环境方面的因素。最终影响营销策略的则是营销成本和营销效益因素。

在创业计划书中，营销策略应包括市场机构和营销渠道的选择、营销队伍和管理、促销计划和广告策略、价格决策。

7. 制造计划

创业计划书中的生产制造计划应包括产品制造和技术设备现状、新产品投产计划、技术提升和设备更新的要求、质量控制和质量改进计划。

在寻求资金的过程中，为了增大企业在投资前的评估价值，风险企业家应尽量使生产制造计划更加详细、可靠。一般而言，生产制造计划应回答以下问题：企业生产制造所需的厂房、设备情况如何；怎样保证新产品在进入规模生产时的稳定性和可靠性；设备的引进和安装情况，谁是供应商；生产线的设计与产品组装是怎样的；供货者的前置期和资源的需求量；生产周期标准的制定以及生产作业计划的编制；物料需求计划及其保证措施；质量控制的方法是怎样的；与此相关的其他问题。

8. 财务规划

财务规划需要花费较多的精力来做具体分析，其中包括现金流量表、资产负债表以及损益表的编制。流动资金是企业的生命线，因此企业在初创或扩张时，对流动资金需要有预先周详的计划和进行过程中的严格控制；损益表反映的是企业的盈利状况，它是企业在一段时间运作后的经营结果；资产负债表则反映在某一时刻的企业状况，投资者可以用根据资产负债表中的数据得到的比率指标来衡量企业的经营状况以及可能的投资回报率。

财务规划一般包括创业计划书的条件假设、预计的资产负债表、损益表、现金收支分析、资金的来源和使用。

要完成财务规划，必须要明确下列问题：产品在每一个期间的发出量有多大；什么时候开始产品线扩张；每件产品的生产费用是多少；每件产品的定价是多少；使用什么分销渠道，所预期的成本和利润是多少；需要雇佣哪几种类型的人；雇佣何时开始，工资预算是多少；等等。

9. 投资回报与退出

风险投资公司不是为投资而投资，而是为了获得资本利得，所以企业应当向风险投资公司描述最终投资退出的途径。企业也应当从自身角度看待投资退出的问题，尤其是不同退出选择对企业的影响。

退出有以下几种：①公开上市。公开上市无疑是投资双方都最希望达到的结果，但是难度也最大，公司上市后股本的社会化使风险投资公司所持有的部分或全部股份得以卖出。②兼并和收购。即大企业集团或上市公司出于某一战略考虑（如对技术的控制），出资购买风险企业。③回购协议。风险投资公司可能要求企业根据预先商定好的条件回购所持有的股份。

10. 风险管理

机会与风险总是相伴而生的。对于一个新的企业，它未来面临的情况总是未知的，这也正是创业的魅力所在。对于缺乏社会经验和工作经历的大学生来说，需着重考虑以下问题：①公司在市场、竞争和技术方面都有哪些基本的风险；②准备怎样应付这些风险；③公司还有一些什么样的附加机会；④在现有的资本基础上如何进行扩展；⑤在最好和最坏情形下，五年计划表现如何。

如果你的估计不那么准确，应该估计出你的误差范围到底有多大。如果可能的话，对你的关键性参数做最好和最坏的设定。

11. 项目实施进度

详细列明项目实施计划和进度，注明起止时间或步骤。

12. 附件

创业者可以根据自己的实际情况，选取一些自己认为重要的文件材料。充实的附件能使人相信创业者的坚定信念和创业计划的真实可靠，从而更容易达到编写创业计划书的目的。

| 拓展阅读 |

创业计划书概要或摘要要说明的问题

用一句话来清晰地描述你的商业模式，即你的产品和服务。

用一句话来明确表述为什么你的创新及时解决了用户的问题，填补了市场的空缺。

用一句话（包括具体数字）来描述巨大的市场规模和潜在的远景。

用一句话来概括你的竞争优势。

用一句话来形容你和你的团队是一个"梦幻组合"。

用一句话（包括具体数字和时间）来概述你将如何在最短的时间内让投资人获利。

用一句话来陈述你希望融资多少，主要用来做什么。

二、创业计划书的撰写技巧

良好的创业计划书通常具有两个主要特征：一是简洁，二是完整。前者是指一份创业计划书篇幅不宜太长；后者则要求企业全面披露有关信息，如果披露不完全，风险投资公司会对未披露信息加以特别关注。风险投资公司欢迎创业者提供任何有助于说明创业企业或项目的相关资料，以进行更全面的评估。

（一）创业计划书的形式和编写步骤

1. 创业计划书的形式

一般来说，创业计划书有 Word 版和 PPT 版。Word 版内容完整，结构相对严谨，一般篇幅较长，能从各个方面较好地反映创业公司的全貌，并且版本很多，相对比较成熟，制作简单，既可以网上下载某种模板，根据自己的实际加以改进，也可以依据自己公司的特色进行设计。关于创业计划书的篇幅，没有一个固定的答案，可长可短，主要取决于创业的内容和设计展示的实际需要。

PPT 版的创业计划书更直观、形象，图文并茂，重点突出，更易被人理解和接受。一般创业计划书经过 Word 版初审入围后，路演时都要制作精美的 PPT，用幻灯片配合图片、音频、视频、链接等全面展示给投资人、评委和合作者等。PPT 的总篇幅一般控制在 10 页左右。能用图，少用表格；能用表格，少用文字；切忌用大段的文字。每页中的内容不要过多，保证必要的信息量即可。路演现场，除了计划书的内容起决定作用外，精彩纷呈的编排设计也起到十分重要的作用。

2. 编写步骤

第一阶段：经验学习

借鉴相关创业成功者的经验，找寻自己的优势。借鉴好的创业计划书的优点，提炼出自己创业的核心竞争力，凝练成文字。

第二阶段：创业构思

好的创意会激励创业者抛开杂念，砥砺前行。选择自己擅长或喜欢、有潜在的用户群体、能够带来商业价值的企业构思。

第三阶段：市场调研

有了商机，就要做好市场调研。调查用户的需求，调查竞争对手的优劣势，调查市场细分，找到适合自己的市场定位。

第四阶段：方案起草

按下面的顺序撰写创业计划书全文：市场机遇与谋略；经营管理；经营团队；财务预算；其他与听众有直接关系的信息和材料，如企业创始人、潜在投资人，甚至家庭成员和配偶。

第五阶段：最后修饰阶段

首先，根据你的报告，把最主要的东西做成一个1—2页的摘要放在前面。其次，检查一下，千万不要有错别字之类的错误，否则别人对你做事是否严谨会产生怀疑。最后，设计一个漂亮的封面，编写目录与页码，然后打印、装订成册。

第六阶段：检查

可以从以下几个方面加以检查：①你的创业计划书是否有悖道德伦理；②你的创业计划书是否显示出你具有管理公司的经验；③你的创业计划书是否显示了你有能力偿还借款；④你的创业计划书是否显示出你已进行过完整的市场分析；⑤你的创业计划书是否容易被投资者领会；⑥你的创业计划书是否在语法上全部正确；⑦你的创业计划书能否打消投资者对产品（服务）的疑虑。

（二）怎样写好创业计划书

完善的创业计划书既要提供充分的信息，又要能使投资者、合作者或评议者激动起来。不能打动投资者的创业计划书，其最终结果只能是被扔进垃圾箱里。

1. 突出产品优势

在创业计划书中，应提供所有与企业的产品或服务有关的细节，包括企业所实施的所有调查。这些问题包括：产品正处于什么样的发展阶段，它的独特性怎样；企业分销产品的方法是什么；谁会使用企业的产品，为什么；产品的生产成本是多少，售价是多少；企业发展新的现代化产品的计划是什么。把出资者拉到企业的产品或服务中来，这样出资者就会和风险企业家一样对产品有兴趣。

2. 彰显竞争对策

在创业计划书中，应细致分析竞争对手的情况：竞争对手都是谁，他们的产品是怎样运作的；竞争对手的产品与本企业的产品相比，有哪些相同点和不同点；竞争对手所采用的营销策略是什么。要明确每个竞争者的销售额，毛利润、收入以及市场份额，然后再讨论本企业相对于每个竞争者所具有的竞争优势，要向投资者展示，顾客会选择本企业的原因是本企业的产品质量好、送货迅速、价格合适等。创业计划书要让它的读者相信，企业不仅是行业中的有力竞争者，而且将来还会是确定行业标准的领先者。

3. 细致分析市场

创业计划书要给投资者提供企业对目标市场的深入分析和理解。要细致分析经济、地理、职业以及心理等因素对消费者选择购买本企业产品这一行为的影响，以及各个因素所起的作用。创业计划书中还应包括一个主要的营销计划，计划中应列出本企业打算开展广告、促销以及公共关系活动的地区，明确每一项活动的预算和收益。创业计划书中还应简述一下企业的销售战略：企业是使用外面的销售代表还是使用内部职员；企业是使用转卖商、分销商还是特许商；企业将提供何种类型的销售培训。此外，创业计划书还应特别关注一下销售中的细节问题。

4. 表明行动的方针

企业的行动计划应该是无懈可击的。创业计划书中应该明确下列问题：企业如何把产品推向市场；如何设计生产线，如何组装产品；企业生产需要哪些原料；企业拥有哪些生产资源，还需要什么生产资源；生产和设备的成本是多少；企业是买设备还是租设备；解释清楚与产品组装、储存以及发送有关的固定成本和变动成本的情况。

5. 展示管理队伍

把一个思想转化为一个成功的风险企业，其关键的因素就是要有一支强有力的管理队伍。这支队伍的成员必须有较高的专业技术知识、管理才能和多年工作经验，要给投资者这样一种感觉："看，这支队伍里都有谁！如果这个公司是一支足球队的话，他们就会一直杀入世界杯决赛！"管理者的职能就是计划、组织、控制和指导公司实现目标的行动。在创业计划书中，应首先描述一下整个管理队伍及其职责，然而再分别介绍每位管理人员的特殊才能、特点和成就，细致描述每个管理者将对公司所作的贡献。创业计划书中还应明确管理目标以及组织机构图。

6. 出色的计划摘要

创业计划书中的计划摘要也十分重要，它必须能让读者有兴趣并渴望得到更多的信息，给读者留下长久的印象。计划摘要将是风险企业家所写的最后一部分内容，但却是出资者首先要看的内容，它将从计划中摘录出与筹集资金最相关的细节，包括对公司内部的基本情况、公司的能力以及局限性、公司的竞争对手、营销和财务战略、公司的管理队伍等情况的简明而生动的概括。如果公司是一本书，计划摘要就像是这本书的封面，做得好就可以把投资者吸引住。它会给风险投资家留下这样的印象：这个公司将会成为行业中的巨人，我已等不及要去读计划书的其余部分了。

▍拓展训练▍

步骤及要求：

（1）班内分若干小组，各自分开坐。

（2）每一小组就某一商机展开讨论。

（3）每一小组选一人执笔，记录讨论结果，并最终完成创业计划书。

（4）每小组选一名代表上台阐述本组的创业计划书。

（5）全班同学共同讨论各组创业计划书的优劣，并提出修改建议。

（6）由老师对各组表现及创业计划书进行评价，对优胜小组给予精神奖励。

分组路演创业计划书

组名：

成员：

一、目标客户及其需求描述

1. 客户痛点（找到目标客户遇到的问题、痛苦、难题或不方便等）

2. 客户需求（描述客户需要什么样的产品或服务消除痛点）

3. 目标人群（确定项目组可以覆盖到的目标人群）

二、价值主张和产品体系

1. 主营产品或服务（通过什么产品或者服务为客户创造价值）

2. 核心竞争优势（技术创新、模式创新、应用创新、销售创新等核心优势）

3. 产品体系（给客户提供不同层次的产品，或者给不同类型客户提供产品）

三、市场营销策略

1. 市场分析［简单的 SWOT（优势、劣势、威胁与机遇）分析］

2. 市场策略（从大众人群中获得目标客户的策略）

3. 市场空间（项目组可以切入的市场范围）

4. 营销渠道（将产品销售到目标客户的渠道）

四、商业盈利能力

1. 盈利机会（可以收费的项目）

2. 生命周期（替代产品或服务可能出现的时间）

五、成本构成与策略

1. 设计成本（设计方式和成本构成，降低成本的策略）

2. 制造成本（制造模式和成本构成，如何降低制造成本）

3. 营销成本（营销方式及相应的成本构成，如何降低营销成本）

4. 管理成本（管理成本的构成与降低策略）

六、团队成员与分工

1. 核心团队（股东成员和骨干人员介绍）

2. 人力资源风险防控（对于骨干以上人员的激励机制）

七、融资计划与策略

1. 融资额度（出让多少股权，需要多少钱）

2. 资金用途（列出主要资金用途）

3. 资金风险防控（如何防范出现资金断链）

三、创业计划书的展示与评估

（一）创业计划书的展示

创业计划书要得到合作者、投资者、评判者的青睐，其展示环节就显得极为重要。很多团队意识到了这个问题，外请表达能力强的人员与投资人或合作伙伴进行沟通。不过大量的实际经验表明，外请人员非创业团队核心成员，常对公司产品的理解不够深刻，在融资过程的沟通中并不到位，导致情况反而更糟糕。

因此，由团队核心成员向投资人或者合作伙伴展示创业计划就显得更为重要，即使创业团队成员不善言谈，也常能以真诚、务实、客观的态度获得投资方的好印象。

演示创业计划书虽然短暂，但却是决定性的。如果一个项目或者企业非常好，当然可以相信。即便你的演示过程平淡无奇，甚至有些差错，也足以吸引风险资本家拿出大把的钞票。但是，绝大多数的创业计划书并不能达到这样的高度。更何况风险资本家投资的时候，除了考虑项目本身的优劣外，更重要的是基于创业者的能力和个人魅力，而演示创业计划是创业者展示自己能力的难得机会。很难想象，风险资本家会把巨额资金投给一个说话磕磕绊绊、连自己的创意都讲不清楚的人。要展示出自己想表达的东西，要注意以下几点：

1. 要充分准备

陈述者要全面把握创业计划书的各项内容，详略得当，突出重点，有节奏地把计划书表达清晰。提前准备好资料，准备好 Word 版和 PPT 版两种版本的完整计划书，做到充分周全。完成一个好的创业计划书是一项困难的任务，有关参与者可以各自完成他自己的相关部分，然后相互审阅其他人完成的部分，再进行讨论。必要的时候可请财经顾问、会计师、律师、咨询顾问等共同讨论。

陈述者要控制好自己的情绪，克服焦虑、羞怯、自卑等不良心理。并且，事先想好对方可能提出的问题，谨慎而有条理地回答。

2. 要精益求精

计划书的格式、文本要仔细检查，不能出现明显的错误。涉及财务计划，数字计算应精益求精，不应出现前后矛盾或明显误差。要给人一种求真务实、精打细算的感觉，千万不可给人一种马马虎虎、随意草率的印象。因为一个风险投资公司通常一年能收到几百份甚至几千份创业计划书，而每年通常只投资几个新的企业，所以一份创业计划书最终能达成交易的概率不足 1%。

3. 不要有过多的技术资料

演示过程中，不要过分强调技术因素或故意使技术环节复杂化。至于技术问题，可以准备一份专门介绍的活页，在需要的时候适时插入。计划书里不应该附有需要保密的专业信息，如专有产品、独有工艺等有关的详细资料，以免该项技术被人"克隆"，因为风险投资公司不能保证创业计划书不被泄露，尽管他们会尽量做好有关的保密工作。

4. 保持团队合作精神

陈述者自始至终要贯穿计划书属于整个团队的思想。切忌和本方其他成员发生意见上的分歧和争执。要让评议人觉得这是一个团结上进、值得信任的团队。

5. 要与对方保持良性互动

陈述者在演示时不要只顾自说自话，要创造机会让到场的投资者参与发言，实现交流和互动。演示应保持条理清晰的风格，突出市场前景，刺激投资者的兴奋点。用眼神、表情与对方保持良好的交流，用热情洋溢、有理有据的陈述打动对方。创业计划书的提交最好通过与目标风险投资公司有关系的人，如风险投资咨询公司、其投资伙伴、以前所投资的企业的有关人员等。在他们的推荐之下，成功率将会倍增。传统上，风险投资界本身是一个非常注重"人际关系"的领域。

当然，创业计划书不等于就是经营业务或生意。创业计划书的成功展示可能会形成有利于你的机会，但仅有计划并不意味着创业就会成功。

┃拓展阅读┃

创业计划书的口头陈述技巧

创业计划书的口头陈述是与投资者沟通的一个重要环节。因此，在与投资者会面之前，陈述者一定要做好充分准备，并严格守时，即陈述内容要以会议预定的陈述时间为限。陈述要流畅通顺，简洁鲜明，切忌堆砌资料。业内的经验是："成功的演讲通常遵循10、20、30准则：10张幻灯片、20分钟、30号字体文本。"也就是说，向投资者或者盟友的展示应以10页幻灯片为基础，每页幻灯片应该至少使用30号或以上的字号，在20分钟之内结束演示和讨论。因此，创业计划书的展示者通常要准备好幻灯片，以提高效率和突出重点。

一、口头陈述的关键点以及陈述技巧

1. 公司：用1张幻灯片迅速说明企业概况和目标市场。

2. 机会（尚待解决的问题和未满足的需求）：这是陈述的核心内容，最好占用2—3张幻灯片。

3. 解决方式：解释企业将如何解决问题或如何满足需求，该项内容需要1—2张幻灯片。

4. 管理团队优势：用1—2张幻灯片简要介绍每个管理者的才能和经验。

5. 知识产权：用1张幻灯片介绍企业已有的或待批准的知识产权。

6. 产业、目标市场和竞争者：用2—3张幻灯片简要介绍企业即将进入的产业、目标市场及直接和间接竞争者，并详细介绍企业如何与目标市场中的现有企业竞争。

7. 财务：简要陈述财务问题，强调企业何时能盈利，为此需要多少资本，以及何时现金流能够持平，这部分内容最好占用2—3张幻灯片。

8. 需求、回购和退出战略：用1张幻灯片说明需要的资金数目及设想的退出战略。

二、口头陈述必须避免的常见错误

1. 内容复杂，重点不突出，因准备幻灯片过多而不得不在规定时间内走马观花地陈述内容。

2. 超过了规定时间而违背了遵守安排的首要原则。

3. 陈述前的准备工作不充分。如果需要视听设备，在投资者没有的情况下，陈述者应事先自行准备，这些应该在面谈前就准备好。

4. 陈述不通俗易懂，过多使用专业术语。

5. 遗忘了一些重要材料，如提交专利申请的具体日期等。

（二）创业计划书的评估

尽管近几年对日益泛滥的创业计划书许多机构有淡化的倾向，认为创业评估不能仅凭一份计划书，但通过创业计划书进行评价依然是大多数评判者采用的基本方法。由于所选择的产品（服务）不同，创业环境、创业人员的能力等也存在差异，所以要对一个创业计划书的优劣进行评价是一件非常困难的事情。目前，投资人员和创业大赛的评审者多采用量化打分制来评定创业计划书。

参考以往比赛和专家的经验，提供以下创业计划书的评价指标体系供同学们对自己的创业计划书进行自评：

1. 执行概要

评价标准：简明、扼要、具有鲜明的特色。重点包括对公司及产品（服务）的介绍、市场概况、营销策略、生产销售管理计划、财务预测等，指出新思想的形成过程和企业发展目标的展望，介绍创业团队的特殊性和优势等。

2. 产品（市场）

评价标准：如何满足关键用户需要；进入策略和市场开发策略；说明其专利权、著作权、政府批文、鉴定材料等；介绍产品（服务）目前的水平是否处于领先地位，是否适应市场的需求，能否实现产业化；产品不过分超前以致市场无法接受。

3. 市场

评价标准：市场容量与趋势、市场竞争状况、市场变化趋势及潜力，细分目标市场及客户描述，预估市场份额和销售额。市场调查和分析应当严密科学。

4. 竞争

评价标准：包括公司的商业目的、市场定位、全盘策略及各阶段的目标等，同时要有对现有和潜在的竞争者的分析，以及对替代品竞争、行业内原有竞争的分析。总结本公司的竞争优势并研究战胜对手的方案，并对主要的竞争对手和市场驱动力进行适当分析。

5. 营销

评价标准：阐述如何保持并提高市场占有率，把握企业的总体进度，对收入、盈亏平衡点、现金流量、市场份额、产品开发、主要合作伙伴和融资等重要事件有所安排，构建一条畅通合理的营销渠道和与之相适应的新颖而富有吸引力的促销方式。

6. 经营

评价标准：原材料的供应情况、工业设备的运行安排、人力资源安排等。这部分要求以产品或服务为依据，以生产工艺为主线，力求描述准确合理，可操作性强。

7. 组织

评价标准：介绍管理团队中各成员有关的教育和工作背景、经验、能力、专长；组建营销、财务、行政、生产、技术团队；明确各成员的管理分工和互补情况、公司组织结构情况、领导层成员以及创业顾问和主要投资人的持股情况；指出企业股份比例的划分。

8. 财务

评价标准：包含营业收入和费用、现金流量、盈亏能力和持久性、固定和变动成本；前两年财务月报，后三年财务年报。数据应基于经营状况和未来发展的正确估计，并能有效反映公司的财务绩效。

9. 总体评估

评价标准：条理清晰；表述应避免冗余，力求简洁、清晰，重点突出、条理分明；专业语言的运用要准确和适度；相关数据科学、真实、详尽；计划书总体效果好。

依据上述指标设立相应权重，按权重设定分数比例，然后分项评分，计算总分，依据总分高低排名。

| 拓展阅读 |

"挑战杯"中国大学生创业计划竞赛决赛答辩评价标准

1. 正式陈述

评定团队正式陈述的各项标准：

（1）产品（服务）介绍：全面且客观地介绍和评价产品（服务）的特点、性质和市场前景。

（2）市场分析：对市场进行了细致的调查，并对调查结果加以严密和科学的分析。

（3）公司战略及营销战略：公司拥有短期、长期发展战略及不同时期的营销战略。

（4）团队能力和经营管理：对本公司的团队能力有清晰的认识，掌握并熟知本团队经营管理的特点，明确公司经营和组织结构情况。

（5）企业经济/财务状况：公司不同经营时期的经济/财务状况清晰明了，经济/财务报表具有严密性。

（6）融资方案和回报：有完善且符合实际的企业融资方案，并进行企业资本回报率的测算。

（7）关键的风险及问题的分析：对企业经营中可能遇到的关键风险和问题进行过先期考虑和分析，并附有实质性的对策。

2. 回答问题

评定团队回答提问的各项标准：

（1）正确理解评委提问：对评委问题的要点有准确的理解，回答具有针对性而不是泛泛而谈。

（2）及时流畅作出回答：能在评委提问结束后迅速作出回答，回答内容连贯、条理清楚。

（3）回答内容准确可信：回答内容建立在准确的事实和可信的逻辑推理上。

（4）特定方面的充分阐述：对评委特别提出的方面能作出充分的说明和解释。

3. 整体表现

评定团队整体表现的标准：

（1）整体答辩的逻辑性及清晰程度：陈述和回答提问的内容具有整体一致性，语言清晰明了。

（2）团队成员协作配合：团队成员在陈述时有较好的配合，能协调合作，彼此互补，对相关领域的问题能阐述清楚。

（3）在规定时间内有效回答：在规定时间内回答评委提问，无拖延时间的行为。

➔ **思考与练习**

1. 创业计划书包括哪些内容？
2. 撰写和陈述商业计划书时应注意哪些技巧？

➔ **相关资源**

黄藤主编：《创业基础教程》，北京交通大学出版社 2010 年版。

国务院关于强化实施创新驱动发展战略
进一步推进大众创业万众创新深入发展的意见

国发〔2017〕37 号

各省、自治区、直辖市人民政府，国务院各部委、各直属机构：

创新是社会进步的灵魂，创业是推进经济社会发展、改善民生的重要途径，创新和创业相连一体、共生共存。近年来，大众创业、万众创新蓬勃兴起，催生了数量众多的市场新生力量，促进了观念更新、制度创新和生产经营管理方式的深刻变革，有效提高了创新效率、缩短了创新路径，已成为稳定和扩大就业的重要支撑、推动新旧动能转换和结构转型升级的重要力量，正在成为中国经济行稳致远的活力之源。为进一步系统性优化创新创业生态环境，强化政策供给，突破发展瓶颈，充分释放全社会创新创业潜能，在更大范围、更高层次、更深程度上推进大众创业、万众创新，现提出如下意见。

一、大众创业、万众创新深入发展是实施创新驱动发展战略的重要载体

深入推进供给侧结构性改革，全面实施创新驱动发展战略，加快新旧动能接续转换，着力振兴实体经济，必须坚持"融合、协同、共享"，推进大众创业、万众创新深入发展。要进一步优化创新创业的生态环境，着力推动"放管服"改革，构建包容创新的审慎监管机制，有效促进政府职能转变；进一步拓展创新创业的覆盖广度，着力推动创新创业群体更加多元，发挥大企业、科研院所和高等院校的领军作用，有效促进各类市场主体融通发展；进一步提升创新创业的科技内涵，着力激发专业技术人才、高技能人才等的创造潜能，强化基础研究和应用技术研究的有机衔接，加速科技成果向现实生产力转化，有效促进创新型创业蓬勃发展；进一步增强创新创业的发展实效，着力推进创新创业与实体经济发展深度融合，结合"互联网＋"、"中国制造 2025"和军民融合发展等重大举措，有效促进新技术、新业态、新模式加快发展和产业结构优化升级。

——创新为本、高端引领。以科技创新为基础支撑，实现创新带动创业、创业促进

创新的良性循环。坚持质量效率并重，引导创新创业多元化、特色化、专业化发展，推动产业迈向中高端。坚持创新创业与实体经济相结合，实现一二三产业相互渗透，推动军民融合深入发展，创造新供给、释放新需求，增强产业活力和核心竞争力。

——改革先行、精准施策。以深化改革为核心动力，主动适应、把握、引领经济发展新常态，面向新趋势、新特征、新需求，主动作为，针对重点领域、典型区域、关键群体的特点精准发力，出实招、下实功、见实效。着力破除制约创新创业发展的体制机制障碍，促进生产、管理、分配和创新模式的深刻变革，继续深入推进"放管服"改革，积极探索包容审慎监管，为新动能的成长打开更大空间。

——人才优先、主体联动。以人才支撑为第一要素，改革人才引进、激励、发展和评价机制，激发人才创造潜能，鼓励科技人员、中高等院校毕业生、留学回国人才、农民工、退役士兵等有梦想、有意愿、有能力的群体更多投身创新创业。加强科研机构、高校、企业、创客等主体协同，促进大中小微企业优势互补，推动城镇与农村创新创业同步发展，形成创新创业多元主体合力汇聚、活力迸发的良性格局。

——市场主导、资源聚合。充分发挥市场配置资源的决定性作用，整合政府、企业、社会等多方资源，建设众创、众包、众扶、众筹支撑平台，健全创新创业服务体系，推动政策、技术、资本等各类要素向创新创业集聚，充分发挥社会资本作用，以市场化机制促进多元化供给与多样化需求更好对接，实现优化配置。

——价值创造、共享发展。以价值创造为本质内涵，大力弘扬创新文化，厚植创业沃土，营造敢为人先、宽容失败的良好氛围，推动创新创业成为生活方式和人生追求。践行共享发展理念，实现人人参与、人人尽力、人人享有，使创新创业成果更多更公平地惠及全体人民，促进社会公平正义。

二、加快科技成果转化

重点突破科技成果转移转化的制度障碍，保护知识产权，活跃技术交易，提升创业服务能力，优化激励机制，共享创新资源，加速科技成果向现实生产力转化。

（一）建立完善知识产权运用和快速协同保护体系，扩大知识产权快速授权、确权、维权覆盖面，加快推进快速保护由单一产业领域向多领域扩展。搭建集专利快速审查、快速确权、快速维权等于一体，审查确权、行政执法、维权援助、仲裁调解、司法衔接相联动的知识产权保护中心。探索建立海外知识产权维权援助机制。发挥国家知识产权运营公共服务平台枢纽作用，加快建设国家知识产权运营服务体系。（国家知识产

权局牵头负责）

（二）推动科技成果、专利等无形资产价值市场化，促进知识产权、基金、证券、保险等新型服务模式创新发展，依法发挥资产评估的功能作用，简化资产评估备案程序，实现协议定价和挂牌、拍卖定价。促进科技成果、专利在企业的推广应用。（国家知识产权局、财政部、科技部、中国科协等单位按职责分工负责）

（三）探索在战略性新兴产业相关领域率先建立利用财政资金形成的科技成果限时转化制度。财政资金支持形成的科技成果，除涉及国防、国家安全、国家利益、重大社会公共利益外，在合理期限内未能转化的，可由国家依法强制许可实施转化。（科技部、财政部、国家发展改革委等部门按职责分工负责）

（四）引导众创空间向专业化、精细化方向升级，支持龙头骨干企业、高校、科研院所围绕优势细分领域建设平台型众创空间。探索将创投孵化器等新型孵化器纳入科技企业孵化器管理服务体系，并享受相应扶持政策。（科技部牵头负责）

（五）推动科研院所落实国家科技成果转化法律法规和政策，强化激励导向，提高科研院所成果转化效率。坚持试点先行，进一步扩大科研院所自主权，激发科研院所和科技人员创新创业积极性。（科技部、人力资源社会保障部等部门按职责分工负责）

（六）促进仪器设备开放共享，探索仪器设备所有权和经营权分离机制，对于财政资金购置的仪器设备，探索引入专业服务机构进行社会化服务等多种方式。（科技部牵头负责）

（七）实施科研院所创新创业共享行动，鼓励科研院所发挥自身优势，进一步提高科技成果转化能力和创新创业能力，进一步开放现有科研设施和资源，推动科技成果在全社会范围实现共享和转化。（国家发展改革委、中科院、科技部等单位按职责分工负责）

三、拓展企业融资渠道

不断完善金融财税政策，创新金融产品，扩大信贷支持，发展创业投资，优化投入方式，推动破解创新创业企业融资难题。

（八）在有效防控风险的前提下，合理赋予大型银行县支行信贷业务权限。支持地方性法人银行在符合条件的情况下在基层区域增设小微支行、社区支行，提供普惠金融服务。支持商业银行改造小微企业信贷流程和信用评价模型，提高审批效率。（银监会牵头负责）

（九）完善债权、股权等融资服务机制，为科技型中小企业提供覆盖全生命周期的投融资服务。稳妥推进投贷联动试点工作。推广专利权质押等知识产权融资模式，鼓励保险公司为科技型中小企业知识产权融资提供保证保险服务，对符合条件的由地方各级人民政府提供风险补偿或保费补贴。持续优化科技型中小企业直接融资机制，稳步扩大创新创业公司债券试点规模。支持政府性融资担保机构为科技型中小企业发债提供担保。鼓励地方各级人民政府建立政银担、政银保等不同类型的风险补偿机制。（银监会、人民银行、保监会、财政部、科技部、国家知识产权局、证监会等部门按职责分工负责）

（十）改革财政资金、国有资本参与创业投资的投入、管理与退出标准和规则，建立完善与其特点相适应的绩效评价体系。依法依规豁免国有创业投资机构和国有创业投资引导基金国有股转持义务。（财政部、国务院国资委等部门按职责分工负责）

（十一）适时推广创业投资企业和天使投资个人有关税收试点政策，引导社会资本参与创业投资。推动创业投资企业、创业投资管理企业及其从业人员在第三方征信机构完善信用记录，实现创业投资领域信用记录全覆盖。（财政部、税务总局、国家发展改革委等部门按职责分工负责）

（十二）推动国家新兴产业创业投资引导基金、国家中小企业发展基金、国家科技成果转化引导基金设立一批创业投资子基金。引导和规范地方各级人民政府设立创业投资引导基金，建立完善对引导基金的运行监管机制、财政资金的绩效考核机制和基金管理机构的信用信息评价机制。（国家发展改革委、财政部、工业和信息化部等部门按职责分工负责）

（十三）健全完善创新券、创业券的管理制度和运行机制，在全面创新改革试验区域探索建立创新券、创业券跨区域互通互认机制。（科技部、国家发展改革委等部门按职责分工负责）

四、促进实体经济转型升级

深入实施"互联网＋"、"中国制造2025"、军民融合发展、新一代人工智能等重大举措，着力加强创新创业平台建设，培育新兴业态，发展分享经济，以新技术、新业态、新模式改造传统产业，增强核心竞争力，实现新兴产业与传统产业协同发展。

（十四）加强基础研究，提升原始创新能力。改革和创新科研管理、投入和经费使用方式。高校和科研院所要鼓励科研人员与创业者开展合作和互动交流，建立集群思、汇众智、解难题的众创空间。面向企业和社会创新的难点，凝练和解决科学问题，举办各种形式的创新挑战赛，通过众包共议方式，提高创新效率和水平。（科技部、财政部等部门按职责分工负责）

（十五）在战略性领域布局建设若干产业创新中心，整合利用现有创新资源形成充满活力的创新网络。依托企业、联合高校和科研院所，建设符合发展需求的制造业创新中心，开展关键共性重大技术研究和产业化应用示范。推动建立一批军民结合、产学研一体的科技协同创新平台。（国家发展改革委、工业和信息化部、科技部、教育部等部门按职责分工负责）

（十六）实施企业创新创业协同行动。支持大型企业开放供应链资源和市场渠道，推动开展内部创新创业，带动产业链上下游发展，促进大中小微企业融通发展。（国家发展改革委、工业和信息化部、国务院国资委、全国工商联等单位按职责分工负责）

（十七）鼓励大型企业全面推进"双创"工作，建设"双创"服务平台与网络，开展各类"双创"活动，推广各类大型企业"双创"典型经验，促进跨界融合和成果转化。（国家发展改革委、工业和信息化部、国务院国资委、全国工商联等单位按职责分工负责）

（十八）促进分享经济发展，合理引导预期，创新监管模式，推动构建适应分享经济发展的包容审慎监管机制和社会多方协同治理机制，完善新就业形态、消费者权益、社会保障、信用体系建设、风险控制等方面的政策法规，研究完善适应分享经济特点的税收征管措施，研究建立平台企业履职尽责与依法获得责任豁免的联动机制。（国家发展改革委、人力资源社会保障部、人民银行、工商总局、税务总局、中央网信办等单位按职责分工负责）

（十九）发布促进数字经济发展战略纲要，强化系统性设计，打破制约数字生产力发展的制度障碍，推进市场化的生产资料分享，提升市场配置资源效率，加速数字化转型，引领和适应数字经济发展。发起"一带一路"数字经济国际合作倡议，促进"一带一路"沿线国家数字经济交流与合作。（国家发展改革委、中央网信办等单位按职责分工负责）

（二十）进一步完善新产业新业态新模式统计分类，充分利用大数据等现代信息技术手段，研究制定"双创"发展统计指标体系，科学、准确、及时反映经济结构优化升级的新进展。（国家统计局牵头负责）

（二十一）加快研究制定工业互联网安全技术标准，建设工业互联网网络安全监测

平台和中小企业网络安全公共服务平台，强化工业互联网安全保障支撑能力。（工业和信息化部牵头负责）

（二十二）积极落实支持大众创业、万众创新的用地政策，加大新供用地保障力度，鼓励盘活利用现有用地，引导新产业集聚发展，完善新产业用地监管制度。（国土资源部牵头负责）

（二十三）研究制定促进首台（套）重大技术装备示范应用的意见，建立健全首台（套）重大技术装备研发、检测评定、示范应用体系，完善财政、金融、保险等支持政策，明确相关招标采购要求，建立示范应用激励和保障机制，营造良好的政策和市场环境。（国家发展改革委牵头负责）

（二十四）充分利用产业投资基金支持先进制造业发展。实施新一轮技术改造升级重大工程，支持关键领域和瓶颈环节技术改造。（国家发展改革委、工业和信息化部、财政部等部门按职责分工负责）

五、完善人才流动激励机制

充分激发人才创新创业活力，改革分配机制，引进国际高层次人才，促进人才合理流动，健全保障体系，加快形成规模宏大、结构合理、素质优良的创新创业人才队伍。

（二十五）制定人才签证实施细则，明确外国人申请和取得人才签证的标准条件和办理程序；全面实施外国人来华工作许可制度，简化外国高层次人才办理工作许可证和居留证件的程序。开展外国高层次人才服务"一卡通"试点，建立安居保障、子女入学和医疗保健服务通道。进一步完善外国人才由工作居留向永久居留转换机制，实现工作许可、签证和居留有机衔接。（国家外专局、公安部、外交部、人力资源社会保障部等部门按职责分工负责）

（二十六）允许外国留学生凭高校毕业证书、创业计划申请加注"创业"的私人事务类居留许可。外国人依法申请注册成立企业的，可凭创办企业注册证明等材料向有关部门申请工作许可和工作类居留许可。（公安部、人力资源社会保障部、国家外专局等部门按职责分工负责）

（二十七）实施留学人员回国创新创业启动支持计划，吸引更多高素质留学人才回国创新创业。继续推进两岸青年创新创业基地建设，推动内地与港澳地区开展创新创业交流合作。深入开展"万侨创新行动"，支持建设华侨华人创新创业基地，探索建立华侨华人创新创业综合服务体系，为华侨华人高层次专业人才和企业家出入境、停居留以及申办外国人永久居留身份证件提供便利。推动来内地创业的港澳同胞、回国（来华）创业的华侨华人享受当地城镇居民同等待遇的社会公共服务。继续推进海外人才离岸创新创业基地建设。（人力资源社会保障部、外交部、公安部、国务院港澳办、国务院台办、国务院侨办、中国科协等单位按职责分工负责）

（二十八）完善高校和科研院所绩效考核办法，在核定的绩效工资总量内高校和科研院所可自主分配。事业单位引进高层次人员和招聘急需紧缺人才，可简化招录程序，没有岗位空缺的可申请设置特设岗位，并按相关规定办理人事关系，确定岗位薪资。（人力资源社会保障部、教育部、科技部等部门按职责分工负责）

（二十九）实施社团创新创业融合行动，搭建创新创业资源对接平台，推介一批创新创业典型人物和案例，推动创新精神、企业家精神和工匠精神融合，进一步引导和推动各类科技人员投身创新创业大潮。（国家发展改革委、中国科协等单位按职责分工负责）

（三十）加快将现有支持"双创"相关财政政策措施向返乡下乡人员创新创业拓展，将符合条件的返乡下乡人员创新创业项目纳入强农惠农富农政策范围。探索实施农村承包土地经营权以及农业设施、农机具抵押贷款试点。允许返乡下乡人员依法使用集体建设用地开展创新创业。返乡农民工可在创业地参加各项社会保险。鼓励有条件的地方将返乡农民工纳入住房公积金缴存范围，按规定将其子女纳入城镇（城乡）居民基本医疗保险参保范围。地方人民政府要建立协调推动机制，有条件的县级人民政府应设立"绿色通道"，为返乡下乡人员创新创业提供便利服务。（农业部、人力资源社会保障部、国土资源部等部门和有关地方人民政府按职责分工负责）

（三十一）各地区可根据实际需要制定灵活的引才引智政策，采取不改变人才的户籍、人事关系等方式，以用为本，发挥实效，解决关键领域高素质人才稀缺等问题。（各地方人民政府负责）

六、创新政府管理方式

持续深化"放管服"改革，加大普惠性政策支持力度，改善营商环境，放宽市场准入，推进试点示范，加强文化建设，推动形成政府、企业、社会良性互动的创新创业生态。

（三十二）出台公平竞争审查实施细则，进一步健全审查机制，明确审查程序，强化审查责任，推动全面实施公平竞争审查制度，为创新创业营造统一开放、竞争有序的

市场环境。(国家发展改革委、财政部、商务部、工商总局等部门按职责分工负责)

(三十三)推进"多证合一"登记制度改革,将涉企登记、备案等有关事项和各类证照进一步整合到营业执照上。对内外资企业,在支持政策上一视同仁,推动实施一个窗口登记注册和限时办结。推动取消企业名称预先核准,推广自主申报。全面实施企业简易注销登记改革,实现市场主体退出便利化。建设全国统一的电子营业执照管理系统,推进无介质电子营业执照建设和应用。(工商总局牵头负责)

(三十四)加大事中事后监管力度,实现"双随机、一公开"监管全覆盖,开展跨部门"双随机"联合检查,提高监管效能。健全跨部门、跨地区执法协作机制,推进市场监管领域综合执法改革。(工商总局、中央编办、国务院法制办等单位按职责分工负责)

(三十五)在有条件的基层政府设立专业化的行政审批机构,实行审批职责、审批事项、审批环节"三个全集中"。(各地方人民政府、有关部门按职责分工负责)

(三十六)适时适当放宽教育等行业互联网准入条件,降低创新创业门槛,加强新兴业态领域事中事后监管。(教育部牵头负责)

(三十七)推进跨省经营企业部分涉税事项全国通办。推进银行卡受理终端、网上银行、手机银行等多元化缴税方式。加强国税、地税联合办税。建立健全市、县两级银税合作工作机制,加大基层银税合作力度,逐步扩大税务、银行信用信息共享内容。探索通过建立电子平台或在银税双方系统中互设接口等方式,实现银税信息"线上"互动。(税务总局牵头负责)

(三十八)积极有序推进试点示范,加快建设全国双创示范基地,推进小微企业创业创新基地城市示范,整合创建一批农村创新创业示范基地。推广全面创新改革试验经验。研究新设一批国家自主创新示范区、高新区,深化国家自主创新示范区政策试点。(国家发展改革委、科技部、财政部、工业和信息化部、农业部等部门按职责分工负责)

(三十九)办好全国"双创"活动周,营造创新创业良好氛围。组织实施好"创响中国"系列活动,开展创业投资企业、院士专家、新闻媒体地方行。高质量办好创新创业赛事,推动创新创业理念更加深入人心。(国家发展改革委、中国科协等单位按职责分工负责)

各地区、各部门要认真落实本意见的各项要求,进一步细化政策措施,切实履职尽责,密切配合,勇于探索,主动作为,及时总结经验,加强监督检查,确保各项政策落到实处，推进大众创业、万众创新深入发展，为全面实施创新驱动发展战略、培育壮大新动能、改造提升传统动能和促进我国经济保持中高速增长、迈向中高端水平提供强劲支撑。

国务院

2017 年 7 月 21 日

国务院关于积极推进"互联网+"行动的指导意见

国发〔2015〕4 号

各省、自治区、直辖市人民政府,国务院各部委、各直属机构:

"互联网+"是把互联网的创新成果与经济社会各领域深度融合,推动技术进步、效率提升和组织变革,提升实体经济创新力和生产力,形成更广泛的以互联网为基础设施和创新要素的经济社会发展新形态。在全球新一轮科技革命和产业变革中,互联网与各领域的融合发展具有广阔前景和无限潜力,已成为不可阻挡的时代潮流,正对各国经济社会发展产生着战略性和全局性的影响。积极发挥我国互联网已经形成的比较优势,把握机遇,增强信心,加快推进"互联网+"发展,有利于重塑创新体系、激发创新活力、培育新兴业态和创新公共服务模式,对打造大众创业、万众创新和增加公共产品、公共服务"双引擎",主动适应和引领经济发展新常态,形成经济发展新动能,实现中国经济提质增效升级具有重要意义。

近年来,我国在互联网技术、产业、应用以及跨界融合等方面取得了积极进展,已具备加快推进"互联网+"发展的坚实基础,但也存在传统企业运用互联网的意识和能力不足、互联网企业对传统产业理解不够深入、新业态发展面临体制机制障碍、跨界融合型人才严重匮乏等问题,亟待加以解决。为加快推动互联网与各领域深入融合和创新发展,充分发挥"互联网+"对稳增长、促改革、调结构、惠民生、防风险的重要作用,现就积极推进"互联网+"行动提出以下意见。

一、行动要求

(一)总体思路

顺应世界"互联网+"发展趋势,充分发挥我国互联网的规模优势和应用优势,推动互联网由消费领域向生产领域拓展,加速提升产业发展水平,增强各行业创新能力,构筑经济社会发展新优势和新动能。坚持改革创新和市场需求导向,突出企业的主体作用，大力拓展互联网与经济社会各领域融合的广度和深度。着力深化体制机制改革，释放发展潜力和活力；着力做优存量，推动经济提质增效和转型升级；着力做大增量，培育新兴业态，打造新的增长点；着力创新政府服务模式，夯实网络发展基础，营造安全网络环境，提升公共服务水平。

（二）基本原则

坚持开放共享。营造开放包容的发展环境，将互联网作为生产生活要素共享的重要平台，最大限度优化资源配置，加快形成以开放、共享为特征的经济社会运行新模式。

坚持融合创新。鼓励传统产业树立互联网思维，积极与"互联网＋"相结合。推动互联网向经济社会各领域加速渗透，以融合促创新，最大程度汇聚各类市场要素的创新力量，推动融合性新兴产业成为经济发展新动力和新支柱。

坚持变革转型。充分发挥互联网在促进产业升级以及信息化和工业化深度融合中的平台作用，引导要素资源向实体经济集聚，推动生产方式和发展模式变革。创新网络化公共服务模式，大幅提升公共服务能力。

坚持引领跨越。巩固提升我国互联网发展优势，加强重点领域前瞻性布局，以互联网融合创新为突破口，培育壮大新兴产业，引领新一轮科技革命和产业变革，实现跨越式发展。

坚持安全有序。完善互联网融合标准规范和法律法规，增强安全意识，强化安全管理和防护，保障网络安全。建立科学有效的市场监管方式，促进市场有序发展，保护公平竞争，防止形成行业垄断和市场壁垒。

（三）发展目标

到 2018 年，互联网与经济社会各领域的融合发展进一步深化，基于互联网的新业态成为新的经济增长动力，互联网支撑大众创业、万众创新的作用进一步增强，互联网成为提供公共服务的重要手段，网络经济与实体经济协同互动的发展格局基本形成。

——经济发展进一步提质增效。互联网在促进制造业、农业、能源、环保等产业转型升级方面取得积极成效，劳动生产率进一步提高。基于互联网的新兴业态不断涌现，电子商务、互联网金融快速发展，对经济提质增效的促进作用更加凸显。

——社会服务进一步便捷普惠。健康医疗、教育、交通等民生领域互联网应用更加丰富，公共服务更加多元，线上线下结合更加紧密。社会服务资源配置不断优化，公众享受到更加公平、高效、优质、便捷的服务。

——基础支撑进一步夯实提升。网络设施和产业基础得到有效巩固加强，应用支撑和安全保障能力明显增强。固定宽带网络、新一代移动通信网和下一代互联网加快发展，物联网、云计算等新型基础设施更加完备。人工智能等技术及其产业化能力显著增强。

——发展环境进一步开放包容。全社会对互联网融合创新的认识不断深入，互联网融合发展面临的体制机制障碍有效破除，公共数据资源开放取得实质性进展，相关标准规范、信用体系和法律法规逐步完善。

到 2025 年，网络化、智能化、服务化、协同化的"互联网＋"产业生态体系基本完善，"互联网＋"新经济形态初步形成，"互联网＋"成为经济社会创新发展的重要驱动力量。

二、重点行动

（一）"互联网＋"创业创新

充分发挥互联网的创新驱动作用，以促进创业创新为重点，推动各类要素资源聚集、开放和共享，大力发展众创空间、开放式创新等，引导和推动全社会形成大众创业、万众创新的浓厚氛围，打造经济发展新引擎。（发展改革委、科技部、工业和信息化部、人力资源社会保障部、商务部等负责，列第一位者为牵头部门，下同）

1. 强化创业创新支撑。鼓励大型互联网企业和基础电信企业利用技术优势和产业整合能力，向小微企业和创业团队开放平台入口、数据信息、计算能力等资源，提供研发工具、经营管理和市场营销等方面的支持和服务，提高小微企业信息化应用水平，培育和孵化具有良好商业模式的创业企业。充分利用互联网基础条件，完善小微企业公共服务平台网络，集聚创业创新资源，为小微企业提供找得着、用得起、有保障的服务。

2. 积极发展众创空间。充分发挥互联网开放创新优势，调动全社会力量，支持创新工场、创客空间、社会实验室、智慧小企业创业基地等新型众创空间发展。充分利用国家自主创新示范区、科技企业孵化器、大学科技园、商贸企业集聚区、小微企业创业示范基地等现有条件，通过市场化方式构建一批创新与创业相结合、线上与线下相结合、孵化与投资相结合的众创空间，为创业者提供低成本、便利化、全要素的工作空间、网络空间、社交空间和资源共享空间。实施新兴产业"双创"行动，建立一批新兴产业"双创"示范基地，加快发展"互联网＋"创业网络体系。

3. 发展开放式创新。鼓励各类创新主体充分利用互联网，把握市场需求导向，加强创新资源共享与合作，促进前沿技术和创新成果及时转化，构建开放式创新体系。推动各类创业创新扶持政策与互联网开放平台联动协作，为创业团队和个人开发者提供绿色通道服务。加快发展创业服务业，积极推广众包、用户参与设计、云设计等新型研发组织模式，引导建立社会各界交流合作的平台，推动跨区域、跨领域的技术成果转移和协同创新。

（二）"互联网＋"协同制造

推动互联网与制造业融合，提升制造业数字化、网络化、智能化水平，加强产业链协作，发展基于互联网的协同制造新模式。在重点领域推进智能制造、大规模个性化定制、网络化协同制造和服务型制造，打造一批网络化协同制造公共服务平台，加快形成制造业网络化产业生态体系。（工业和信息化部、发展改革委、科技部共同牵头）

1. 大力发展智能制造。以智能工厂为发展方向，开展智能制造试点示范，加快推动云计算、物联网、智能工业机器人、增材制造等技术在生产过程中的应用，推进生产装备智能化升级、工艺流程改造和基础数据共享。着力在工控系统、智能感知元器件、工业云平台、操作系统和工业软件等核心环节取得突破，加强工业大数据的开发与利用，有效支撑制造业智能化转型，构建开放、共享、协作的智能制造产业生态。

2. 发展大规模个性化定制。支持企业利用互联网采集并对接用户个性化需求，推进设计研发、生产制造和供应链管理等关键环节的柔性化改造，开展基于个性化产品的服务模式和商业模式创新。鼓励互联网企业整合市场信息，挖掘细分市场需求与发展趋势，为制造企业开展个性化定制提供决策支撑。

3. 提升网络化协同制造水平。鼓励制造业骨干企业通过互联网与产业链各环节紧密协同，促进生产、质量控制和运营管理系统全面互联，推行众包设计研发和网络化制造等新模式。鼓励有实力的互联网企业构建网络化协同制造公共服务平台，面向细分行业提供云制造服务，促进创新资源、生产能力、市场需求的集聚与对接，提升服务中小微企业能力，加快全社会多元化制造资源的有效协同，提高产业链资源整合能力。

4. 加速制造业服务化转型。鼓励制造企业利用物联网、云计算、大数据等技术，整合产品全生命周期数据，形成面向生产组织全过程的决策服务信息，为产品优化升级提供数据支撑。鼓励企业基于互联网开展故障预警、远程维护、质量诊断、远程过程优化等在线增值服务，拓展产品价值空间，实现从制造向"制造＋服务"的转型升级。

（三）"互联网＋"现代农业

利用互联网提升农业生产、经营、管理和服务水平，培育一批网络化、智能化、精细化的现代"种养加"生态农业新模式，形成示范带动效应，加快完善新型农业生产经营体系，培育多样化农业互联网管理服务模式，逐步建立农副产品、农资质量安全追溯体系，促进农业现代化水平明显提升。（农业部、发展改革委、科技部、商务部、质检总局、食品药品监管总局、林业局等负责）

1. **构建新型农业生产经营体系。** 鼓励互联网企业建立农业服务平台，支撑专业大户、家庭农场、农民合作社、农业产业化龙头企业等新型农业生产经营主体，加强产销衔接，实现农业生产由生产导向向消费导向转变。提高农业生产经营的科技化、组织化和精细化水平，推进农业生产流通销售方式变革和农业发展方式转变，提升农业生产效率和增值空间。规范用好农村土地流转公共服务平台，提升土地流转透明度，保障农民权益。

2. **发展精准化生产方式。** 推广成熟可复制的农业物联网应用模式。在基础较好的领域和地区，普及基于环境感知、实时监测、自动控制的网络化农业环境监测系统。在大宗农产品规模生产区域，构建天地一体的农业物联网测控体系，实施智能节水灌溉、测土配方施肥、农机定位耕种等精准化作业。在畜禽标准化规模养殖基地和水产健康养殖示范基地，推动饲料精准投放、疾病自动诊断、废弃物自动回收等智能设备的应用普及和互联互通。

3. **提升网络化服务水平。** 深入推进信息进村入户试点，鼓励通过移动互联网为农民提供政策、市场、科技、保险等生产生活信息服务。支持互联网企业与农业生产经营主体合作，综合利用大数据、云计算等技术，建立农业信息监测体系，为灾害预警、耕地质量监测、重大动植物疫情防控、市场波动预测、经营科学决策等提供服务。

4. **完善农副产品质量安全追溯体系。** 充分利用现有互联网资源，构建农副产品质量安全追溯公共服务平台，推进制度标准建设，建立产地准出与市场准入衔接机制。支持新型农业生产经营主体利用互联网技术，对生产经营过程进行精细化信息化管理，加快推动移动互联网、物联网、二维码、无线射频识别等信息技术在生产加工和流通销售各环节的推广应用，强化上下游追溯体系对接和信息互通共享，不断扩大追溯体系覆盖面，实现农副产品"从农田到餐桌"全过程可追溯，保障"舌尖上的安全"。

（四）"互联网＋"智慧能源

通过互联网促进能源系统扁平化，推进能源生产与消费模式革命，提高能源利用效率，推动节能减排。加强分布式能源网络建设，提高可再生能源占比，促进能源利用结构优化。加快发电设施、用电设施和电网智能化改造，提高电力系统的安全性、稳定性和可靠性。（能源局、发展改革委、工业和信息化部等负责）

1. 推进能源生产智能化。建立能源生产运行的监测、管理和调度信息公共服务网络，加强能源产业链上下游企业的信息对接和生产消费智能化，支撑电厂和电网协调运行，促进非化石能源与化石能源协同发电。鼓励能源企业运用大数据技术对设备状态、电能负载等数据进行分析挖掘与预测，开展精准调度、故障判断和预测性维护，提高能源利用效率和安全稳定运行水平。

2. 建设分布式能源网络。建设以太阳能、风能等可再生能源为主体的多能源协调互补的能源互联网。突破分布式发电、储能、智能微网、主动配电网等关键技术，构建智能化电力运行监测、管理技术平台，使电力设备和用电终端基于互联网进行双向通信和智能调控，实现分布式电源的及时有效接入，逐步建成开放共享的能源网络。

3. 探索能源消费新模式。开展绿色电力交易服务区域试点，推进以智能电网为配送平台，以电子商务为交易平台，融合储能设施、物联网、智能用电设施等硬件以及碳交易、互联网金融等衍生服务于一体的绿色能源网络发展，实现绿色电力的点到点交易及实时配送和补贴结算。进一步加强能源生产和消费协调匹配，推进电动汽车、港口岸电等电能替代技术的应用，推广电力需求侧管理，提高能源利用效率。基于分布式能源网络，发展用户端智能化用能、能源共享经济和能源自由交易，促进能源消费生态体系建设。

4. 发展基于电网的通信设施和新型业务。推进电力光纤到户工程，完善能源互联网信息通信系统。统筹部署电网和通信网深度融合的网络基础设施，实现同缆传输、共建共享，避免重复建设。鼓励依托智能电网发展家庭能效管理等新型业务。

（五）"互联网＋"普惠金融

促进互联网金融健康发展，全面提升互联网金融服务能力和普惠水平，鼓励互联网与银行、证券、保险、基金的融合创新，为大众提供丰富、安全、便捷的金融产品和服务，更好满足不同层次实体经济的投融资需求，培育一批具有行业影响力的互联网金融创新型企业。（人民银行、银监会、证监会、保监会、发展改革委、工业和信息化部、网信办等负责）

1. 探索推进互联网金融云服务平台建设。探索互联网企业构建互联网金融云服务平台。在保证技术成熟和业务安全的基础上，支持金融企业与云计算技术提供商合作开展金融公共云服务，提供多样化、个性化、精准化的金融产品。支持银行、证券、保险企业稳妥实施系统架构转型，鼓励探索利用云服务平台开展金融核心业务，提供基于金融云服务平台的信用、认证、接口等公共服务。

2. 鼓励金融机构利用互联网拓宽服务覆盖面。鼓励各金融机构利用云计算、移动互联网、大数据等技术手段，加快金融产品和服务创新，在更广泛地区提供便利的存贷款、支付结算、信用中介平台等金融服务，拓宽普惠金融服务范围，为实体经济发展提供有效支撑。支持金融机构和互联网企业依法合规开展网络借贷、网络证券、网络保险、互联网基金销售等业务。扩大专业互联网保险公司试点，充分发挥保险业在防范互联网金融风险中的作用。推动金融集成电路卡（IC 卡）全面应用，提升电子现金的使用率和便捷性。发挥移动金融安全可信公共服务平台（MTPS）的作用，积极推动商业银行开展移动金融创新应用，促进移动金融在电子商务、公共服务等领域的规模应用。支持银行业金融机构借助互联网技术发展消费信贷业务，支持金融租赁公司利用互联网技术开展金融租赁业务。

3. 积极拓展互联网金融服务创新的深度和广度。鼓励互联网企业依法合规提供创新金融产品和服务，更好满足中小微企业、创新型企业和个人的投融资需求。规范发展网络借贷和互联网消费信贷业务，探索互联网金融服务创新。积极引导风险投资基金、私募股权投资基金和产业投资基金投资于互联网金融企业。利用大数据发展市场化个人征信业务，加快网络征信和信用评价体系建设。加强互联网金融消费权益保护和投资者保护，建立多元化金融消费纠纷解决机制。改进和完善互联网金融监管，提高金融服务安全性，有效防范互联网金融风险及其外溢效应。

（六）"互联网＋"益民服务

充分发挥互联网的高效、便捷优势，提高资源利用效率，降低服务消费成本。大力发展以互联网为载体、线上线下互动的新兴消费，加快发展基于互联网的医疗、健康、养老、教育、旅游、社会保障等新兴服务，创新政府服务模式，提升政府科学决策能力和管理水平。（发展改革委、教育部、工业和信息化部、民政部、人力资源社会保障部、商务部、卫生计生委、质检总局、食品药品监管总局、林业局、旅游局、网信办、信访局等负责）

1. 创新政府网络化管理和服务。加快互联网与政府公共服务体系的深度融合，推动公共数据资源开放，促进公共服务创新供给和服务资源整合，构建面向公众的一体化在线公共服务体系。积极探索公众参与的网络化社会管理服务新模式，充分利用互联网、移动互联网应用平台等，加快推进政务新媒体发展建设，加强政府与公众的沟通交流，提高政府公共管理、公共服务和公共政策制定的响应速度，提升政府科学决策能力和社会治理水平，促进政府职能转变和简政放权。深入推进网上信访，提高信访工作质量、效率和公信力。鼓励政府和互联网企业合作建立信用信息共享平台，探索开展一批社会治理互联网应用试点，打通政府部门、企事业单位之间的数据壁垒，利用大数据分析手段，提升各级政府的社会治理能力。加强对"互联网＋"行动的宣传，提高公众参与度。

2. 发展便民服务新业态。发展体验经济，支持实体零售商综合利用网上商店、移动支付、智能试衣等新技术，打造体验式购物模式。发展社区经济，在餐饮、娱乐、家政等领域培育线上线下结合的社区服务新模式。发展共享经济，规范发展网络约租车，积极推广在线租房等新业态，着力破除准入门槛高、服务规范难、个人征信缺失等瓶颈制约。发展基于互联网的文化、媒体和旅游等服务，培育形式多样的新型业态。积极推广基于移动互联网入口的城市服务，开展网上社保办理、个人社保权益查询、跨地区医保结算等互联网应用，让老百姓足不出户享受便捷高效的服务。

3. 推广在线医疗卫生新模式。发展基于互联网的医疗卫生服务，支持第三方机构构建医学影像、健康档案、检验报告、电子病历等医疗信息共享服务平台，逐步建立跨医院的医疗数据共享交换标准体系。积极利用移动互联网提供在线预约诊疗、候诊提醒、划价缴费、诊疗报告查询、药品配送等便捷服务。引导医疗机构面向中小城市和农村地区开展基层检查、上级诊断等远程医疗服务。鼓励互联网企业与医疗机构合作建立医疗网络信息平台，加强区域医疗卫生服务资源整合，充分利用互联网、大数据等手段，提高重大疾病和突发公共卫生事件防控能力。积极探索互联网延伸医嘱、电子处方等网络医疗健康服务应用。鼓励有资质的医学检验机构、医疗服务机构联合互联网企业，发展基因检测、疾病预防等健康服务模式。

4. 促进智慧健康养老产业发展。支持智能健康产品创新和应用，推广全面量化健康生活新方式。鼓励健康服务机构利用云计算、大数据等技术搭建公共信息平台，提供长期跟踪、预测预警的个性化健康管理服务。发展第三方在线健康市场调查、咨询评价、预防管理等应用服务，提升规范化和专业化运营水平。依托现有互联网资源和社会力量，以社区为基础，搭建养老信息服务网络平台，提供护理看护、健康管理、康复照料等居家养老服务。鼓励养老服务机构应用基于移动互联网的便携式体检、紧急呼叫监控等设备，提高养老服务水平。

5. 探索新型教育服务供给方式。鼓励互联网企业与社会教育机构根据市场需求开发数字教育资源，提供网络化教育服务。鼓励学校利用数字教育资源及教育服务平台，逐步探索网络化教育新模式，扩大优质教育资源覆盖面，促进教育公平。鼓励学校通过与互联网企业合作等方式，对接线上线下教育资源，探索基础教育、职业教育等教育公共服务提供新方式。推动开展学历教育在线课程资源共享，推广大规模在线开放课程等网络学习模式，探索建立网络学习学分认定与学分转换等制度，加快推动高等教育服务模式变革。

（七）"互联网＋"高效物流

加快建设跨行业、跨区域的物流信息服务平台，提高物流供需信息对接和使用效率。鼓励大数据、云计算在物流领域的应用，建设智能仓储体系，优化物流运作流程，提升物流仓储的自动化、智能化水平和运转效率，降低物流成本。（发展改革委、商务部、交通运输部、网信办等负责）

1. 构建物流信息共享互通体系。发挥互联网信息集聚优势，聚合各类物流信息资源，鼓励骨干物流企业和第三方机构搭建面向社会的物流信息服务平台，整合仓储、运输和配送信息，开展物流全程监测、预警，提高物流安全、环保和诚信水平，统筹优化社会物流资源配置。构建互通省际、下达市县、兼顾乡村的物流信息互联网络，建立各类可开放数据的对接机制，加快完善物流信息交换开放标准体系，在更广范围促进物流信息充分共享与互联互通。

2. 建设深度感知智能仓储系统。在各级仓储单元积极推广应用二维码、无线射频识别等物联网感知技术和大数据技术，实现仓储设施与货物的实时跟踪、网络化管理以及库存信息的高度共享，提高货物调度效率。鼓励应用智能化物流装备提升仓储、运输、分拣、包装等作业效率，提高各类复杂订单的出货处理能力，缓解货物囤积停滞瓶颈制约，提升仓储运管水平和效率。

3. 完善智能物流配送调配体系。加快推进货运车联网与物流园区、仓储设施、配送网点等信息互联，促进人员、货源、车源等信息高效匹配，有效降低货车空驶率，提高配送效率。鼓励发展社区自提柜、冷链储藏柜、代收服务点等新型社区化配送模式，结合构建物流信息互联网络，加快推进县到村的物流配送网络和村级配送网点建设，解决物流配送"最后一公里"问题。

（八）"互联网＋"电子商务

巩固和增强我国电子商务发展领先优势，大力发展农村电商、行业电商和跨境电商，进一步扩大电子商务发展空间。电子商务与其他产业的融合不断深化，网络化生产、流通、消费更加普及，标准规范、公共服务等支撑环境基本完善。（发展改革委、商务部、工业和信息化部、交通运输部、农业部、海关总署、税务总局、质检总局、网

信办等负责）

1. 积极发展农村电子商务。开展电子商务进农村综合示范，支持新型农业经营主体和农产品、农资批发市场对接电商平台，积极发展以销定产模式。完善农村电子商务配送及综合服务网络，着力解决农副产品标准化、物流标准化、冷链仓储建设等关键问题，发展农产品个性化定制服务。开展生鲜农产品和农业生产资料电子商务试点，促进农业大宗商品电子商务发展。

2. 大力发展行业电子商务。鼓励能源、化工、钢铁、电子、轻纺、医药等行业企业，积极利用电子商务平台优化采购、分销体系，提升企业经营效率。推动各类专业市场线上转型，引导传统商贸流通企业与电子商务企业整合资源，积极向供应链协同平台转型。鼓励生产制造企业面向个性化、定制化消费需求深化电子商务应用，支持设备制造企业利用电子商务平台开展融资租赁服务，鼓励中小微企业扩大电子商务应用。按照市场化、专业化方向，大力推广电子招标投标。

3. 推动电子商务应用创新。鼓励企业利用电子商务平台的大数据资源，提升企业精准营销能力，激发市场消费需求。建立电子商务产品质量追溯机制，建设电子商务售后服务质量检测云平台，完善互联网质量信息公共服务体系，解决消费者维权难、退货难、产品责任追溯难等问题。加强互联网食品药品市场监测监管体系建设，积极探索处方药电子商务销售和监管模式创新。鼓励企业利用移动社交、新媒体等新渠道，发展社交电商、"粉丝"经济等网络营销新模式。

4. 加强电子商务国际合作。鼓励各类跨境电子商务服务商发展完善跨境物流体系，拓展全球经贸合作。推进跨境电子商务通关、检验检疫、结汇等关键环节单一窗口综合服务体系建设。创新跨境权益保障机制，利用合格评定手段，推进国际互认。创新跨境电子商务管理，促进信息网络畅通、跨境物流便捷、支付及结汇无障碍、税收规范便利、市场及贸易规则互认互通。

（九）"互联网＋"便捷交通

加快互联网与交通运输领域的深度融合，通过基础设施、运输工具、运行信息等互联网化，推进基于互联网平台的便捷化交通运输服务发展，显著提高交通运输资源利用效率和管理精细化水平，全面提升交通运输行业服务品质和科学治理能力。（发展改革委、交通运输部共同牵头）

1. 提升交通运输服务品质。推动交通运输主管部门和企业将服务性数据资源向社会开放，鼓励互联网平台为社会公众提供实时交通运行状态查询、出行路线规划、网上购票、智能停车等服务，推进基于互联网平台的多种出行方式信息服务对接和一站式服务。加快完善汽车健康档案、维修诊断和服务质量信息服务平台建设。

2. 推进交通运输资源在线集成。利用物联网、移动互联网等技术，进一步加强对公路、铁路、民航、港口等交通运输网络关键设施运行状态与通行信息的采集。推动跨地域、跨类型交通运输信息互联互通，推广船联网、车联网等智能化技术应用，形成更加完善的交通运输感知体系，提高基础设施、运输工具、运行信息等要素资源的在线化水平，全面支撑故障预警、运行维护以及调度智能化。

3. 增强交通运输科学治理能力。强化交通运输信息共享，利用大数据平台挖掘分析人口迁徙规律、公众出行需求、枢纽客流规模、车辆船舶行驶特征等，为优化交通运输设施规划与建设、安全运行控制、交通运输管理决策提供支撑。利用互联网加强对交通运输违章违规行为的智能化监管，不断提高交通运输治理能力。

（十）"互联网+"绿色生态

推动互联网与生态文明建设深度融合，完善污染物监测及信息发布系统，形成覆盖主要生态要素的资源环境承载能力动态监测网络，实现生态环境数据互联互通和开放共享。充分发挥互联网在逆向物流回收体系中的平台作用，促进再生资源交易利用便捷化、互动化、透明化，促进生产生活方式绿色化。（发展改革委、环境保护部、商务部、林业局等负责）

1. 加强资源环境动态监测。针对能源、矿产资源、水、大气、森林、草原、湿地、海洋等各类生态要素，充分利用多维地理信息系统、智慧地图等技术，结合互联网大数据分析，优化监测站点布局，扩大动态监控范围，构建资源环境承载能力立体监控系统。依托现有互联网、云计算平台，逐步实现各级政府资源环境动态监测信息互联共享。加强重点用能单位能耗在线监测和大数据分析。

2. 大力发展智慧环保。利用智能监测设备和移动互联网，完善污染物排放在线监测系统，增加监测污染物种类，扩大监测范围，形成全天候、多层次的智能多源感知体系。建立环境信息数据共享机制，统一数据交换标准，推进区域污染物排放、空气环境质量、水环境质量等信息公开，通过互联网实现面向公众的在线查询和定制推送。加强对企业环保信用数据的采集整理，将企业环保信用记录纳入全国统一的信用信息共享交换平台。完善环境预警和风险监测信息网络，提升重金属、危险废物、危险化学品等重点风险防范水平和应急处理能力。

3. 完善废旧资源回收利用体系。利用物联网、大数据开展信息采集、数据分析、流向监测，优化逆向物流网点布局。支持利用电子标签、二维码等物联网技术跟踪电子废物流向，鼓励互联网企业参与搭建城市废弃物回收平台，创新再生资源回收模式。加快推进汽车保险信息系统、"以旧换再"管理系统和报废车管理系统的标准化、规范化和互联互通，加强废旧汽车及零部件的回收利用信息管理，为互联网企业开展业务创新和便民服务提供数据支撑。

4. 建立废弃物在线交易系统。鼓励互联网企业积极参与各类产业园区废弃物信息平台建设，推动现有骨干再生资源交易市场向线上线下结合转型升级，逐步形成行业性、区域性、全国性的产业废弃物和再生资源在线交易系统，完善线上信用评价和供应链融资体系，开展在线竞价，发布价格交易指数，提高稳定供给能力，增强主要再生资源品种的定价权。

（十一）"互联网＋"人工智能

依托互联网平台提供人工智能公共创新服务，加快人工智能核心技术突破，促进人工智能在智能家居、智能终端、智能汽车、机器人等领域的推广应用，培育若干引领全球人工智能发展的骨干企业和创新团队，形成创新活跃、开放合作、协同发展的产业生态。（发展改革委、科技部、工业和信息化部、网信办等负责）

1. 培育发展人工智能新兴产业。建设支撑超大规模深度学习的新型计算集群，构建包括语音、图像、视频、地图等数据的海量训练资源库，加强人工智能基础资源和公共服务等创新平台建设。进一步推进计算机视觉、智能语音处理、生物特征识别、自然语言理解、智能决策控制以及新型人机交互等关键技术的研发和产业化，推动人工智能在智能产品、工业制造等领域规模商用，为产业智能化升级夯实基础。

2. 推进重点领域智能产品创新。鼓励传统家居企业与互联网企业开展集成创新，不断提升家居产品的智能化水平和服务能力，创造新的消费市场空间。推动汽车企业与互联网企业设立跨界交叉的创新平台，加快智能辅助驾驶、复杂环境感知、车载智能设备等技术产品的研发与应用。支持安防企业与互联网企业开展合作，发展和推广图像精准识别等大数据分析技术，提升安防产品的智能化服务水平。

3. 提升终端产品智能化水平。着力做大高端移动智能终端产品和服务的市场规模，提高移动智能终端核心技术研发及产业化能力。鼓励企业积极开展差异化细分市场需求分析，大力丰富可穿戴设备的应用服务，提升用户体验。推动互联网技术以及智能感知、模式识别、智能分析、智能控制等智能技术在机器人领域的深入应用，大力提升机器人产品在传感、交互、控制等方面的性能和智能化水平，提高核心竞争力。

三、保障支撑

（一）夯实发展基础

1. 巩固网络基础。加快实施"宽带中国"战略，组织实施国家新一代信息基础设施建设工程，推进宽带网络光纤化改造，加快提升移动通信网络服务能力，促进网间互联互通，大幅提高网络访问速率，有效降低网络资费，完善电信普遍服务补偿机制，支持农村及偏远地区宽带建设和运行维护，使互联网下沉为各行业、各领域、各区域都能使用，人、机、物泛在互联的基础设施。增强北斗卫星全球服务能力，构建天地一体化互联网络。加快下一代互联网商用部署，加强互联网协议第 6 版（IPv6）地址管理、标识管理与解析，构建未来网络创新试验平台。研究工业互联网网络架构体系，构建开放式国家创新试验验证平台。（发展改革委、工业和信息化部、财政部、国资委、网信办等负责）

2. 强化应用基础。适应重点行业融合创新发展需求，完善无线传感网、行业云及大数据平台等新型应用基础设施。实施云计算工程，大力提升公共云服务能力，引导行业信息化应用向云计算平台迁移，加快内容分发网络建设，优化数据中心布局。加强物联网网络架构研究，组织开展国家物联网重大应用示范，鼓励具备条件的企业建设跨行业物联网运营和支撑平台。（发展改革委、工业和信息化部等负责）

3. 做实产业基础。着力突破核心芯片、高端服务器、高端存储设备、数据库和中间件等产业薄弱环节的技术瓶颈，加快推进云操作系统、工业控制实时操作系统、智能终端操作系统的研发和应用。大力发展云计算、大数据等解决方案以及高端传感器、工控系统、人机交互等软硬件基础产品。运用互联网理念，构建以骨干企业为核心、产学研用高效整合的技术产业集群，打造国际先进、自主可控的产业体系。（工业和信息化部、发展改革委、科技部、网信办等负责）

4. 保障安全基础。制定国家信息领域核心技术设备发展时间表和路线图，提升互联网安全管理、态势感知和风险防范能力，加强信息网络基础设施安全防护和用户个人信息保护。实施国家信息安全专项，开展网络安全应用示范，提高"互联网＋"安全核心技术和产品水平。按照信息安全等级保护等制度和网络安全国家标准的要求，加强"互联网＋"关键领域重要信息系统的安全保障。建设完善网络安全监测评估、监督管理、标准认证和创新能力体系。重视融合带来的安全风险，完善网络数据共享、利用等的安全管理和技术措施，探索建立以行政评议和第三方评估为基础的数据安全流动认证体系，完善数据跨境流动管理制度，确保数据安全。（网信办、发展改革委、科技部、工业和信息化部、公安部、安全部、质检总局等负责）

（二）强化创新驱动

1. 加强创新能力建设。鼓励构建以企业为主导，产学研用合作的"互联网＋"产业创新网络或产业技术创新联盟。支持以龙头企业为主体，建设跨界交叉领域的创新平台，并逐步形成创新网络。鼓励国家创新平台向企业特别是中小企业在线开放，加大国家重大科研基础设施和大型科研仪器等网络化开放力度。（发展改革委、科技部、工业和信息化部、网信办等负责）

2. 加快制定融合标准。按照共性先立、急用先行的原则，引导工业互联网、智能电网、智慧城市等领域基础共性标准、关键技术标准的研制及推广。加快与互联网融合应用的工控系统、智能专用装备、智能仪表、智能家居、车联网等细分领域的标准化工作。不断完善"互联网＋"融合标准体系，同步推进国际国内标准化工作，增强在国际标准化组织（ISO）、国际电工委员会（IEC）和国际电信联盟（ITU）等国际组织中的话语权。（质检总局、工业和信息化部、网信办、能源局等负责）

3. 强化知识产权战略。加强融合领域关键环节专利导航，引导企业加强知识产权战略储备与布局。加快推进专利基础信息资源开放共享，支持在线知识产权服务平台建设，鼓励服务模式创新，提升知识产权服务附加值，支持中小微企业知识产权创造和运用。加强网络知识产权和专利执法维权工作，严厉打击各种网络侵权假冒行为。增强全社会对网络知识产权的保护意识，推动建立"互联网＋"知识产权保护联盟，加大对新业态、新模式等创新成果的保护力度。（知识产权局牵头）

4. 大力发展开源社区。鼓励企业自主研发和国家科技计划（专项、基金等）支持形成的软件成果通过互联网向社会开源。引导教育机构、社会团体、企业或个人发起开源项目，积极参加国际开源项目，支持组建开源社区和开源基金会。鼓励企业依托互联网开源模式构建新型生态，促进互联网开源社区与标准规范、知识产权等机构的对接与合作。（科技部、工业和信息化部、质检总局、知识产权局等负责）

（三）营造宽松环境

1. 构建开放包容环境。贯彻落实《中共中央　国务院关于深化体制机制改革加快实施创新驱动发展战略的若干意见》，放宽融合性产品和服务的市场准入限制，制定实施各行业互联网准入负面清单，允许各类主体依法平等进入未纳入负面清单管理的领域。破除行业壁垒，推动各行业、各领域在技术、标准、监管等方面充分对接，最大限度减少事前准入限制，加强事中事后监管。继续深化电信体制改革，有序开放电信市场，加快民营资本进入基础电信业务。加快深化商事制度改革，推进投资贸易便利化。（发展改革委、网信办、教育部、科技部、工业和信息化部、民政部、商务部、卫生计生委、工商总局、质检总局等负责）

2. 完善信用支撑体系。加快社会征信体系建设，推进各类信用信息平台无缝对接，打破信息孤岛。加强信用记录、风险预警、违法失信行为等信息资源在线披露和共享，为经营者提供信用信息查询、企业网上身份认证等服务。充分利用互联网积累的信用数据，对现有征信体系和评测体系进行补充和完善，为经济调节、市场监管、社会管理和公共服务提供有力支撑。（发展改革委、人民银行、工商总局、质检总局、网信办等负责）

3. 推动数据资源开放。研究出台国家大数据战略，显著提升国家大数据掌控能力。建立国家政府信息开放统一平台和基础数据资源库，开展公共数据开放利用改革试点，出台政府机构数据开放管理规定。按照重要性和敏感程度分级分类，推进政府和公共信息资源开放共享，支持公众和小微企业充分挖掘信息资源的商业价值，促进互联网应用创新。（发展改革委、工业和信息化部、国务院办公厅、网信办等负责）

4. 加强法律法规建设。针对互联网与各行业融合发展的新特点，加快"互联网＋"相关立法工作，研究调整完善不适应"互联网＋"发展和管理的现行法规及政策规定。落实加强网络信息保护和信息公开有关规定，加快推动制定网络安全、电子商务、个人信息保护、互联网信息服务管理等法律法规。完善反垄断法配套规则，进一步加大反垄断法执行力度，严格查处信息领域企业垄断行为，营造互联网公平竞争环境。（法制办、网信办、发展改革委、工业和信息化部、公安部、安全部、商务部、工商总局等负责）

（四）拓展海外合作

1. 鼓励企业抱团出海。结合"一带一路"等国家重大战略，支持和鼓励具有竞争优势的互联网企业联合制造、金融、信息通信等领域企业率先走出去，通过海外并购、联合经营、设立分支机构等方式，相互借力，共同开拓国际市场，推进国际产能合作，构建跨境产业链体系，增强全球竞争力。（发展改革委、外交部、工业和信息化部、商务部、网信办等负责）

2. 发展全球市场应用。鼓励"互联网＋"企业整合国内外资源，面向全球提供工业云、供应链管理、大数据分析等网络服务，培育具有全球影响力的"互联网＋"应用平台。鼓励互联网企业积极拓展海外用户，推出适合不同市场文化的产品和服务。（商务部、发展改革委、工业和信息化部、网信办等负责）

3. 增强走出去服务能力。充分发挥政府、产业联盟、行业协会及相关中介机构作用，形成支持"互联网＋"企业走出去的合力。鼓励中介机构为企业拓展海外市场提供信息咨询、法律援助、税务中介等服务。支持行业协会、产业联盟与企业共同推广中国技术和中国标准，以技术标准走出去带动产品和服务在海外推广应用。（商务部、外交部、发展改革委、工业和信息化部、税务总局、质检总局、网信办等负责）

（五）加强智力建设

1. 加强应用能力培训。鼓励地方各级政府采用购买服务的方式，向社会提供互联网知识技能培训，支持相关研究机构和专家开展"互联网＋"基础知识和应用培训。鼓励传统企业与互联网企业建立信息咨询、人才交流等合作机制，促进双方深入交流合作。加强制造业、农业等领域人才特别是企业高层管理人员的互联网技能培训，鼓励互联网人才与传统行业人才双向流动。（科技部、工业和信息化部、人力资源社会保障部、网信办等负责）

2. 加快复合型人才培养。面向'互联网＋'融合发展需求，鼓励高校根据发展需要和学校办学能力设置相关专业，注重将国内外前沿研究成果尽快引入相关专业教学中。鼓励各类学校聘请互联网领域高级人才作为兼职教师，加强"互联网＋"领域实验教学。（教育部、发展改革委、科技部、工业和信息化部、人力资源社会保障部、网信办等负责）

3. 鼓励联合培养培训。实施产学合作专业综合改革项目，鼓励校企、院企合作办学，推进"互联网＋"专业技术人才培训。深化互联网领域产教融合，依托高校、科研机构、企业的智力资源和研究平台，建立一批联合实训基地。建立企业技术中心和院校对接机制，鼓励企业在院校建立"互联网＋"研发机构和实验中心。（教育部、发展改革委、科技部、工业和信息化部、人力资源社会保障部、网信办等负责）

4. 利用全球智力资源。充分利用现有人才引进计划和鼓励企业设立海外研发中心等多种方式，引进和培养一批"互联网＋"领域高端人才。完善移民、签证等制度，形成有利于吸引人才的分配、激励和保障机制，为引进海外人才提供有利条件。支持通过任务外包、产业合作、学术交流等方式，充分利用全球互联网人才资源。吸引互联网领域领军人才、特殊人才、紧缺人才在我国创业创新和从事教学科研等活动。（人力资源社会保障部、发展改革委、教育部、科技部、网信办等负责）

（六）加强引导支持

1. 实施重大工程包。选择重点领域，加大中央预算内资金投入力度，引导更多社会资本进入，分步骤组织实施"互联网＋"重大工程，重点促进以移动互联网、云计算、大数据、物联网为代表的新一代信息技术与制造、能源、服务、农业等领域的融合创新，发展壮大新兴业态，打造新的产业增长点。（发展改革委牵头）

2. 加大财税支持。充分发挥国家科技计划作用，积极投向符合条件的"互联网＋"融合创新关键技术研发及应用示范。统筹利用现有财政专项资金，支持"互联网＋"相关平台建设和应用示范等。加大政府部门采购云计算服务的力度，探索基于云计算的政务信息化建设运营新机制。鼓励地方政府创新风险补偿机制，探索"互联网＋"发展的新模式。（财政部、税务总局、发展改革委、科技部、网信办等负责）

3. 完善融资服务。积极发挥天使投资、风险投资基金等对"互联网＋"的投资引领作用。开展股权众筹等互联网金融创新试点，支持小微企业发展。支持国家出资设立的有关基金投向"互联网＋"，鼓励社会资本加大对相关创新型企业的投资。积极发展知识产权质押融资、信用保险保单融资增信等服务，鼓励通过债券融资方式支持"互联网＋"发展，支持符合条件的"互联网＋"企业发行公司债券。开展产融结合创新试点，探索股权和债权相结合的融资服务。降低创新型、成长型互联网企业的上市准入门槛，结合证券法修订和股票发行注册制改革，支持处于特定成长阶段、发展前景好但尚未盈利的互联网企业在创业板上市。推动银行业金融机构创新信贷产品与金融服务，加大贷款投放力度。鼓励开发性金融机构为"互联网＋"重点项目建设提供有效融资支持。（人民银行、发展改革委、银监会、证监会、保监会、网信办、开发银行等负责）

（七）做好组织实施

1. 加强组织领导。建立"互联网＋"行动实施部际联席会议制度，统筹协调解决重大问题，切实推动行动的贯彻落实。联席会议设办公室，负责具体工作的组织推进。建立跨领域、跨行业的"互联网＋"行动专家咨询委员会，为政府决策提供重要支撑。（发展改革委牵头）

2. 开展试点示范。鼓励开展"互联网＋"试点示范，推进"互联网＋"区域化、链条化发展。支持全面创新改革试验区、中关村等国家自主创新示范区、国家现代农业示范区先行先试，积极开展"互联网＋"创新政策试点，破除新兴产业行业准入、数据开放、市场监管等方面政策障碍，研究适应新兴业态特点的税收、保险政策，打造"互联网＋"生态体系。（各部门、各地方政府负责）

3. 有序推进实施。各地区、各部门要主动作为，完善服务，加强引导，以动态发展的眼光看待"互联网＋"，在实践中大胆探索拓展，相互借鉴"互联网＋"融合应用成功经验，促进"互联网 +"新业态、新经济发展。有关部门要加强统筹规划，提高服务和管理能力。各地区要结合实际，研究制定适合本地的"互联网 +"行动落实方案，因地制宜，合理定位，科学组织实施，杜绝盲目建设和重复投资，务实有序推进"互联网 +"行动。（各部门、各地方政府负责）

国务院

2015 年 7 月 1 日

创业计划书

企业 名 称：

创业者姓名：

日　　　期：

通 信 地 址：

邮 政 编 码：

电　　　话：

传　　　真：

电 子 邮 件：

一、企业概况

1. 主要经营范围：

_____

_____

_____

2. 企业类型：

□生产制造　　□零售　　□批发　　□服务　　□新型农业

□传统农业　　□其他

二、创业者的个人情况

以往的相关经验（包括时间）：

_____

_____

_____

_____

_____

教育背景，所学习的相关课程（包括时间）：

_____

_____

_____

_____

三、市场评估

目标顾客描述：

_____

_____

市场容量或本企业预计市场占有率：

市场容量的变化趋势：

竞争对手的主要优势：

1.

2.

3.

4.

5.

竞争对手的主要劣势：

1.

2.

3.

4.

5.

本企业相对于竞争对手的主要优势：

1. _____

2. _____

3. _____

4. _____

5. _____

本企业相对于竞争对手的主要劣势：

1. _____

2. _____

3. _____

4. _____

5. _____

四、市场营销计划

1. 产品

产品或服务	主要特征

2. 价格

产品或服务	成本价	销售价	竞争对手的价格

（续表）

折扣销售	
赊账销售	

3. 地点

（1）选址细节：

地址	面积（平方米）	租金或建筑成本

（2）选择该地址的主要原因：

_____

_____

_____

_____

_____

（3）销售方式（选择一项并打"√"）：

将把产品或服务销售或提供给：□最终消费者　　□零售商　　□批发商

（4）选择该销售方式的原因：

_____

_____

_____

_____

_____

4. 促销

人员推销		成本预测	
广告		成本预测	
公共关系		成本预测	
营业推广		成本预测	

五、企业组织结构

企业将登记注册成:

□个体工商户　　　　　　□有限责任公司

□个人独资企业　　　　　□其他

□合伙企业

拟议的企业名称:

企业的员工（请附企业组织结构图和员工工作描述书）:

职务	月薪
_____	_____
_____	_____
_____	_____
_____	_____
_____	_____
	_____

企业将获得的营业执照、许可证:

类型	预计费用
_____	_____
_____	_____
_____	_____

企业的法律责任（保险、员工的薪酬、纳税）:

种类	预计费用
_____	_____
_____	_____
_____	_____

合伙（合作）人与合伙（合作）协议：

内　容　　合伙人 条　款				
出资方式				
出资数额与期限				
利润分配和亏损分摊				
经营分工权限和责任				
合伙人个人负债的责任				
协议变更和终止				
其他条款				

六、固定资产

1. 工具和设备

根据预测的销售量，假设达到100%的生产能力，企业需要购买以下设备：

名称	数量	单价	总费用（元）

供应商名称	地址	电话或传真

2. 交通工具

根据交通及营销活动的需要，拟购置以下交通工具：

名称	数量	单价	总费用（元）

供应商名称	地址	电话或传真

3. 办公家具和设备

办公室需要以下设备：

名称	数量	单价	总费用（元）

供应商名称	地址	电话或传真

4. 固定资产和折旧概要

项目	价值（元）	年折旧（元）
工具和设备		
交通工具		
办公家具和设备		
店铺		
厂房		

（续表）

项目	价值（元）	年折旧（元）
土地		
合计		

七、流动资金（月）

1. 原材料和包装

项目	数量	单价	总费用（元）

供应商名称	地址	电话或传真

2. 其他经营费用（不包括折旧费和贷款利息）

项目	费用（元）	备注
业主的工资		
雇员工资		
租金		
营销费用		
公用事业费		
维修费		
保险费		
登记注册费		
其他		
合计		

八、销售收入预测（12个月）

销售情况　　月份 销售的产品		1	2	3	4	5	6	7	8	9	10	11	12	合计
（1）	销售数量													
	平均单价													
	月销售额													
（2）	销售数量													
	平均单价													
	月销售额													
（3）	销售数量													
	平均单价													
	月销售额													
（4）	销售数量													
	平均单价													
	月销售额													
（5）	销售数量													
	平均单价													
	月销售额													
（6）	销售数量													
	平均单价													
	月销售额													

续表

销售情况 销售的产品	月份	1	2	3	4	5	6	7	8	9	10	11	12	合计
（7）	销售数量													
	平均单价													
	月销售额													
（8）	销售数量													
	平均单价													
	月销售额													
合计	销售总量													
	销售总收入													

九、销售和成本计划

项目	金额（元）	月份	1	2	3	4	5	6	7	8	9	10	11	12	合计
销售	含流转税销售收入														
	流转税（增值税等）														
	销售净收入														

续表

项目 \ 金额（元） \ 月份	1	2	3	4	5	6	7	8	9	10	11	12	合计
业主工资													
员工工资													
租金													
营销费用													
公用事业费													
维修费													
折旧费													
贷款利息													
保险费													
登记注册费													
成本 原材料（列出项目）（1）													
（2）													
（3）													
（4）													
（5）													
（6）													
总成本													

续表

项目	金额（元） 月份	1	2	3	4	5	6	7	8	9	10	11	12	合计
利润														
税费	企业所得税													
	个人所得税													
	其他													
净收入（税后）														

十、现金流量计划

项目	金额（元） 月份	1	2	3	4	5	6	7	8	9	10	11	12	合计
现金流入	月初现金													
	现金销售收入													
	赊销收入													
	贷款													
	其他现金流入													
	可支配现金（A）													

续表

项目 \ 月份 金额（元）	1	2	3	4	5	6	7	8	9	10	11	12	合计
现金采购支出（列出项目）													
（1）													
（2）													
（3）													
赊购支出													
业主工资													
员工工资													
租金													
营销费用													
公用事业费													
维修费													
贷款利息													
偿还贷款本金													
保险费													
登记注册费													
设备													
其他（列出项目）													
税金													
现金总支出（B）													
月底现金（A－B）													

（现金流出）